Martin Neuffer

Städte für alle

Entwurf einer Städtepolitik

Christian Wegner Verlag

7. — 9. Tausend
Lsn.: ISBN 3 8032 0133 0
Kt.: ISBN 3 8032 0134 9

Umschlaggestaltung: Robert Karow
Satz und Druck: C. Beckers Buchdruckerei, Uelzen
Papier: Scheufelen, Oberlenningen. Einband: Ladstetter, Hamburg
Printed in Germany

Inhalt

Vorwort

Dieses Buch ist kein Fachbuch über Probleme des Städtebaus und der Stadtentwicklung, obwohl ständig von diesen Gebieten die Rede ist. Es ist ein politisches Buch in dem Sinne, daß für möglichst viele interessierte Leser möglichst einfach und deutlich dargestellt werden soll, was in unseren Städten nicht in Ordnung ist, und wie man es vielleicht in Ordnung bringen kann. Es werden auch Überlegungen darüber angestellt, wie die Zukunft der Städte überhaupt aussehen kann. Städtepolitik meint so einerseits, daß in der Bundesrepublik, daß in Europa eine den Städten günstige Politik betrieben werden soll, eine Politik, die ihre Probleme versteht, sie als dringlich anerkennt und sich für ihre Lösung mitverantwortlich fühlt. Städtepolitik meint aber auch diese selbst als Handelnde. Vieles von dem, was geschehen kann, hängt von dem Einfallsreichtum, der Initiative und dem Unternehmungsgeist ab, die in den Städten selbst mobilisiert werden können.
Das Buch ist aus der in praktischer Berufsarbeit gewonnenen Überzeugung heraus entstanden, daß die Stadtentwicklung eines unserer schwierigsten gesellschaftlichen Probleme ist, und daß wir uns bisher noch nicht auf dem Wege zu einer Lösung befinden. Es ist geschrieben aus der Sorge heraus, daß ein Versagen in dieser Frage unabsehbar schlimme Folgen haben würde.
Im folgenden werden nicht alle Probleme der Städte behandelt, und schon gar nicht wird die gesamte Fülle ihrer mannigfaltigen Aufgaben geschildert. Die Darstellung beschränkt sich auf solche Bereiche, die entweder besonders kritisch geworden sind oder mir vernachlässigt erscheinen, oder sich so neu stellen, daß es an einer gemeinsamen Einstellung zu ihnen noch fehlt. Wenn die Städte, und in erster Linie die größeren Städte, Gegenstand der Darstellung sind, so heißt das nicht, daß die in ländlichen Gemeinden und in den Landkreisen sich stellenden Probleme nicht gesehen oder für unwichtig gehalten würden. Zum Teil werden sie von den hier wiedergegebenen Überlegungen unmittelbar mit erfaßt. Im übrigen fühle ich mich für eine spezielle Behandlung dieser Fragen nicht sachkundig genug – und halte sie allerdings auch nicht für im gleichen Maße gefahrenträchtig wie die der Städte.
Auch ein politisches Buch wie dieses bedarf der wissenschaftlichen Grundlegung für die Erfassung und Beurteilung der dargestellten Probleme. Diese Basis konnte, und das ist ein Mangel, nicht sorgfältig

genug erarbeitet und belegt werden. Der Sachverhalt ist jedoch im allgemeinen so übersichtlich, daß auf eine durchgängige Dokumentation wohl verzichtet werden kann. Jedenfalls erschien es mir richtiger, das Buch so, in einer unvollkommenen Form zu veröffentlichen als gar nicht. Auf den gefährlichen, aber für unsere ganze Gesellschaft symptomatischen Mangel, daß die berufliche Arbeitsbelastung dem »Praktiker« kaum Zeit läßt, auch nur die wichtigsten Forschungsergebnisse seines Fachs aufzunehmen und sorgfältig zu verarbeiten, sei dabei am Rande hingewiesen.
Die Argumentation und politische Programmatik des Buches geht von einer Reihe von Annahmen über die künftige Entwicklung aus. Solche Annahmen mögen falsch sein. Sobald sie durch bessere, überzeugendere, wahrscheinlichere ersetzt werden, müssen die daraus zu ziehenden praktisch-programmatischen Folgerungen neu festgelegt werden. An bestimmten, wertorientierten politischen Zielen möchte ich jedoch festhalten.
Einige Forderungen wird man als sehr weitgehend empfinden. Wenn man sich die Tragweite der schon eingetretenen und erst recht der noch möglichen Fehlentwicklungen vor Augen hält, sind sie es nicht. Eher habe ich die Sorge, vor lauter Bedenken über die politische Durchsetzbarkeit die Ziele zu kurz und die Termine zu weit gesteckt zu haben. Jedenfalls sei mit allem Nachdruck darauf hingewiesen, daß nicht Utopien Gegenstand der Darstellung sind – auch wenn mancher Leser dies vielleicht zunächst annehmen möchte – sondern konkrete und handfeste politische Zielsetzungen, die heute zur Entscheidung anstehen.
In diesem Buch wird eine Reihe verschiedenartiger Vorschläge gemacht, von denen nur einige von mir stammen. Andere haben sich beim Lesen, bei Gesprächen und Diskussionen in mir festgesetzt, ohne daß ich jetzt noch im einzelnen angeben kann, wer ihre Urheber sind.
Ich möchte aber ausdrücklich zwei Männern danken, die großen Einfluß auf mich und auf diese Darstellung gehabt haben und denen ich mich beiden in herzlicher Freundschaft verbunden fühle: Hermann Brügelmann und Rudolf Hillebrecht. Wenn es nicht zu anmaßend wäre, würde ich ihnen dieses Buch widmen.

I. Die Stadt als Gegenstand der Politik

Die umweltbezogenen Lebensbedingungen in unseren Städten verschlechtern sich von Jahr zu Jahr. Mit den überkommenen Formen des Städtebaus werden wir der Probleme nicht mehr Herr. Neue Formen technischer Städte zeichnen sich in absehbarer Zukunft ab. Inzwischen durchleben wir eine längere Übergangsperiode, die von einer unzulänglichen Technik geprägt und beherrscht wird, deren wichtigstes Produkt das Auto ist. Wir stehen vor der doppelten Aufgabe, die Probleme dieser Übergangsperiode zu meistern, so gut es eben geht, und die Grundlagen für den neuen technischen Städtebau der Zukunft zu legen. Wie sieht es in den Städten heute aus?
Der Autoverkehr erstickt in dem alten Straßennetz. Die Alternative zum Verkehrskollaps sind neue Straßendurchbrüche von so großem Umfang und Maßstab, daß sie das Stadtgefüge sprengen. Lärm und Luftverschmutzung in den Innenstädten haben einen solchen Grad erreicht, daß immer breitere Schichten der Stadtbevölkerung in das Umland ausweichen. Für sie entstehen neue halbländliche Wohnbezirke im weiten Umkreis der Stadt. Die Innenstadtbezirke verlieren ihre Wohnhäuser. An ihre Stelle treten dicht gehäufte Arbeitsplätze des Dienstleistungsbereichs, Arbeitsplätze vor allem in Büros und Geschäften. Außerhalb der Geschäftszeit sind die Innenstädte deshalb leer und tot. Die neuen Vororte erweisen sich für einen nicht unwesentlichen Teil ihrer Bewohner als enttäuschend und belastend. Neu geplante Stadtteile entbehren während langjähriger Gründungsperioden vieler der mannigfachen Dienstleistungsfermente, die sich nicht obrigkeitlich einplanen oder finanzieren lassen. Ob und wann die in großen Einheiten am Reißbrett geplanten, in Feldfabriken vorgefertigten Großsiedlungen je Lokalkolorit und Individualität gewinnen werden, Heimat sein können, weiß niemand. Vorläufig stellen sie gefährliche städtebauliche Ödbereiche selbst dann dar, wenn sie architektonisch ausnahmsweise von guter Qualität sind. Alte Wohngebiete am Rande der Innenstadt bleiben im Wohnkomfort, oft in den einfachen hygienischen Einrichtungen hinter dem Standard der Neubauten weit zurück. Ihre mit Schuppen vollgebauten Hinterhöfe verfallen. Sie werden »sanierungsreif«. Dabei weiß niemand, wie man alte Stadtteile saniert, ohne gewachsene soziale Zusammenhänge zu zerstören und sie durch neue öde Wohnquartiere zu ersetzen. Die automatisierte Warenproduktion er-

fordert weitflächig-ebenerdige Fabrikationsstätten, die in den alten städtischen Industriequartieren keinen Platz mehr finden. Auch sie wandern teils in die Umgebung der Stadt, teils aber auch an ganz andere, neue Standorte ab.

Das ungeordnete Wachstum der Städte weit über ihre Grenzen hinaus hat die Stadtform aufgelöst oder zerbrochen. Weithin im Umkreis der alten Stadt hat die Landschaft, von mannigfachen zivilisatorischen Nutzungen durchsetzt, ihren heilen Charakter verloren. Die städtische Agglomeration ist nicht mehr als Ordnung begreifbar und beherrschbar, sie wird im Gegenteil immer mehr zum niederdrückenden Ausdruck menschlicher Unfähigkeit, die Umwelt zu gestalten. Die außerordentliche technologische Entwicklung wirkt sich in vielen Einzelbereichen fast hemmungslos aus, ohne daß eine ordnende, Übersteigerungen bezwingende Zusammenfassung gelingt. Dabei ist nicht nur der qualitative, sondern auch der quantitative Umfang der Fehlentwicklungen erschreckend. In der Bundesrepublik werden in jedem Jahr rund 500 bis 600 qkm land- und forstwirtschaftlich genutzter Flächen und Ödländereien für den Bau von Gebäuden, Industriebetrieben, Verkehrsflächen, Sportanlagen, Flugplätzen und andere zivilisatorische Nutzungen verwandt. Das entspricht – wohlgemerkt jährlich – etwa der Stadtfläche von München und Köln zusammen. In Wirklichkeit ist der »Landverbrauch« wegen der ungeordnet-zerstreuten Inanspruchnahme noch viel größer.

Der rein physische Umfang des Problems läßt sich auch noch an einer anderen Zahl deutlich machen. In einer Erklärung des Hauptgeschäftsführers des Bundesverbandes der deutschen Zementindustrie von 1968 heißt es wörtlich: »In den zwei Jahrzehnten seit 1948 sind im Bundesgebiet rund 400 Millionen Tonnen Zement zur Herstellung von fast zweieinhalb Milliarden Kubikmetern Beton verbraucht worden. Das ist achtmal soviel wie das Montblancmassiv.«[1] Letzteres habe ich aus verständlichen Gründen nicht nachgerechnet. Aber jedermann weiß, wie hart Beton ist und welche Mühe es macht, ihn wieder zu beseitigen. Was solche gewaltigen Verfestigungen baulicher Formen in Stadt und Land im guten wie im bösen für die Gegenwart und für eine jahrzehntelange Zukunft bedeuten müssen, liegt auf der Hand.

Wir haben es sicher mit einer »Krise der Stadt« zu tun, aber doch nur als besonders anschaulichem Anwendungs- und Darstellungsfall der allgemeinen Anpassungsschwierigkeiten der Gesellschaft an ihre neuen Lebensbedingungen. Der Versuch einer auch nur groben Analyse der allgemeinen, durch die technologische Entwicklung ausgelösten Krise

1 R. Semler, Beton formt die moderne Stadt, in „Volkswirt" vom 5. 4. 1968, S. 26

soll hier nicht unternommen werden. Nur ihre drei für eine Lösung dringlichsten, existenzgefährdenden Erscheinungsformen sind anzuführen: die Gefahr der Übervölkerung der Erde, die Gefahr einer kriegerischen Vernichtung der Menschheit und die Gefahr von Zivilisationsschäden, die so umfassend und furchtbar sind, daß sie im Ergebnis — wenn auch nicht in der Raschheit der Methode — den ersteren nahezu gleichwertig sind. Dieser Gefahrenbereich geht uns hier an, weil er die Städte besonders betrifft. Hier ist im Schnitt die Luftvergiftung intensiver und der Lärm lauter und anhaltender als anderswo. Hier ist die Reizüberflutung am stärksten, ist die Künstlichkeit der Umwelt am weitesten fortgeschritten und die Aufspaltung der menschlichen Lebensfunktionen am konsequentesten verwirklicht. Hier sind die Anpassungsschwierigkeiten am größten.

Daß die Lebenserwartung der Stadtbewohner am höchsten ist und daß immer mehr Menschen »freiwillig« in die Städte ziehen, steht dem nicht entgegen. Die bessere soziale Ausrüstung der Stadt wirkt sich ebenso aus wie die hier gegebene Konzentration der Entwicklungs- und Aufstiegschancen und die Steigerung der Freizeitangebote. Die vielerlei günstigen und schönen, oft großartigen städtischen Lebensbedingungen sollen nicht geschmälert werden. Städte sind und bleiben die aufregendsten und zum Wohnen in vieler Hinsicht »besten« Plätze der Welt. Nur müssen ihre spezifischen Gefährdungen und Belastungen in aller Schärfe erkannt und mit allem Nachdruck bekämpft werden, wenn sie auf die Dauer nicht die Oberhand gewinnen sollen. Und der »freiwillige« Zuzug in die Stadt verliert da seinen plebiszitären Charakter, wo es einleuchtende gesellschaftliche Alternativen nicht mehr gibt.

So wächst der Anteil der in Städten und städtischen Agglomerationen lebenden Menschen ständig. Der Umfang und das Tempo des Verstädterungsprozesses sind schwer zu erfassen, da die Bevölkerungsstatistik nur nach Gemeindegrößenklassen unterscheidet. Aus der Größe einer Gemeinde sind aber keine Rückschlüsse mehr darauf möglich, ob ihre Bewohner städtischen Lebensbedingungen unterworfen sind oder nicht. Für das Bundesgebiet läßt sich immerhin feststellen, daß das Bevölkerungswachstum in den vergangenen beiden Jahrzehnten sich stark auf die Stadtregionen konzentriert hat. Zwischen 1950 und 1969 betrug die Gesamtzunahme der Einwohnerzahl 9,6 Millionen, von denen 7,8 Millionen auf die Stadtregionen und nur 1,8 Millionen auf die übrigen Gebiete entfielen. Aufschlußreich sind auch die folgenden Angaben von Schwidkowski für die Sowjetunion. Danach hat sich dort in den 50 Jahren seit der Oktoberrevolution die Zahl der Städte mehr als verdoppelt und beträgt zur Zeit 1800. Während der letzten zehn Jahre sind jährlich 20 neue Städte hinzugekommen. Zehn sowjetische

Städte haben inzwischen die Millionengrenze überschritten[1]. Bekannt ist auch die Bildung der riesenhaften Stadtregionen im Osten und Westen der USA, Tokio, London, Paris, des Ruhrgebiets, der Randstadt Holland mit Einwohnerzahlen, die zwischen 10 und 40 Millionen liegen. Schätzungen für den Verstädterungsprozeß der Erdbevölkerung, die aus statistischen – und auch begrifflichen – Gründen mit noch größerer Vorsicht aufzunehmen sind als Prognosen an sich schon, gehen dahin, für das Jahr 2000 einen Anteil von 45 % und für 2050 einen solchen von 90 % Stadtbewohnern anzunehmen[2]. Mit größerer Sicherheit wird man jedenfalls davon ausgehen können, daß die Zahl der in der Landwirtschaft Beschäftigten rasch weiter zurückgehen wird, wie schon bisher in der Bundesrepublik von 5 Millionen im Jahre 1950 auf 2,6 Millionen im Jahre 1968. Doch auch das wird auf die Dauer über städtische und nichtstädtische Lebensformen und -bedingungen kaum mehr aussagen als heute die Gemeindegröße.

Unabhängig von diesen statistischen Werten, unabhängig also davon, ob die Zahl der von dem Problem der Städteentwicklung betroffenen Menschen etwas größer oder geringer ist – sicher handelt es sich um ein für einen sehr großen Teil der Menschheit zentrales Problem. Der allergrößte Teil des Lebens aller dort wohnenden Menschen, der tagtägliche Ablauf der Stunden vollzieht sich für sie in jener künstlich-städtischen Umwelt. Wenn diese Umwelt technisch funktioniert und wenn sie menschlichen Bedürfnissen entsprechend gestaltet ist, dann muß das einen wohltätigen Einfluß auf das Leben der Menschen ausüben. Je stärker die technischen Funktionsabläufe in der Stadt gestört sind und je größer der Widerspruch zwischen den Umweltbedingungen und den auch durch eine erneute Anpassung nicht mehr veränderbaren persönlichen Grundbedürfnissen wird, um so unerträglicher und in letzter Konsequenz unmöglich wird menschliche Existenz.

Es ist der Unterschied, ob man morgens nach einem ruhigen Schlaf ausgeruht aufwacht – oder unter immer wieder, bewußt oder unbewußt aufgenommenen Störungen vielleicht nur mit Medikamenten zur Ruhe gekommen ist und den Tag müde beginnt. Es ist der Unterschied, ob man in Frieden frühstücken kann – oder sein Radio schon deshalb anstellen muß, um das des Nachbarn nicht zu hören. Es ist der Unterschied zwischen leidlich kurzen und bequemen Wegen zum Arbeitsplatz und zur Schule, während derer man lesen kann – und zermürbenden, langhingezogenen, die Seele mit Unlust und Unfreundlichkeit anfüllenden Fahr-

---

1 O. A. Schwidkowski, Probleme der Stadtentwicklung und der regionalen Planung in der UdSSR, in Archiv für Kommunalwissenschaften, 1967, S. 232

2 M. Ragon, Wo leben wir morgen?, München 1967, S. 14

ten am Steuer des eigenen Wagens oder in Menschenmassen eingezwängt im öffentlichen Verkehrsmittel. Es ist der Unterschied zwischen dem Vormittag einer Mutter, die ihre kleinen Kinder im Kindergarten versorgt weiß oder sie ohne Sorge draußen spielen lassen kann – und der unentrinnbaren Gegenwart von plärrenden und unzufriedenen Kindern, für die die Straße zu gefährlich ist, die allenfalls auf dem Balkon eine Sandecke haben, und vor denen es während der Hausarbeit und des Einkaufens keinen Augenblick der Ruhe gibt. Es ist der Unterschied zwischen der sterilen Öde des Vorort-Einkaufszentrums am Abend – und interessanten, zur Benutzung herausfordernden Stadt- und Quartiersmittelpunkten mit vielfältigen Unterhaltungs- und Betätigungsangeboten. Es sind ungezählte solcher kleinen und großen Unterschiede, die dem Leben eine freie, »humane« Grundlage geben oder es belasten, häßlich machen und zerstören können.

Es ist vor allem immer wieder der Unterschied zwischen der zersetzenden Feindlichkeit der von einer unbeherrschten Technik geprägten, mißgebildeten Stadtlandschaften und der Bestätigung des einzelnen durch eine gestaltete Stadtumgebung, in der die Technik dient und alle Ordnung auf die Bedürfnisse der Menschen gerichtet ist. Man sollte meinen, daß diejenigen, die es in erster Linie auf sich genommen haben, für eine menschenwürdige Ordnung auf dieser Welt verantwortlich zu sorgen, die Politiker, diesem Problemkreis zwar sicher nicht ihre ausschließliche, aber doch volle und mit anderen Bereichen gleichwertige Aufmerksamkeit und Bemühung zuwendeten. Tatsächlich ist es jedoch jedenfalls bei uns in der Bundesrepublik so, daß es in erster Linie Außen-, Wirtschafts-, Sozial- und Bildungspolitik sind, denen sich die Bundes- und Landespolitiker widmen – Bereiche, deren Bedeutung gewiß nicht geschmälert werden soll. Städtebauliche Probleme und solche der Stadtentwicklung überhaupt, das heißt die Gestaltung der Umweltbedingungen für das tägliche Leben der Bewohner unseres Landes, bleiben dagegen vorrangig einer etwas minderen Klasse von Politikern überlassen, die Kommunalpolitiker genannt werden. Das sind die gewählten Ratsmitglieder und die von ihnen berufenen oder ebenfalls direkt gewählten leitenden Beamten der Städte, Gemeinden und Kreise. Nun ist es sicher deren Aufgabe, im Bereich ihrer örtlichen und sachlichen Zuständigkeit für eine gut durchdachte, menschenwürdige Entwicklung der Gemeinden zu sorgen. Städtische Selbstverwaltung hat in Deutschland eine alte Tradition, und sie kann auf viele Erfolge mit einigem Stolz zurückblicken. Aber die Ordnungs- und Gestaltungsaufgabe, die ihr heute zugemutet wird, überfordert sie in ungeheurer Weise. Allein die Aufsplitterung der räumlichen Zuständigkeiten innerhalb eines Agglomerationsbereichs, in dem neben der Stadt Dutzende oder sogar Hunderte selbständiger Gemeinden bestehen, wirft in der jetzigen Form unlösbare Probleme auf. Vor allem liegen zahlreiche Ursachen der Fehlentwicklung aber gar nicht in den Städten selbst, sondern in technischen und gesellschaftlichen Bereichen, auf die sie keinen oder nur geringen Einfluß haben. Die ihnen zur Verfügung stehenden rechtlichen und materiellen Möglichkeiten, das Stadtgefüge umzugestalten, es den neuen, von der Technik geprägten Lebensabläufen anzupassen, sind ganz und gar unzureichend.

Erst recht müssen die eigenen Hilfsquellen der Städte versagen, wenn es um die Vorbereitung ihrer eigenen Zukunft geht. Voraussetzung dazu ist ein wissenschaftliches Großforschungsprogramm, das sich kaum noch in nationalem Rahmen bewältigen läßt, ganz gewiß aber nicht von den dazu zwangsläufig unzulänglich ausgerüsteten Stadtverwaltungen.

Diese Behauptungen im einzelnen zu belegen, ist eines der Ziele dieses Buches, und ich hoffe, daß das in den folgenden Abschnitten in halbwegs zureichender Form gelingt. Das bedeutet kein Abdanken der kommunalen Selbstverwaltung. Auch von ihr werden künftig außerordentliche und viele neue Leistungen zu erbringen sein, die ebenfalls erörtert werden sollen. Ohne die Aktivität der Städte und ohne eine weitere Steigerung ihrer Leistungskraft müssen auch alle übergreifenden nationalen und internationalen politischen Bemühungen scheitern. Zunächst muß aber einmal in das allgemeine Bewußtsein der politisch interessierten Öffentlichkeit und der Politiker selbst aufgenommen werden, wie dringlich die Aufgaben der Stadtentwicklung sind und wie groß die Verantwortung von Ländern und Bund dafür ist. Dies ist bisher, jedenfalls in der Bundesrepublik, noch längst nicht im notwendigen Umfang geschehen.

Zum Beleg dafür, wie wenig die Gestaltungsprobleme, die sich auf der unteren und rangniederen kommunalen Ebene stellen, bei den Bundes- und Landespolitikern gelten, sei nur auf zwei politische Entscheidungen der jüngsten Vergangenheit verwiesen: Die Verabschiedung des seit langem geforderten Städtebauförderungsgesetzes ist 1969 in der zweiten aufeinanderfolgenden Wahlperiode des Bundestages wiederum gescheitert. Wenn es 1970 wirklich verabschiedet wird, so gewiß nur in einer so unzureichenden Form, daß Zweifel an der Zweckmäßigkeit dieses Schrittes angebracht sind.

Die seit vielen Jahren angekündigte Finanzreform ist 1969 in einer Weise »verwirklicht« worden, die den Gemeinden in der Bundesrepublik insgesamt zwar rund 1,4 Milliarden DM oder 9 % mehr Steuereinnahmen bringt, den hoch überschuldeten Großstädten jedoch nur eine Verbesserung, die wenig mehr als die Hälfte der geschätzten Zuwachsrate für den Durchschnitt aller Gemeinden beträgt. Das steht in keinem

Verhältnis zu ihrer relativen Aufgabenbelastung. Fast der einzige Wert der Reform liegt in einer etwas stabilisierenden Wirkung; im übrigen hat die Finanzreform für die Städte noch nicht stattgefunden. Viele weitere Beispiele aus der vollzogenen, vor allem aber aus der unterbliebenen Gesetzgebung von Bund und Ländern der letzten Jahre ließen sich anschließen. Weitere Bereiche grundlegender Neuordnungen, wie zum Beispiel die Bodenreform, stehen überhaupt nicht auf der politischen Tagesordnung, andere sind noch nicht einmal als gesellschaftliche Probleme erkannt. Die Blindheit und Indolenz gegenüber der sich vor unser aller Augen vollziehenden dramatischen Veränderung der Umwelt ist immer wieder erschreckend.

Wie jede verallgemeinernde und zuspitzende Feststellung enthält auch die vorausgegangene Zusammenfassung Ungenauigkeiten und Ungerechtigkeiten. Es hat durchaus auch bundes- und landespolitische Bemühungen um die Gemeinden und vereinzelt sogar um die Städte im besonderen gegeben. Nur waren das bisher Ausnahmen. Es gibt jetzt Anzeichen dafür, daß nicht nur die Politiker, sondern auch immer mehr andere interessierte und mit zunehmender Sorge erfüllte Bürger dieses Landes den Problemen der Umwelt und damit der Stadtentwicklung wesentlich mehr Aufmerksamkeit schenken werden als bisher. Zu vermuten ist, daß ein bewußtseinsmäßiger Durchbruch der Stadtpolitik bevorsteht, wie er sich in der Bundesrepublik in den letzten Jahren für die Bildungs- und Forschungspolitik angebahnt hat, und wie er in anderen Ländern auch für die Stadtprobleme schon vollzogen ist. So haben Stadtentwicklungsfragen einen besonders hohen politischen Rang einerseits in einem seine Zukunft so umfassend und konzentriert planenden Großstaat wie der Sowjetunion, andererseits in den Vereinigten Staaten. In diesem vor Versäumnissen warnenden Beispiel haben die verheerenden Folgen einer groben Vernachlässigung städtebaulicher Aufgaben in der Vergangenheit bei einer zusätzlichen Verschärfung durch ebenso vernachlässigte soziale und rassenmäßige Probleme zu den bürgerkriegsähnlichen Ausschreitungen der Jahre 1965 bis 1968 geführt, die das Problem in seinem ganzen ungelösten Umfang jedermann deutlich gemacht haben. Trotz ungeheurer Anstrengungen ist hier noch keine durchgreifende Besserung in Sicht.

Zu ähnlichen Ausschreitungen ist es in europäischen Städten bisher nicht gekommen, weil eben jene genannten verschärfenden Momente fehlten. Das bedeutet aber nicht, daß wir uns vor vergleichbaren Ereignissen sicher fühlen dürfen. Eine der Stimmen, die der Besorgnis vor der künftigen Entwicklung Ausdruck geben, sei hier zitiert[1]:

1 H. Borcherdt, Überlegungen zur Stadt von morgen, in „Polis und Regio“, herausgegeben von E. Salin, N. Bruhn und M. Marti, Basel/Tübingen 1967, S. 199

»Auf der Suche nach Prognosen für die Zukunft kann man wohl voraussagen, daß die Verhältnisse erst einmal wesentlich schlechter werden:

1. Psychische und physische Massenerkrankungen, hervorgerufen durch die biologischen Bedingungen der Stadt.
2. Drastische Fälle von Jugendkriminalität, Rebellion der Jugend (die heutigen Symptome sind eine gesunde Antwort auf die Verhältnisse, sie sind nur ein milder Vorgeschmack).
3. Massenkonsum von Rauschgift, Stimulantien und Tranquillizers aller Art (Beispiel USA).
4. Zusammenbruch des Autoverkehrs in verstopften Innenstadtstraßen.
5. Nach einem Überangebot von Wohnungen bleiben die schlechten leer. Bei der Höhe der Grundstückspreise könnten Wohnbauten noch vor ihrer Amortisation abbruchreif werden. Darum wird im Interesse von Bauträgern und Banken das Angebot wesentlich besserer Wohnbedingungen verhindert werden.
6. Je nach Ausmaß der Erscheinungen 1 bis 5 und ihrem Zusammentreffen wird sich der öffentliche Unwille zu Demonstrationen, Streiks, vielleicht sogar zu Revolutionen verdichten.«

Ich halte diese Prognose, die manchem übertrieben erscheinen mag, dann für zutreffend, wenn die Probleme der Stadtentwicklung nicht unmittelbar mit allem Nachdruck, aller politischen, intellektuellen und finanziellen Kraft angepackt werden, deren wir fähig sind. Wir leben in einer Phase, die Jungk[1] den »Zustand der beginnenden gesellschaftlichen Reife« genannt hat, eine Zeit, in der wir uns dank des riesigen Informationsdranges »als Menschheit, als Kollektivität zum ersten Male selber sehen können«. Das zeitigt ein Aufbegehren gegen sichtlich schlechte Politik, wie es im Bereich des Bildungswesens schon deutlich geworden ist.

Kennzeichnend ist dabei nicht unbedingt, daß die Aufbegehrenden bessere Lösungen wüßten oder gar praktizieren könnten als die Verantwortlichen. Aber die Zeiten, in denen schlechte politische Leistungen einfach hingenommen werden, nähern sich offensichtlich ihrem Ende. Für die Probleme der Städte, die ihre Bürger in ihrer persönlichen Existenz alle ganz direkt betreffen, bei denen fast jeder irgendwie engagiert ist, für die sich jeder ein Urteil zutraut, und bei denen die beklagenswerten Ergebnisse bisherigen Versagens so greifbar offen zutage liegen, bedeutet das eine politische Aktualisierung ersten Ranges.

1 R. Jungk, Einführung in Fragen der nächsten 33 Jahre, in „Wie werden wir weiterleben?", BDA-Dokumentation o. J. (1967) S. 26

II. Die krisenauslösenden Teilentwicklungen

Von den verschiedenen, für eine Veränderung der Stadtform und der städtischen Funktionen ursächlichen oder auf sie abzielenden Teilentwicklungen stellen sich drei als für unsere Städte besonders kritisch heraus.

Die erste und wichtigste ist die Verbreitung des Autos als massenhaftes Individualverkehrsmittel. Dieser Vorgang hat nicht nur hinsichtlich des Verkehrs zu einer teilweisen Funktionsunfähigkeit der bisherigen Städte geführt. Er hat darüber hinaus eine Reihe dem Leben in der Stadt überaus abträglicher Nebenwirkungen zur Folge. Die öffentlichen Nahverkehrsmittel haben diese Nachteile nicht ausgleichen können, sondern sind selbst Opfer des Autoverkehrs geworden. Sie bringen auch dann keine wirklich gute Lösung, wenn sie einmal besser sein werden als sie es heute sind.

Die beiden anderen krisenhaften Entwicklungen hängen mit der allgemeinen Einführung des Autos ebenfalls eng zusammen. Die eine ist das strukturlose Siedlungswachstum der Städte in ihr Umland hinein. In der jetzigen extremen Form war diese sogenannte Zersiedlung nur möglich, weil das flächenerschließende Verkehrsmittel Auto zur Verfügung stand. Ihre andere Wurzel hat sie in einer überholten Rechts- und Verfassungsordnung unserer Gesellschaft. Der dritte Bereich umfaßt die rapide Verschlechterung der hygienischen Lebensbedingungen in den Städten, an denen das Auto mit seinen Abgasen und seiner hohen Lärmentwicklung wiederum einen entscheidenden Anteil hat.

Von diesen drei besonders schwierigen Bereichen soll in diesem zweiten Abschnitt die Rede sein. Es war zu überlegen, ob in die Darstellung der als für die Stadtentwicklung besonders kritisch anzusehenden Teilentwicklungen noch andere Bereiche einbezogen werden sollten, etwa die steigende Kriminalität oder soziale Spannungen. Für die Verhältnisse in der Bundesrepublik wie überhaupt in Europa scheinen sie mir im Augenblick von zweitrangiger Bedeutung zu sein. Für Amerika und Asien wäre diese Frage sicher anders zu beantworten.

Ein weiterer überaus »kritischer« Bereich, der mit der technologischen Entwicklung eng zusammenhängt, kann im Rahmen der Stadtpolitik nicht behandelt werden: die Wirkung der Massenmedien, insbesondere des Fernsehens und der übrigen Unterhaltungselektronik. Je perfekter und vielfältiger das technische Unterhaltungsangebot zu Hause wird, um so stärker kann die Abwendung der Städter von der Stadt werden. Hier liegen Probleme einer Veränderung des gesellschaftlichen Zusammenhangs, die wir in ihren Auswirkungen noch nicht übersehen. Städte als Lebens- und Aufenthaltsräume, als Orte leibhaftiger, direkter Begegnung von Menschen geeignet zu machen, wird angesichts solcher Entwicklungen jedenfalls nicht weniger dringlich.

1. Kapitel
Das Auto

Nichts hat den äußeren Ablauf unseres täglichen Lebens in den letzten Jahrzehnten umfassender verändert als das Auto. Nichts hat auch auf die Entwicklung, das Funktionieren, das Leben unserer Städte eine tiefer reichende Wirkung ausgeübt. Diese Wirkung ist für unser Leben gefährlich, für die Stadt im überkommenen Sinn kann sie tödlich werden. Die Lösung des Problems »Auto« ist die Schlüsselfrage für alle künftige städtebauliche Entwicklung überhaupt.

Diese Feststellung ist nicht um des Effektes willen überspitzt formuliert. Vielmehr ist es fast unverständlich und jedenfalls bestürzend, in welchem Umfang wir die zerstörerischen Wirkungen des Autos hinnehmen. Wir verdrängen sie aus unserem Bewußtsein. Wir richten uns ein mit dem täglichen Tod auf den Straßen, dem zermürbenden Lärm bei Tag und Nacht, der Zerstörung von Stadt und Landschaft. Alle Anstrengungen, die negativen Folgen des Autos einzudämmen, sind nur ein unkoordiniertes und erfolgloses Bemühen, wenigstens die allerschlimmsten Auswirkungen zu beseitigen. Die systematische Auseinandersetzung mit dem Auto als Instrument der Tötung von Menschen und der Zerstörung der Städte hat noch gar nicht begonnen. Unsere technische Massengesellschaft steht der Entwicklung gelähmt, hilfloser gegenüber als einem Naturereignis. Der Sachverhalt, den wir im Grunde alle kennen, ist vielfältig. Er sei hier noch einmal zusammengefaßt.

Die Zahl der bei Straßenverkehrsunfällen im Bundesgebiet Getöteten beträgt inzwischen rund 17000 im Jahr. Vielleicht kann sie etwas gesenkt werden; aber auf keinen Fall kann sie hingenommen werden. Der Tod durch Verkehrsunfall ist heute die vierthäufigste Todesursache geworden. Die Zahl der Schwerverletzten liegt bei jährlich 130000 bis 140000; der hohe Anteil der für den Rest ihres Lebens Geschädigten bleibt unbekannt. An den Brücken, die die Autobahn überqueren, läßt der Bundesverkehrsminister Spruchbänder anbringen: »Komm heil wieder.«

Was sich hinter solchen Zahlen an körperlichen Schmerzen und seelischer Qual der Opfer und der ihnen nahestehenden Menschen, aber auch der »Täter« verbirgt, entzieht sich jeder Vorstellung. Allein damit sind jedoch die Gefahr-Wirkungen des Autos nicht erschöpft. Es gibt andere, weniger auffällige, aber nicht weniger bedeutsame. Das Auto erzeugt täglich tausendfache Angst. Jeder Autofahrer kennt den Schreck, der ihm nach einem Beinahe-Unfall in den Gliedern sitzt. Man sagt dann: »Das ist noch einmal gutgegangen!« – verräterisch enthüllend, wie sehr man damit rechnet, daß es eines Tages eben nicht mehr gutgehen wird. Wohl jeder Fußgänger ist schon einmal vor den quietschenden Reifen eines notbremsenden Wagens zusammengezuckt und hat sich im Geist bereits unter den Rädern gesehen. Der Augenblick solcher akuten Angst geht vorbei. Was nicht vorbeigeht, sondern bleibt, sich bei uns einnistet, ist das bewußte oder unbewußte Gefühl der Unsicherheit, ist die geheime Unruhe und die offene Sorge, die Sorge etwa der Mütter, die auf ihre verspätet heimkommenden Kinder warten, der Frauen, die auf den Anruf ihres Mannes warten, daß er »heil angekommen« ist.

Aber auch wo nicht unmittelbare Gefahr besteht, auch wo nicht Anlaß für Angst oder Sorge gegeben ist, bleibt das Auto bestimmend für die Benutzung der Stadt, für das Leben in ihr.

Wenn man von den ganz wenigen für Autos gesperrten Straßen absieht, läuft der Fußgänger am Rande einer vom Auto beherrschten Straße. In Wohnquartieren kann er sie mit der gebotenen Vorsicht noch überqueren, wo er will. Im Stadtinneren kann er den Strom nur kreuzen, wo Ampeln oder Zebrastreifen ihm gewisse Rechte geben. An gefährlichen Ecken wird er durch Zäune oder Ketten gehindert, vom Gehsteig hinabzutreten. Wo eine Stadt besonders fürsorglich war, bietet sie dem Fußgänger unterirdische Tunnelschächte oder hochragende Fußgängerbrücken für die Überquerung der Straße an. Die Gehsteige sind schmal, die Fahrbahnen breit; man drängt und reibt sich aneinander, schiebt sich, wartet, schiebt sich, wartet. Vor dem Lärm und den Abgasen gibt es kein Entrinnen. Das Heulen und Rauschen des motorisierten Straßenverkehrs durchdringt Fenster und Mauern: es ist allgegenwärtig.

Das hat auch etwas Großartiges. Es gibt Augenblicke, in denen man hingerissen ist von der Gewalt und der Gewalttätigkeit dieses Vorgangs – ähnlich wie man hingerissen sein kann von der zerstörenden Gewalt von Naturkatastrophen. Aber damit läßt sich nicht auf die Dauer leben. Die Stadt wird unbehaglich, sie enthält ein Element des Feindlichen und Bösen. Bei aller unbestreitbaren Anpassung an Gefährdung, Lärm, Unfriedlichkeit und Gewaltsamkeit des Autoverkehrs ist jetzt doch die Grenze überschritten, bis zu der man noch unbefangen

gern »in die Stadt« geht. Man überlegt sich, ob es wirklich nötig ist. Wo sich andere, angenehmere und bequemere Möglichkeiten bieten, zieht man sie vor. Die Stadt hat ihre Rolle als Ort der Geborgenheit weitgehend verloren. Und auch da, wo nicht die nackte Angst regiert, werden subtile Werte städtischer Lebensumgebung erbarmungslos vernichtet.
Ein erschreckendes und besonders prominentes Beispiel für die brutale Zerstörung innerstädtischer Atmosphäre ist die 13 km lange Schnellstraße am rechten Seineufer in Paris. Mit zwei bis drei Fahrspuren kreuzungsfrei ausgebaut, zieht sie einen mächtigen Autostrom auf sich, der teils direkt am Ufer, teils sogar auf den ausgebauten unteren Quais entlangbraust. Nur die direkt am Louvre vorbeiführende Strecke hat man auf 900 m untertunnelt. Die Pariser Verwaltung weist mit Stolz darauf hin, daß bei diesem großen Verkehrsprojekt der Baumbestand überall erhalten worden sei. Aber welch schwacher Trost ist das, wenn man dagegenhält, daß einer der früher schönsten Orte der Welt, an denen man behaglich schlendern, in den Bücherkisten stöbern und vor den Cafés einen Aperitif trinken konnte, an denen Angler und Clochards ein friedliches Leben führten, heute voll tosenden Lärms und unangenehmer Autoabgase ist. So ergreift der Besucher, wenn er überhaupt noch an die Ufermauer herankommt, rasch die Flucht. Das andere Seineufer ist übrigens, obwohl nicht als Schnellstraße ausgebaut, kaum besser. Zahllose andere drastische Beispiele für die stadtzerstörende Wirkung des Autos kennt jeder von uns.
Der Autolärm dröhnt aber nicht nur in den Innenstädten; auch in alten und neuen Wohnquartieren ist er zu einer viele Menschen peinigenden Plage geworden. Das ist so in den Wohnungen, die an großen innerstädtischen Verkehrsadern, an Ausfallstraßen oder sogar an Autobahnen liegen. Der gesetzlich vorgeschriebene Mindestabstand für Hochbauten beträgt bei Bundesstraßen nur 20 m und bei Bundesautobahnen ganze 40 m vom Fahrbahnrand. Wirksame Lärmschutzvorrichtungen wie Mauern oder Erdwälle sind fast nirgends vorhanden. Ein paar Büsche oder Baumstreifen können den Lärm nicht spürbar dämpfen. Neuerdings werden zudem immer mehr Hochstraßen errichtet. In ungünstigen Fällen führt das dazu, daß mehrere Lastzüge zugleich in zwei Ebenen an und über dem Schlafzimmerfenster vorbeidonnern.
Es ist aber nicht nur der ständig fließende Verkehr der Hauptstraßen, von dem die intensiven Beeinträchtigungen ausgehen. Auch in ruhigen Wohnstraßen wirken sich der Lautstärke nach viel geringfügigere Geräusche als höchst wirksame Störungsquellen aus. Da sind die vor den Häusern abgestellten Autos, deren Eigentümer keine Garage besitzen oder sie nicht benutzen. Viele dieser Fahrzeuge dienen dem Berufs-

verkehr und werden an jedem Arbeitstag morgens um die gleiche Zeit in Benutzung genommen. Wieviele Menschen dabei jedesmal durch das Jaulen des Anlassers, das Warmlaufen des Motors und den schließlich zügigen Start eines frühen Nachbarn regelmäßig aus dem Schlaf gerissen werden, ist nicht festzustellen. Ganz gleich aber, wieviele es sind, diese sind jedenfalls höchst intensiv betroffen.

Dabei spielt es natürlich eine Rolle, daß von einem entspannten, der Ruhe hingegebenen Menschen in einer sonst ruhigen Umgebung Einzelgeräusche weit stärker empfunden werden als im Tagesgetriebe. Kommt noch eine durch Wiederholung leicht sich bildende Irritation hinzu, so kann die Wirkung sehr peinigend sein. Sie kann verstärkt werden durch die schallsammelnde und -reflektierende Wirkung von zwei geschlossenen, einander gegenüberstehenden Häuserzeilen. Auch die absolute Lautstärke eines einzelnen Automotors kann hier beachtliche Grade erreichen. Ähnliches gilt auch von den großen, oft noch betonierten Parkplätzen, die in neuen Stadtteilen zwischen die Hochhauskomplexe gelegt werden, wie etwa im vieldiskutierten Märkischen Viertel in Berlin. Hier bewirkt die große Zahl der Autos, daß morgens und abends bis in die Nacht hinein nie wirkliche Ruhe eintritt, und die Zahl der vom Lärm bestrichenen Wohnungen ist bei den riesigen Gebäudefronten beträchtlich. Zwar nimmt die Lautstärke nach oben hin ab, aber keineswegs in so hohem Maße, wie oft angenommen wird. So kann keine Rede davon sein, daß etwa über dem fünften Stockwerk Verkehrslärm regelmäßig auf einen unbedeutenden Grad abgesunken sei. Bei ungünstigen Schallreflektionsverhältnissen kann er sogar das 20. und 30. Stockwerk noch höchst intensiv und störend erreichen.

Zu dem an sich unerschöpflichen Thema Autolärm, dessen einigermaßen vollständige und gewissenhafte Beschreibung ein Buch für sich füllen würde, sei nur noch auf einen, dem Umfang nach ebenfalls sehr bedeutenden Bereich abschließend hingewiesen. Es war bisher davon die Rede, wie der Stadtbewohner in der Wohnung und auf der Straße dem Verkehrslärm ausgesetzt ist. Weniger beachtet wird im allgemeinen, wie stark Verkehrsgeräusche sich auch an den Arbeitsplätzen auswirken. Ein unverhältnismäßig großer Teil aller Arbeitsplätze ist heute in den Kernbereichen unserer Städte zusammengedrängt. Im Umkreis von zwei bis drei Kilometern um den Stadtmittelpunkt liegen in mittleren Städten Zehntausende, in großen Hunderttausende von Arbeitsplätzen. An vielen von ihnen, zum Beispiel in den Büros, wird geistige Arbeit geleistet, für die Ruhe eine wichtige Voraussetzung ist. Unvermeidlich sind aber fast alle innerstädtischen Arbeitsplätze – natürlich mit lagebedingten Unterschieden – ständig in jenes gleichförmige Brummen und Rauschen getaucht, das der Verkehr in den Stadtkernen hervorbringt. Diese Art von Lärm wird weit weniger störend empfunden und oft nicht einmal bewußt wahrgenommen. Die Anspannung des Arbeitslebens, die häufigen Gespräche mit Kollegen oder Kunden, die Eigengeräusche aus dem Haus mindern den Eindruck sehr herab. Oft tritt eine Gewöhnung ein, die bis zum Nichtmehrwahrnehmen führt. Das bedeutet indessen nicht, daß das vegetative Nervensystem auf jene Lärmeinwirkungen ebenso teilnahmslos reagierte. Auch die unbewußte Verarbeitung von Lärm kostet in jedem Fall Kraft, kann also zu früherem Verschleiß und bei dafür empfänglicher Disposition auch zu schweren dauernden Schäden führen.

Neben dem Lärm war beiläufig schon vom Gestank der Autos die Rede. Genauer müßte man von den Abgasen sprechen, deren giftigster Teil, das Kohlenmonoxydgas, ja geruchlos ist. Die Wolken von schlecht verbranntem Dieselöl empfinden wir jedoch als so unangenehm, daß sie es in erster Linie sind, denen wir auszuweichen suchen. Der Gefährlichkeit der Abgase zum Beispiel für Verkehrspolizisten, die ihnen beruflich besonders stark ausgesetzt sind, sucht man mit Sauerstoff und Ozonduschen zu begegnen. Der selbst autofahrende Normalbürger hilft sich so gut er kann damit, daß er die Frischluftklappe an seinem Auto schließt, wenn er in einer Schlange zwischen lauter laufenden Motoren feststeckt.

Ihre stärkste Wirksamkeit entfalten Autoabgase allerdings erst, wenn sie sich mit den Abgasen und Dämpfen aus den Industriewerken und Wohnungsheizungen vermischen. Dann kommt es zu jenen giftigen Dunstglocken, die über unseren Städten liegen und die man von hohen Bergen oder manchmal auch vom Flugzeug aus alptraumhaft deutlich sehen kann. Wenn außerdem durch atmosphärische Bedingungen noch die natürliche Luftbewegung behindert wird, kommt es zu jenen Verdichtungen von giftigen Luftbestandteilen, für die Städte wie London, Los Angeles oder auch die sogenannte Kölner Bucht mit der Bundeshauptstadt besonders berüchtigt sind. Auf dieses Problem der Lufthygiene wird später noch einzugehen sein. Hier genügt der Hinweis, daß das Auto zu seiner Entstehung einen erheblichen Anteil beiträgt.

Wenn ein Verkehrsmittel so viele gefährliche, schädliche, häßliche und unangenehme Nebenwirkungen entfaltet, stellt sich schließlich die Frage, wie groß denn sein eigentlicher Bestimmungsnutzen ist, das heißt wie gut es seinen Transportzweck erfüllt, um dessentwillen wir alle jene Folgen auf uns nehmen. Auf diese Frage gibt es keine allgemeine, einheitliche Antwort, sondern nur eine, die stark differenziert.

Ganz allgemein kann man sagen, daß ein Auto als Verkehrsmittel um so besser seinen Zweck erfüllt, je weniger andere Autos es gibt. In abgelegenen und ländlichen Gebieten ist es das ideale Fortbewegungsmittel. Auch in den dünner besiedelten Außenbereichen der Städte erfüllt es seine Funktionen gut. Auf den großen Verkehrsbändern der Bundesstraßen und Autobahnen wird besonders anschaulich, wie sich die bei leerer Strecke vorzügliche Transportleistung mit jedem hinzukommenden weiteren Auto vermindert, bis sie bei den stundenlangen Stauungen in den Tagen des großen Ferienaufbruchs nach dem Süden bis auf die Nullgrenze hinabsinkt. Und ähnlich verhält es sich in den Städten. Nach Mitternacht findet man auch in den am stärksten überlasteten Großstädten ideale Autoverkehrsverhältnisse vor. Niemand könnte sich um diese Zeit ein besser funktionierendes Transportmittel denken. Sechs oder sieben Stunden später fragt man sich verzweifelt, ob es je in der Geschichte der Menschheit eine so unpraktische und zeitraubende Verkehrsart gegeben hat, wie sie die ruckartige und stotternde Fortbewegung mit dem Auto darstellt.

Während ich dies niederschreibe, kommt mir eine Polizeimeldung für Kraftfahrer in den Sinn, die ich während der Nachhausefahrt abends im Radio hörte und die etwa wörtlich so begann: »Wegen des stärkeren Verkehrs zum Wochenanfang, wegen der soeben eröffneten Photokina und wegen zahlreicher durch das dunkle und nasse Wetter verursachter Auffahrunfälle ist der Verkehr in der Stadt Köln zusammengebrochen. Kraftfahrer werden gebeten . . .« Ein Kommentar erübrigt sich.

Zur Tauglichkeit eines Verkehrsmittels gehört es nun aber nicht nur, daß es seinen Benutzer rasch und bequem ans Ziel bringt, sondern auch, daß dieser es am Ziel verlassen kann, ohne sich Gedanken über seinen Verbleib zu machen. Das ist beim Auto zum Beispiel dann der Fall, wenn man es zu Hause in die Garage oder auf einen Platz auf dem eigenen Grundstück fahren und dort einfach stehen lassen kann. Auch dieser Idealfall setzt allerdings voraus, daß nicht irgend ein anderer sein Auto gerade quer vor die Garagen- oder Grundstückseinfahrt gestellt hat. Unproblematisch ist das Aussteigen auch da, wo der Fahrer seinen Arbeitsplatz in einem Gebäude hat, in dessen Keller ein reservierter Parkplatz zur Verfügung steht. Aber diese Fälle sind im Vergleich zur Gesamtzahl der Autos selten. Der Alltag sieht für die meisten Autobesitzer anders aus. Er besteht aus stillen und oft erbitterten Positionskämpfen um einen Platz am Straßenrand möglichst nahe der eigenen Wohnung und einer Laterne, aus vorzeitigem Aufbruch zur Arbeit, um noch einen der immer knapper werdenden freien Abstellplätze in der Innenstadt zu ergattern, aus langen Suchfahrten und Blockumrundungen, um irgendwo noch eine Parklücke zu finden, aus Verzweiflungsakten, mit denen man den Wagen schließlich irgendwo auf den Bürgersteig setzt oder einfach in einer Verbotszone stehen läßt, oder in der zweiten Reihe, oder eben vor einer fremden Garageneinfahrt. Welchem Autofahrer ist es nicht schon passiert, daß er von einer Besorgung, von einer Veranstaltung zu seinem Auto zurückkehrte, losfahren wollte und sich von allen Seiten umstellt sah? Oder die Parkuhr war abgelaufen und ein Bußgeld fällig. Der »Zeit-Terror« der Parkuhren hetzt den Autobenutzer von Besorgung zu Besorgung und stiehlt ihm jede Muße. Der mit dem Parken verbundene Ärger des Autofahrers und seine Anlässe sind so mannigfach, daß sie hier nicht weiter geschildert werden können. Das ist auch nicht nötig, da dieser entscheidende Mangel des Auto-Verkehrssystems jedem offenkundig ist. Hier sind wir alle Experten.

Das ungelöste Parkproblem betrifft in seinen negativen Auswirkungen nun allerdings nicht nur den Autofahrer, sondern in anderer, aber nicht weniger nachhaltiger Weise auch die Stadtbewohner und -benutzer, die – gerade einmal – gar kein Auto abstellen wollen. Die Stadt als solche leidet nicht nur unter den fließenden Verkehrsströmen, sondern auch unter dem Heer der herumstehenden Kraftfahrzeuge. Sie besetzen, wo immer es erlaubt ist, die Straßenränder, oft schieben sie sich halb oder ganz auf die Bürgersteige und engen den ohnehin knappen Raum für Fußgänger und spielende Kinder noch weiter ein. Unsere schönen ebenso wie die häßlichen Stadtplätze, seien sie historisch oder modern, dienen nur noch als Abstellräume für Autos. Sie drängen sich auf die Grünstreifen unter den Alleebäumen, sie schieben sich in die Parks vor, und sie säumen die Seeufer und Promenaden in dichten, endlosen Reihen. Der Erfindungsreichtum der nach einem Abstellplatz suchenden Autofahrer ist bewundernswert, die von manchen dabei gezeigte Rücksichtslosigkeit gegenüber den Rechten und Bedürfnissen anderer ist erschreckend. Will man irgendwo in der Stadt einen geringen Raum freihalten, so muß man ihn mit Ketten und Pollern absperren oder Stufen einbauen, die so hoch sind, daß auch der bedenkenloseste Autobesitzer vor ihnen zurückschreckt.

Die Beeinträchtigung, die unsere Städte durch die Riesenmengen parkender Autos erleiden, sind zwar mit jenen durch den Fahrverkehr – Unsicherheit, Lärm, Einengung der Bewegungsmöglichkeiten – an Intensität nicht zu vergleichen. Aber sie sind immer noch beträchtlich genug. Der bewußte oder unbewußte Widerwille dagegen, sich ständig zwischen abgestellten Autos zu bewegen oder sich an ihnen vorbeiquetschen zu müssen, ist groß. Und woran liegt es denn, daß wir mit solcher Hingabe alte Stadtansichten, ja noch Photos und Postkarten aus der Zeit des Jahrhundertbeginns studieren? Doch nicht zuletzt daran, daß man da auf den Straßen und Plätzen noch frei spazieren konnte, weil diese Städte offensichtlich nicht den Autos, sondern den Menschen gehörten.

Dabei muß man sich darüber im klaren sein, daß die Motorisierung in der Bundesrepublik zwar weit fortgeschritten ist, aber noch keineswegs ihren Höhepunkt erreicht hat. Im Jahre 1970 sind über 15 Millionen Kraftfahrzeuge, davon ca. 14 Millionen Personenkraftwagen zugelassen. Die Sättigungsgrenze liegt nach der bisher als zuverlässig erwiesenen Shell-Prognose bei 300 Personenkraftwagen auf 1000 Einwohner. Daraus errechnet man für 1985 rund 20 Millionen Personenkraftwagen. Ob es dabei bleibt, sei dahingestellt. Sicher wird die Vermehrung der Autos den innerstädtischen Verkehr auch bei einem weiteren Ausbau des Straßennetzes noch stärker blockieren als die heute schon vorhandene Zahl es tut.
Soweit der Versuch, in einer knappen Zusammenfassung von lauter dem Leser bekannten Tatsachen noch einmal faßbar zu machen, was das Auto für unser Leben in der Stadt bedeutet, an was alles wir uns schon gewöhnt haben. Mit der Schilderung der negativen, der gefährlichen und scheußlichen Wirkungen auf die Stadt soll allerdings nicht geleugnet werden, daß das Auto zugleich eine ganz großartige und wunderbare Erfindung ist, die keiner von denen mehr missen möchte, die eines besitzen. Da wo es seine Funktionen erfüllen kann, in der offenen Landschaft, auf halbwegs leeren Straßen, in den weitläufigen Vorstädten und auf großer Fahrt weit in der Welt, ist es ein unvergleichliches Vehikel. Es ist ein Stück Zuhause, das man mitnehmen kann, es ist ein bequemes Behältnis für viele kleine Gegenstände des persönlichen Bedarfs, die man gerne bei sich hat, es ist Transportmittel für ungezählte Dinge, die man sonst mühsam schleppen müßte. Außerdem ist es eine Herausforderung an unsere körperliche Gewandtheit und Geschicklichkeit, unser Reaktionsvermögen, der wir uns mit Vergnügen stellen. Und es ist vor allem ein Stück zusätzlicher Freiheit in Zeit und Raum, eine Vervielfachung unserer natürlichen Möglichkeiten, uns zu bewegen, es ist Macht über Materie, herrliches Erlebnis der Geschwindigkeit. Kurz, es ist eine ganz und gar großartige Sache, und es ist nicht umsonst das meistbegehrte, meistdiskutierte, am heißesten geliebte Objekt des technischen Massenkonsums.
Nur hat es eben zugleich auch jene lebensgefährlichen Eigenschaften für Menschen und für die Städte der Menschen, von denen die Rede war. Die Frage, die sich uns stellt, lautet also doch ganz offenbar, wie man einerseits die Vorteile des Autos bewahren und andererseits seine Nachteile aus der Welt schaffen kann. Und wenn das nicht in vollkommener Weise möglich ist, so bleibt die Frage, wie weit man auf dem einen und auf dem anderen Wege gehen kann und wie man den dann noch verbleibenden Konflikt durch eine Wertentscheidung aufhebt. Bisher, darauf wurde schon hingewiesen, geht diese Auseinander-

setzung mit dem Phänomen Auto höchst unsystematisch vor sich. Mit Leitplanken, Sicherheitsgurten und gepolsterten Sonnenblenden versucht man die Unfallfolgen zu mindern. Gegen den Lärm unternimmt man so gut wie nichts, über Abgasentgiftung wird wenigstens ernsthaft diskutiert, der unzureichenden Verkehrsleistung sucht man durch breitere Straßen, des Parkproblems durch Hoch- und Tiefgaragen Herr zu werden. Außerdem bemühen sich die größeren Städte, vorhandene U-Bahn- und Schnellbahnnetze auszubauen und neue einzurichten. Das ist, in Stichworten, das Konzept, in das sich alle gegenwärtigen Bemühungen einordnen lassen. Eine Lösung der gewaltigen mit dem Auto verbundenen Probleme ist jedoch auf diesem Weg nicht zu erwarten. Die Grenzen der möglichen Erfolge stehen schon zu deutlich vor uns. Zur Unfallgefahr des Autos ist zunächst darauf hinzuweisen, daß ein überraschend hoher Anteil aller Unfälle mit tödlichem Ausgang oder mit schwerverletzten Opfern sich in Städten ereignet. Von den 17 000 im Jahre 1967 im Bundesgebiet getöteten Personen waren fast 6000 Fußgänger und knapp 2000 Radfahrer. Auch wenn wir noch mehr Fußgängertunnel bauen, noch mehr Verkehrsampeln aufstellen, noch mehr und noch besser beleuchtete Zebrastreifen anlegen, noch mehr kreuzungsfreie Knotenbauwerke errichten, noch mehr Ketten an unseren Bürgersteigen entlang spannen und noch mehr Fußgängerstraßen einrichten – die Zahl der schweren Unfälle wird sich so nur mühsam in Grenzen halten und sicher nicht drastisch verringern lassen. Das hat zwei Ursachen. Die eine liegt darin, daß Auto- und Fußgängerverkehr sich grundsätzlich auf der gleichen Verkehrsebene abwickeln und nur in Ausnahmefällen an Brennpunkten voneinander getrennt werden. Die andere ist darin zu suchen, daß die einzige Unfallsicherung in der Fahrzeuglenkung die vielfach als unzulänglich erwiesene Voraussicht und Reaktionsfähigkeit des Menschen ist, der das durch keinerlei Automatik auf Hindernisse reagierende Fahrzeug ausschließlich beherrscht. Auch andere Verkehrssysteme werden nie völlig unfallsicher funktionieren können, wie es Eisenbahnunglücke beweisen. Aber durch automatisch arbeitende Sicherungsanlagen läßt die nie auszuschaltende menschliche Unzuverlässigkeit sich doch wirksam einschränken. Jedenfalls ist es ein völlig einmaliger Vorgang, daß Unmengen lebensgefährlicher Fahrzeuge jedes für sich von Fahrern gesteuert werden, die so gut wie alle körperlichen, intellektuellen und seelischen Mängel aufweisen können, die überhaupt vorkommen. Sie können betrunken sein oder unter dem Einfluß von Medikamenten stehen, sie können erschöpft, überreizt oder deprimiert sein, halb taub, halb blind, halb lahm, leichtsinnig oder einfach unglaublich dumm – das alles hindert sie nicht daran, die individuelle und ausschließliche Verfügungsgewalt über ein

Fahrzeug zu übernehmen, das sie oft nur unvollkommen beherrschen. Erstaunlich ist unter diesen Umständen weniger, daß sich so viele schwere Straßenverkehrsunfälle ereignen, als vielmehr, daß ihre Zahl nicht noch weit größer ist. Eine drastische und nachhaltige Verringerung der Unfallzahlen setzt jedenfalls zweierlei voraus: die durchgehende Trennung der Fahr- von der Fußgängerebene und eine Automatisierung der Fahrzeuglenkung.

Gegen die Lärmwirkung des Autos wird, wie erwähnt, noch fast nichts unternommen. Immerhin soll auf Lärmschutzwälle zwischen Autobahn und Wohnquartieren hingewiesen werden, durch die man neuen Siedlungen in Stuttgart (Fasanenhof) und Hannover (Auf der Horst) eine gewisse Schallisolierung geschaffen hat. Auch die in neuen Wohnvierteln gelegentlich anzutreffenden Sammel-Tiefgaragen und auch schon die gesonderte und abgelegene Ausweisung von Abstellplätzen und Garagenhöfen am Rande der Siedlungskomplexe sind hier zu nennen. Ein durchgehender, wirksamer Lärmschutz ist jedoch auch bei einer Intensivierung dieser Maßnahmen nicht zu erreichen. Lärmschutzwälle oder auch zur Diskussion stehende Lärmschutzmauern lassen sich an innerstädtischen Straßen in aller Regel nicht anbringen. Und die Entfernung zwischen Wohnungen und Autoabstellplätzen kann man nicht zu weit ausdehnen, weil der Autobenutzer, der den Zwischenweg ohnehin als unzumutbar empfindet, dann nach anderen Wegen sucht, um mit dem Wagen bis in die Nähe seiner Wohnung zu kommen. Dem konventionellen Städtebau stehen im Bereich des Lärmschutzes gegen Autos so gut wie keine Möglichkeiten mehr zur Verfügung.

Das Problem der Luftvergiftung durch Abgase scheint technisch insoweit gelöst zu sein, als zusätzliche Ausstattungen an den Verbrennungsmotoren den Kohlenoxydanteil stark herabsetzen können. Es kommt hier nur noch darauf an, durch eine harte Gesetzgebung und Überwachung die Industrie und die Autobesitzer zum Einbau und zur Instandhaltung dieser Anlagen zu zwingen. Außerdem müßte zumindest jede Bleibeimischung zum Kraftstoff verboten werden, um die chronische Bleiaufnahme durch die Lungen zu verhindern. Hier ist es also zunächst Aufgabe des Gesetzgebers, nicht des Städtebauers, tätig zu werden. Völlig sauber und unschädlich werden die Abgase von Verbrennungsmotoren freilich nie sein, insbesondere nicht bei Dieselmotoren, so daß sich für den Städtebau immer noch die Frage stellt, ob das innerstädtische Verkehrssystem nicht auch aus diesem Grund entweder auf eine Absonderung oder einen Ausschluß des herkömmlichen Kraftfahrzeugs abzielen sollte.

Nun aber zum eigentlichen Verkehrsproblem: Sind die oben geschilderten und uns allen bekannten schweren Mängel bei der derzeitigen Verkehrserschließung unserer Städte mit den zur Zeit in Angriff genommenen Maßnahmen zu beheben? Können mit dem Bau neuer und breiterer Straßen, mit der Errichtung zusätzlicher Abstellplätze und mit entlastenden Maßnahmen im Bereich des schienengebundenen Verkehrs, also dem Bau und Ausbau von S- und U-Bahn-Netzen, rasche, bequeme und zuverlässige Verkehrsverbindungen in den Städten und in den großen Agglomerationen geschaffen werden? Wird dies gelingen, so muß man allerdings hinzufügen, ohne die Substanz dessen zu zerstören, was wir unter Stadt im überkommenen Sinne verstehen? Ohne Zweifel läßt sich der relative Anteil der Verkehrsflächen auf Kosten anderer Nutzungen so vermehren, daß auf jeden Wohn- und Arbeitsplatz ein Abstellplatz kommt und Fahrflächen für alle zur Verfügung stehen. Nur ist das, was dabei herauskommt, kaum noch Stadt zu nennen, wenn man dazu die Mittel des konventionellen Städtebaus einsetzt.

Eine einheitliche und für alle Fälle zutreffende Antwort auf die Frage, wie weit wir unsere Verkehrsprobleme mit dem Ausbau der bisherigen Verkehrssysteme lösen können, gibt es nicht. Die Größenordnungen der Städte und Agglomerationen, ihr Verkehrsaufkommen, die geographischen Besonderheiten und die Siedlungsstruktur sind dazu zu unterschiedlich. Auch die sehr sorgfältigen Untersuchungen der Sachverständigenkommission über die Möglichkeiten einer Verbesserung der Verkehrsverhältnisse in den Gemeinden[1] – im folgenden Verkehrsgutachten genannt – lassen diese Frage im Grunde unbeantwortet. Im Verkehrsgutachten wird zwar zum Beispiel festgestellt, daß es bei der Struktur unserer Städte auf die Dauer nicht möglich sein dürfte, den Berufsverkehr zu den Hauptgeschäftszentren in größerem Umfange mit dem Personenkraftwagen abzuwickeln (S. 66). Daneben wird im einzelnen eine Fülle von Leistungsgrenzen, vor allem des Straßennetzes, aber auch der schienengebundenen Verkehrssysteme aufgezeigt, es werden aber auch jeweils Vorschläge für die Überwindung dieser Schwierigkeiten vorgelegt. Man bemerkt dabei, welche Fülle ungenutzter Reserven zur Verbesserung der Verkehrsverhältnisse auch der konventionelle Städtebau noch enthält. Durch ein ineinandergreifendes System von zum Teil sehr teuren und aufwendigen, zum Teil aber auch einfacheren und einfallsreichen Maßnahmen lassen sich wesentliche Verbesserungen sowohl in der Kapazität als auch in der Geschwindigkeit und Bequemlichkeit aller Verkehrswege erzielen. Dies im einzelnen darzulegen, ist hier nicht der Raum und ist auch nicht meine

1 Bundestagsdrucksache Nr. IV/2661

Absicht. Als Ergebnis sei nur festgehalten, daß das Auto seine völlig unzulänglichen Leistungen als Verkehrsmittel in den Städten und vor allem in Großstädten wesentlich verbessern kann, wenn

1. das städtische Straßennetz – unter Ausbau kreuzungsfreier Knotenpunkte und einzelner Hoch- oder Tiefstraßen, aber ohne gewalttätige Durchbrüche und Freilegungen – wesentlich verbessert wird,
2. räumliche und zeitliche Beschränkungen für die Autobenutzung eingeführt werden, die aber nicht bis zur »Verdrängung« führen, und
3. in großen Städten das U- und S-Bahn-Netz so ausgebaut wird, daß es viele heute noch dem Auto zugemutete Transportleistungen vor allem in der Spitzenbelastung übernehmen kann.

Diese Maßnahmen, mit deren Verwirklichung nachdrücklich begonnen worden ist, können – nach einer Zwischenperiode einer weiteren, durch die Zunahme der Autozahl bedingten Verschlechterung – im Laufe der nächsten Jahrzehnte vielleicht dazu führen, daß das Auto einen Teil seiner Leistungsfähigkeit als Verkehrsmittel in den Städten zurückgewinnt, allerdings unter Verzicht auf seine universelle Einsetzbarkeit. Hier wird also wieder die Grenze sichtbar, die dem konventionellen Städtebau gesetzt ist. Auch um den Preis großer Unfallgefahren und unerträglichen Lärms selbst bei größten Aufwendungen für den Verkehrsausbau läßt sich das Auto nicht als universelles Verkehrsmittel integrieren, mit dem man jederzeit jeden beliebigen Ort in der Stadt zu jedem beliebigen Zweck erreichen kann. Für wichtige Verkehrsvorgänge, wie den Weg zum und vom Arbeitsplatz und die Fahrt zum in der Innenstadt gelegenen Geschäft, steht das Auto auch auf lange Sicht nur noch bedingt zur Verfügung.

Was wird also geschehen, wenn wir die Entwicklung weiter so treiben lassen wie bisher? Offenbar nichts anderes, als daß einige der unangenehmsten Auswirkungen des Autos auf die Stadt geringfügig gemildert und die Verkehrsleistungen des Autos in der Stadt partiell spürbar verbessert werden. Im übrigen bleibt es bei den horrenden Zahlen der bei Unfällen Getöteten und Verletzten, bei der gehetzten, unwirtlichen Atmosphäre der vom Auto beherrschten Stadt, bei dem Tag und Nacht die Stadt durchtosenden, in alle Häuser dringenden Motorenlärm, bleibt es auch bei dem Ärger über, wenn auch vielleicht nicht mehr miserable, so auf jeden Fall doch noch recht schlechte Verkehrsverhältnisse, die mit erheblichem Zeitaufwand und großer Umständlichkeit gekoppelt sind.

Es ist die Frage, ob wir uns damit abfinden wollen – nicht ob wir es müssen. Denn selbstverständlich haben wir es – wenn auch nicht kurzfristig und nicht ohne große Anstrengungen – in der Hand, diese Zukunft auch anders zu gestalten. Wie das geschehen kann, soll noch erörtert werden. Zunächst muß erkannt werden, daß die großen, mit einer solchen grundlegenden Veränderung verbundenen politischen, technischen und finanziellen Anstrengungen der Gesellschaft nur erbracht werden können, wenn wir das Auto nicht als ein unabwendbares Naturereignis, sondern als von uns geschaffenes und veränderbares Produkt betrachten, wenn wir von der Notwendigkeit der Veränderung überzeugt und zu ihrer Durchführung fest und hartnäckig entschlossen sind. Hieran fehlt es, solange die Meinung verbreitet ist, daß alles ja doch gar nicht so schlimm sei, daß der Mensch sich an alles gewöhne und daß es auf die Dauer ja doch wohl besser werden würde.

Wie es mit dem Besser-Werden steht, habe ich versucht einzugrenzen. Hinzugefügt werden muß freilich noch ein Moment der Verschlimmerung, das bisher noch nicht erwähnt wurde. Die Beherrschung unseres Lebensraums durch das Auto dringt in immer weitere Bereiche vor. Es werden für immer mehr Menschen immer mehr neue Straßen gebaut, für immer mehr Autos wird zusätzlicher Verkehrsraum gebraucht. Mit mehr Freizeit, mehr Ferien, mehr privaten Aktivitäten, mehr Zweitwohnungen und Wochenendhäusern, mehr Produktion, mehr Wohlstand, mehr beruflicher und privater Mobilität wird es nicht nur zu der erwähnten Vermehrung der Autos, sondern auch zu ihrer vermehrten Benutzung, also zu einer überproportionalen Vermehrung des Verkehrs überhaupt kommen, die der der letzten hundert Jahre nicht nachsteht, sondern sie wohl noch übertreffen wird. Ein großer Teil davon wird auf das Auto entfallen, vor dessen Allgegenwart es dann kaum noch ein Entrinnen gibt. Außerdem werden immer mehr Menschen in den großen Agglomerationen leben, möglicherweise sogar noch dichter zusammengedrängt als bisher. Ein solches Leben wird sich nicht glücklich gestalten lassen, wenn es in seinem äußeren Ablauf so unter der Herrschaft des Autos steht wie das unsere in den Städten von heute. Was wir jetzt erleben, ist schlimm genug; was uns erwartet, kann unerträglich sein.

Daher dürfen wir uns nicht bei der vagen Hoffnung beruhigen, daß es vielleicht ja doch besser gehen werde als befürchtet oder daß mit Zeit auch Rat komme. Ebensowenig dürfen wir auch vor einer als nicht änderbar empfundenen Entwicklung resignieren. Hier ist auch ein ernsthafter Einwand gegen das sonst so vorzügliche und verdienstvolle Verkehrsgutachten fällig. Dieses vielfältige Kompendium der kleinen und großen Verbesserungen sollte zwar genau das erbringen, was es empfiehlt: hier und heute realisierbare, im wirtschaftlichen Aufwand vertretbare Lösungen. Aber es fehlt die abschließende Feststellung, daß es mit dem allem auf die Dauer nicht getan ist, wenn man humane Lebensbedingungen auf lange Sicht schaffen will, und es fehlt die Forderung nach einem neuen Ansatz für langfristige Lösungen. Auch wenn solche Lösungen einen Aufwand erfordern, den wir uns in den nächsten Jahren noch nicht leisten können, und auch wenn sie vielleicht erst in Jahrzehnten technisch realisierbar sein werden, müssen wir heute schon mit voller Kraft solche Lösungen überlegen und vorbereiten. Im nächsten Kapitel wird deutlich werden, daß wir mit einem langen Experimentier-, Planungs- und Vorbereitungsstadium rechnen müssen, dessen Beginn nicht weiter hinausgeschoben werden darf.

So müssen auch zwischenzeitliche Verbesserungen am Auto selbst und für seine Verkehrsmöglichkeiten ernstlich angestrebt werden, ohne daß man glauben darf, damit das städtische Verkehrssystem der Zukunft zu schaffen. Auf zwischenzeitliche Verbesserungen städtebaulicher Art, die für das endgültig zu installierende System nutzbar bleiben, wird im V. Abschnitt eingegangen. Die wichtigste erreichbare konstruktive Verbesserung am Fahrzeug wird darin liegen, den Verbrennungsmotor schrittweise unschädlich zu machen und ihn schließlich durch einen gleich wirksamen Elektromotor zu ersetzen. Der Motor, der die lauteste und störendste, wenngleich leider nicht die einzige Lärmquelle am Auto ist, wird dann wesentlich leiser werden, und das Problem der Autoabgase gibt es dann nicht mehr. An der Entwicklung solcher Motoren wird gearbeitet; vorläufig sind die Batterien noch zu schwer und geben noch zu wenig Energie ab. Inzwischen scheint es allerdings der Forschung gelungen zu sein, Elektromotoren zu entwerfen, die ihren Strom aus einem chemischen Umwandlungsvorgang von Treibstoff in einer Brennstoffzelle beziehen und die in ihrer Leistung und Reichweite dem Verbrennungsmotor nicht nachstehen. Vielleicht ist hier schon die Lösung gefunden, die nur noch der Entwicklung bis zur Anwendungsreife bedarf. Zur Zeit scheitert eine kommerzielle Verwertung noch an den hohen Preisen der in Frage kommenden Treibstoffe ebenso wie an den hohen Produktionskosten der Zellen. Vielleicht sind die daran geknüpften Hoffnungen auch noch verfrüht. Auf jeden Fall muß auf diesem Gebiet die von der Industrie schon begonnene Forschung vorangetrieben und durch staatliche Forschungsaufträge unterstützt und verstärkt werden. Und auf jeden Fall muß der Verbrennungsmotor als ein Stück rückständiger Technologie und als ein öffentliches Ärgernis geächtet und so rasch wie möglich aus der Welt geschafft werden.

Eine weitere Verbesserung in der Autokonstruktion erhofft man sich von kleineren, kompakteren Fahrzeugtypen für den innerstädtischen Verkehr. Damit soll der sowohl für den fließenden wie auch den sogenannten ruhenden Verkehr knappe Raum besser ausgenutzt werden.

Es erscheint mir zweifelhaft, ob man sich von diesem an sich richtigen Gedanken allzuviel versprechen darf. Wenn der Platz schon jetzt für 13 Millionen Personenkraftwagen nicht ausreicht, dann reicht er demnächst für 20 Millionen sicher auch dann nicht aus, wenn diese alle nicht größer sind als unsere heutigen Kleinwagen. Und das sind schon ziemlich kleine und für manche innerstädtischen privaten Transportprobleme nicht ausreichende Fahrzeuge. Erst recht genügen sie auf die Dauer nicht für den außerstädtischen Gebrauch. Eine Sperrung der Städte für größere Autotypen hätte zur Folge, daß die Autoproduktion weiter gewaltig steigen müßte, da der zahlenmäßige Bedarf sich annähernd verdoppeln würde. Hier dürften der Aufwand der Maßnahme und ihr Ertrag in keinem rechten Verhältnis mehr zueinander stehen. Das heißt nicht, daß man sich nicht um vollwertige, kleinere, kompakte Autotypen bemühen sollte. Das tut die Autoindustrie heute aber schon von sich aus, und sie hat damit ja auch einen gewissen Erfolg beim Publikum. Weitere geforderte und diskutierte Verbesserungen beziehen sich auf die Wendigkeit des Autos, etwa seine Fähigkeit, seitwärts zu fahren, und auf kleinere konstruktive Verbesserungen, wie den Einbau von Schiebetüren. Die Leistungsgrenzen aller dieser Verbesserungen sind jedoch offensichtlich. Der Ruf nach hochwertigen öffentlichen Verkehrsmitteln, die die Transportfunktion des Autos in der Stadt ergänzen, ja das Auto selbst sogar in gewissem Umfang aus der Stadt verdrängen sollen, ist daher in den letzten Jahren immer lauter geworden.
Ehe die ebenfalls nur begrenzten Möglichkeiten einer solchen Verbesserung anschließend erörtert werden, sei als Ergebnis der bisherigen Überlegungen jedoch noch einmal mit aller Deutlichkeit festgehalten: jede wie auch immer geartete Kombination öffentlicher Verkehrsmittel mit dem konventionellen Auto und Autoverkehr ist unzulänglich, ist angesichts der Schädigungen und Gefährdungen durch das Auto und angesichts der mit öffentlichen Verkehrsmitteln verbundenen Zumutungen keine politisch vertretbare Lösung. Jedes Verkehrsmodell, das von einer ständigen Nutzung des Autos ausgeht, mag zwar im Augenblick als »realistisch« betrachtet werden. In Wahrheit ist es fatalistisch und schließt ein Hinnehmen von bösen Mißständen ein, die wir nicht hinzunehmen brauchen und die wir nicht hinnehmen dürfen.

2. Kapitel
Der Stadtverkehr der Zukunft

Die öffentlichen Verkehrsmittel in unseren Städten – Straßenbahnen, Autobusse, in großen Großstädten zusätzlich U- und S-Bahnen –

haben in den letzten Jahrzehnten einen ständig sinkenden Anteil an der innerstädtischen Verkehrsleistung. Das Auto ist stärker.

Bahn oder Bus haben Nachteile, die zwangsläufig sind. Der Benutzer muß sich orientieren, ob und wann er fahren kann. Die Zeiten mögen ungünstig für ihn liegen. Er muß zur Abfahrtstelle einen mehr oder weniger langen Weg zurücklegen – entweder im Wagen oder zu Fuß. Er muß dann warten bis zur Abfahrtzeit, oft auch länger. Regen, Wind, Kälte oder Hitze mögen ihn derweil plagen. Er ist auch, jedenfalls in den Spitzenzeiten, keineswegs immer sicher, ob er mitgenommen wird. Die Fahrzeuge sind dann überfüllt. Es gibt keinen Sitzplatz. Man steht dichtgedrängt zwischen anderen Menschen, die nur zum Teil gut riechen. Im Sommer schwitzen sie. Man muß sich festhalten, um auf den Beinen zu bleiben. Man muß Taschen, Mappen, Einkäufe zwischen die Füße klemmen oder an sich pressen und dem Mitmenschen in die Rippen oder Kniekehlen stoßen. Vielleicht muß man nach einer Weile umsteigen, und alles geht wieder von vorn los. Man kann kein Radio hören und keine Zeitung lesen, sondern ist allen lästigen Gedanken wehrlos ausgesetzt. Man fährt langsam. Es gibt viele Haltestellen. Man ist erschöpft, wenn man aussteigt, und mißmutig. Man muß wieder einen Fußweg zum Ziel zurücklegen, wenn die Haltestelle ungünstig liegt. Was Menschen mit unüberbietbarer Geduld hier Tag für Tag in unseren großen Städten auf sich nehmen, ist schwer zu erfassen und verdient ungläubige Bewunderung. Aber daß sie es nicht gern tun, liegt auf der Hand. Demgegenüber werden alle Automiseren, vom Schlangefahren über Ampelärger bis zur Parkplatzsuche immer noch als vergleichsweise harmlos empfunden. Wer immer sich ein Auto leisten kann und fahren darf, zieht das vor. Es bringt ihn, wann immer er will, vom Ausgangspunkt zum Ziel. Selbst wenn die Fortbewegung eine Quälerei ist, so sitzt man doch wenigstens bequem dabei, kann Nachrichten oder Schlager hören und braucht sich nicht weiter anzustrengen. Und schneller als Bus oder Straßenbahn ist man in der Regel auch.

Nun ist es nicht immer so schlimm wie hier geschildert. Für den Berufs- und Schülerverkehr gilt es zumeist. Zu anderen Zeiten fahren Züge und Busse fast leer und leidlich rasch. Nur dann auch noch seltener, mit oft langen Wartezeiten. Verbesserungen sind möglich und werden überall versucht. Sie sind auch unerläßlich, da wir uns noch geraume Zeit mit den jetzigen Nahverkehrssystemen behelfen müssen. Auch kurz- und mittelfristige Teilerleichterungen können eine spürbare Hilfe für alle bringen, die auf die Benutzung der öffentlichen Verkehrsmittel angewiesen sind.

Straßenbahnen können, wenigstens auf einzelnen Streckenabschnitten,

eigene Gleiskörper bekommen. An Verkehrsknotenpunkten legt man sie in einen Tunnel unter die Erde. Auch Busse können eine eigene Fahrspur bekommen. Vorfahrt für den öffentlichen Verkehr läßt sich anordnen. Auch eine als günstig empfundene Fahrpreisgestaltung mag einen Teil der Ärgernisse leichter tragbar machen.
Wie tief die Verärgerung und Erbitterung der Bürger über eine als schlecht empfundene Leistung des Nahverkehrs geht, haben die drastischen Reaktionen auf beabsichtigte Fahrpreiserhöhungen in mehreren deutschen Städten gezeigt. Wo sich ein organisatorischer Ansatz zur Artikulation des Protestes gegen höhere Preise bei schlechteren Leistungen, nämlich absinkender Verkehrsdichte, bot, entlud sich ein lange aufgestauter Unmut mit überraschender Vehemenz und erzwang eine Rücknahme der Tariferhöhungen. Der Grundsatz, daß Bahnen und Autobusse zu kostendeckenden Preisen fahren sollen, hat sich im Zusammenhang mit der hannoverschen Straßenbahn-Blockade im Sommer 1969, wo dieser Versuch letztmals unternommen wurde, endgültig als undurchsetzbar erwiesen. Der Preis für das öffentliche Nahverkehrsmittel ist ein für allemal ein politischer Preis geworden, der durch öffentliche Subventionen am Überklettern gewisser psychologischer Schwellenwerte gehindert werden muß.
Wenn die Städte ihre Verkehrsbetriebe allerdings schon aus allgemeinen Steuermitteln subventionieren müssen, dann sollte wenigstens ein verkehrspolitisch wünschenswerter Effekt damit erzielt werden. Der Tarif sollte so günstig und »griffig« sein, daß er nicht nur murrend hingenommen wird, sondern möglichst auch einen – wenn auch bescheidenen – neuen Anreiz zur Umlenkung vom Individualverkehr zum öffentlichen Nahverkehr darstellt. Innerhalb des öffentlichen Verkehrsnetzes sind die Schienenstrecken wiederum dort vor Busstrekken zu bevorzugen, wo beide in möglicher Konkurrenz zueinander stehen. Wenn man ein solches griffiges Tarifsystem in der absoluten Höhe der geforderten Preise über lange Zeit stabil hält, also angesichts des rascher oder langsamer, aber jedenfalls unaufhaltsam ansteigenden Preisniveaus relativ sogar senkt, dann können sich daraus auf lange Sicht vielleicht sogar Ansätze zu einer Art Benutzertreue herausbilden. Das setzt allerdings eine von Jahr zu Jahr steigende Subventionslast voraus, die die Städte aus eigener Kraft nicht werden tragen können. Nur: wenn schon Subvention, dann mehr und anderes als Beschwichtigungstarife, mit denen man gerade noch Demonstrationen vermeiden kann. Eine Steigerung der unzulänglichen Verkehrsleistungen der öffentlichen Nahverkehrsmittel an sich kann aber, das liegt auf der Hand, auch über noch so günstige Tarife allein nicht gefunden werden. Die entscheidende Verbesserung, was die Schnelligkeit des Verkehrs

angeht, liegt erst in der Zuweisung eines eigenen Netzes von Verkehrswegen, auf denen es keine niveaugleichen Kreuzungen mit Fußgängern und mit anderen Verkehrsmitteln und keine anderen Aufenthalte als an den Haltepunkten gibt. Daher die Bemühungen um S-Bahn-Systeme, wo das Schienennetz der Bundesbahn günstig liegt, und daher die Renaissance des U-Bahn-Baus.

Schnellbahnen und U-Bahnen kennen wir im Prinzip schon seit über hundert Jahren, auch wenn sie in den ersten Jahrzehnten der U-Bahn-Geschichte noch mit Dampf angetrieben wurden. Diese städtischen und regionalen Verkehrssysteme sind in der Vor-Auto-Zeit zunächst in den Weltstädten entwickelt und gebaut worden. Ihr Ausbau geriet in der Epoche der wachsenden Motorisierung ins Stocken; eine Zeitlang sah es so aus, als ob der Autoverkehr ganz an ihre Stelle treten würde. Schließlich wurde klar, daß das Auto den riesenhaft wachsenden Transportverkehrsbedürfnissen, vor allem in den Spitzenzeiten des Berufsverkehrs, nie würde gerecht werden können. Man besann sich mangels besserer Lösungen wieder auf die alten Schienenbahnen und machte sich mit neuer Tatkraft an ihre Modernisierung und ihren Ausbau. Auch für mittlere Großstädte von einer halben Million Einwohner an wird der Neubau von U-Bahn-Netzen heute empfohlen und bei uns mit Unterstützung des Bundes und der Länder auch in Angriff genommen. So verwandeln sich in der Bundesrepublik heute nicht nur Städte wie München oder Köln, sondern auch Frankfurt, Stuttgart, Essen oder Hannover auf viele Jahre hinaus in riesige und ziemlich unangenehme Baustellen.

Sehr überzeugend wirkt das alles in allem nicht. Seit 1899 der erste elektrische U-Bahn-Zug in London den Verkehr aufnahm, hat sich am Prinzip nichts, im Detail nur wenig verändert. Die Reisegeschwindigkeit von Stadtschnellbahnen ist wegen des notwendigen engen Stationsabstandes und der geringen den Fahrgästen zumutbaren Beschleunigungs- und Bremsmöglichkeiten nach wie vor auf 25 bis 35 km/h begrenzt. In den weit gefächerten Außenbereichen der großen Städte läßt sich ein hinreichend dichtes Netz von Linien unter wirtschaftlich nur halbwegs noch tragbaren Bedingungen weder einrichten noch betreiben. Die Mehrzahl der Bevölkerung muß die nächstgelegene Station erst mit dem Bus oder dem eigenen Auto anfahren. Die Verlockung, dann gleich im eigenen Auto sitzen zu bleiben und damit ganz in die Stadt zu fahren, ist groß. Angesichts der Unbequemlichkeit, die mit dem Wechsel des Verkehrsmittels verbunden ist, nimmt der mit einer trägen und beharrenden Natur versehene Mensch sogar lieber längere Fahrzeiten und schlechte oder sogar sehr schlechte Verkehrsverhältnisse hin, wenn er nur »sitzen bleiben« kann.

In München etwa rechnet man damit, daß man ein Viertel des Berufsverkehrs auf die U-Bahn umlenken kann[1], während der Wirtschafts-, der Geschäfts- und Einkaufsverkehr nur zu geringen Raten vom Auto abzuziehen sein werden. Ob wirklich nur ein Zwölftel des innerstädtischen Gesamtverkehrs sich auf der Schiene abwickeln wird, wie Aicher meint, sei dahingestellt. Der Anteil aller öffentlichen Verkehrsmittel am Berufsverkehr der Großstädte, der allerdings laufend abnimmt, liegt immerhin noch bei etwa 60 bis 70 %. Und auch wenn das nur ein kleiner Teil des Gesamtverkehrs ist, so ist das doch ein wegen der Spitzenbelastung unverhältnismäßig wichtiger Teil. So soll hier auch nicht der Eindruck erweckt werden, als seien die großen U-Bahn-Baumaßnahmen der deutschen und anderer europäischer ebenso wie amerikanischer Städte Unfug. Unter den gegebenen Umständen sind sie richtig und notwendig. Wenn ein wirklich gutes Verkehrssystem nicht zur Verfügung steht, muß man notgedrungenerweise auf ein zweitbestes zurückgreifen. Geht die Entwicklung inzwischen so rasch weiter, daß neue und bessere Systeme zur Verfügung stehen, ehe die inzwischen ergriffenen Maßnahmen vollendet sind, so wird man eine Umstellung noch während der Bauzeit in Betracht ziehen müssen. Dabei kann man von dem einigermaßen beruhigenden Bewußtsein ausgehen, daß nach aller Kenntnis auch möglicher neuer Entwicklungen eigene unterirdische Verkehrswege immer höchst nützliche Einrichtungen sein werden. Für das sich darin bewegende mechanische Verkehrssystem lassen sie viele Möglichkeiten offen. Wenn man sich im Ernst an die Arbeit macht, zeigt sich zudem, daß auch im alten U- und S-Bahn-Konzept noch Leistungsreserven liegen, vorausgesetzt, daß man eine fortschrittliche Technologie dabei zum Einsatz bringt. Das modernste Bauprojekt in dieser Hinsicht ist wohl die San-Franzisko-U-Bahn, die ihrer Fertigstellung entgegengeht.

Dort hat man alle Konstruktions- und Betriebselemente völlig neu entwickelt. Das Gesamtnetz von etwa 120 km Länge bedient die Stadt und die weitere Umgebung der San-Franzisko-Bay. Den Konstruktionsfirmen war die Anforderung vorgegeben, daß auf jeder Strecke stündlich 30 000 Passagiere auf Sitzplätzen befördert werden müßten. Dabei ist man zu einer Lösung gekommen, die 430 Sitzplätze in einem Zug vorsieht und einen Zugabstand von 90 Sekunden möglich macht. Die Durchschnittsgeschwindigkeit einschließlich der Halte auf den Stationen soll 80 km/h und die Höchstgeschwindigkeit 130 km/h betragen. Solche Werte sind möglich, weil der Stationsabstand in der Innenstadt zwar nur 800 m beträgt, auf den Außenstrecken aber auf bis zu 9 km

1 Otl Aicher, Münchens falscher Sternenglaube, Zeit 1968, Nr. 10, S. 1

ansteigt. Auch unter diesen Bedingungen sind die Leistungen nur zu erzielen durch einen vollautomatisch-elektronisch gesteuerten Betrieb und eine vollautomatische Fahrscheinkontrolle. Bei diesem so großen und interessanten Projekt handelt es sich allerdings nur um die Bedienung einiger Hauptverkehrsadern im regionalen Maßstab, nicht dagegen um ein wirklich flächendeckendes Verkehrssystem.
In letzter Zeit ist eine größere Anzahl von Entwicklungen mit anderen technologischen Lösungen für innerstädtische Verkehrssysteme bekannt geworden. Die Absicht, Züge nicht mehr auf Schienen fahren, sondern auf Luftkissen oder Magnetfeldern schweben zu lassen, ändert zwar an den strukturellen Nachteilen des festen, großmaschigen Netzes ebensowenig etwas wie etwa der Einsatz von Linearmotoren. Sicher können aber auf diese Weise wesentliche Verbesserungen im Fahrkomfort, in der Ruhe, in der Sicherheit und auch in der Reisegeschwindigkeit erzielt werden.
Im übrigen arbeitet man gerade in den Vereinigten Staaten an der Entwicklung anderer Systeme, mit denen die klassischen Nachteile der netzgebundenen öffentlichen Verkehrsmittel wenigstens zum Teil überwunden werden sollen.
Das amerikanische Ministerium für Wohnungswesen und Stadtentwicklung wurde im Jahre 1966 damit beauftragt, ein Studienprogramm durchzuführen, das sich auf die Erforschung, die Entwicklung und Erprobung neuer Systeme für den städtischen Nahverkehr beziehen sollte. Die Systeme sollten Menschen ebenso wie Waren innerhalb der Stadtregionen schnell, sicher, ohne Luftverschmutzung, also in einer Weise befördern, die als Beitrag zur Stadtentwicklung zu sehen ist. Zur Durchführung dieser Untersuchung zog das Ministerium 17 industrielle Unternehmen, wissenschaftliche Forschungsinstitute und Universitäten heran, die sich eineinhalb Jahre lang mit diesem Problem beschäftigten. Die Studie kommt zu dem Ergebnis, daß die Kapazität und die Leistungsfähigkeit der amerikanischen Industrie ausreichen, neue Transportsysteme zu entwickeln, daß jedoch weitere wissenschaftliche und technische Anstrengungen im Bereich der Forschung und des Experiments notwendig sind, um zu brauchbaren Ergebnissen zu kommen. Zu diesem Zweck ist ein zusätzlicher Anreiz erforderlich, der nur in der Förderung durch staatliche Forschungsprogramme gesehen werden kann. Diese Forschungs- und Entwicklungsprogramme, die von der Studiengruppe empfohlen werden, umfassen einen Gesamtbetrag von 980 Millionen Dollar, der mit Sicherheit viel zu niedrig ist. Immerhin ist im US-Bundeshaushalt 1969 mit 25 Millionen Dollar ein Anfang gemacht, der rasch eine starke Eigengesetzlichkeit entwickeln kann.
Als ein in den Kosten und in der Entwicklungszeit relativ bescheidenes

System kann das Busrufverfahren angesehen werden. Es ist besonders für weniger dicht besiedelte Wohngegenden gedacht, in denen starre Buslinien nicht in genügender Häufigkeit fahren können. Hier soll jedermann die Möglichkeit haben, sei es von zu Hause aus, sei es von einer öffentlichen Rufstelle aus, einen Bus ohne festliegende Fahrtstrecke zu einem bestimmten Haltepunkt zu bitten. Die Fahrtstrecke des Busses wird dann durch einen Computer festgelegt, der die Informationen über den Standort und die Anzahl der wartenden Fahrgäste und ihre Bestimmungsorte automatisch auswertet und die Transportleistung in einer optimalen Fahrtroute mit den geringstmöglichen Wartezeiten für alle Fahrgäste ausführt. Das Verfahren läßt sich noch am ehesten mit dem vergleichen, das bei dem Ruf von Aufzügen in Hochhäusern angewendet wird. Schon da zeigt es gelegentlich erhebliche Tücken. Ob es sich für in der Fläche liegende Transportaufgaben in auch nur ähnlicher Weise bewährt, erscheint mir nicht ganz sicher.

Auch eine andere Verbesserung des Autobusverkehrs könnte in der verhältnismäßig kurzen Zeit von fünf Jahren bei Kosten von angeblich weniger als 15 Millionen Dollar bis zur Anwendungsreife entwickelt und erprobt werden. Es handelt sich dabei um einen regulären Liniendienst, der sich auf eigenen, für die Busse geschaffenen Straßensystemen vollzieht. Auf diesen Strecken sollen die Busse elektrisch fahren und vollautomatisch gesteuert werden. Die Busse sollen aber auch eine eigene Antriebsmöglichkeit haben und damit in die Lage versetzt werden, von ihren besonderen Fahrstraßen herunterzugehen und sich mit eigener Kraft in dünner besiedelten Stadtteilen und auf normalen Straßen zu bewegen. Hiervon verspricht man sich eine wesentliche Verbesserung der Verkehrsverhältnisse vor allem in mittleren Industriestädten mit 200 000 bis 400 000 Einwohnern.

Noch interessanter sind die Überlegungen für ein individuelles Nahschnellverkehrssystem. Dabei sei zum Verständnis für Leser, die nicht ständig mit der Fachsprache der Verkehrstechniker umzugehen brauchen, erläutert, daß unter individuellen Verkehrssystemen oder Individualverkehrsmitteln solche verstanden werden, mit deren Hilfe ein einzelner Passagier oder eine zusammengehörige Gruppe direkt vom Ausgangspunkt zum Ziel fahren kann. Der typische Fall ist das Personenauto. Der Begriff Individualverkehrssystem schließt aber nicht schon unbedingt eine Netzunabhängigkeit ein. Diese ist streng genommen nicht einmal beim Auto gegeben, das an das Straßennetz gebunden ist. Auch schienengebundene Fahrzeuge, etwa auf Abruf für Einzelfahrten zu selbstgewählten Zeiten im Netz verfügbare Kabinen, können also Individualverkehrsmittel sein. Der Begriff sagt schließlich nichts darüber aus, ob die Einzelfahrzeuge öffentlich oder privat sind.

Autos können als Privatwagen oder als »öffentliche«, theoretisch sogar kostenlos benutzbare, Taxis eingesetzt sein. Auch andere Individualverkehrssysteme sind in beiden Betriebsformen, ausschließlich oder nebeneinander, denkbar. Zwangsläufig öffentlich, und nicht individuell verkehrend sind dagegen alle Zugsysteme.

Die amerikanische Studie erwähnt über 20 Vorschläge für öffentliche und teilprivate Individualverkehrsmittel verschiedener Konstruktionsweisen, die allerdings sämtlich noch im Anfangsstadium der Entwicklung stehen. Hier rechnet man mit einem Zeitraum bis zu 10 Jahren und Kosten von etwa 250 Millionen Dollar. Der Grundgedanke ist der, daß kleinere Fahrzeuge, die etwa so viele Fahrgäste transportieren können wie ein Auto, sich auf einem eigens für sie geschaffenen Verkehrsnetz bewegen und entweder auf allgemein vorher festgelegten oder auf individuell programmierten Strecken fahren. Das ganze Stadtgebiet sollte mit einem Raster von Verkehrslinien im Abstand von 1½ bis 3 km überzogen werden. An jeder der dicht gestreuten Stationen sollen Fahrzeuge für einzelne Benutzer zur Verfügung stehen, die ihren Zielort selbst wählen können. Man rechnet mit Durchschnittsgeschwindigkeiten von 80 bis 110 km/h. Die Investitionen für das notwendige Verkehrsnetz denkt man dadurch zu mindern, daß man Fahrstrecken oberhalb von Straßen oder Eisenbahnen anordnet. Soweit Tunnelstrecken notwendig werden, sollen ihre Kosten geringer sein, weil die kleinen Fahrzeuge weniger Platz einnehmen als etwa ein U-Bahn-Zug. Eine schon bestehende Vorstufe eines solchen Systems sieht man in der Versuchsstrecke eines Transit-Expreß-Way in Pittsburgh. Wer sich mit diesem System, das vorläufig nur als kleiner Zug fährt, einmal näher vertraut gemacht hat, sieht allerdings auch, ein wie weiter Weg noch zurückzulegen ist, bis ein komplettes, innerstädtisches öffentliches Verkehrssystem dieser Art zum Einsatz kommen könnte.

Wirklich zukunftsträchtig erscheint vor allem eine Abwandlung und Ergänzung dieses Systems, die mit Rücksicht auf die dünner besiedelten Stadtaußenbereiche notwendig erscheint. Hier können die Kosten für die Installation eines automatischen Verkehrsnetzes vermutlich nicht mehr als wirtschaftlich angesehen werden. Man denkt deshalb an die Entwicklung von Fahrzeugen, die außerhalb des Verkehrsnetzes individuell gesteuert werden können, die gleichzeitig aber die Fähigkeit haben, sich in das automatische Netz einzufädeln und dann dort vollautomatisch so zu verkehren, wie das auch die systemeigenen öffentlichen Fahrzeugeinheiten tun werden. Hier deutet sich auch der sehr wichtige Schritt zum privaten Fahrzeug im öffentlichen System an. Die Entwicklungszeit für ein solches System wird ebenfalls auf etwa

zehn Jahre geschätzt, während die Entwicklungskosten hier bei etwa 400 Millionen Dollar liegen sollen.
Am bemerkenswertesten und am wichtigsten ist bei den zuletzt genannten Systemen der Trend, der vom schienengebundenen oder an feste Verkehrslinien gebundenen öffentlichen Verkehrsmittel stärker zum Individualverkehrsmittel hinzielt. Diese Entwicklung ist unvermeidlich, wenn man ein Verkehrssystem schaffen will, das mit dem heutigen Auto ernsthaft in Konkurrenz treten soll. Es muß ein neuer Weg gefunden werden, Individualverkehr möglich zu machen, der die Nachteile des Autosystems und des schienengebundenen Verkehrs vermeidet und ihre Vorteile, soweit das möglich ist, miteinander vereint, insbesondere auch an der Idee der ausschließlichen Verfügung über ein Privatfahrzeug festhält.
Entscheidend ist dabei die automatische Steuerung von individuellen, öffentlichen und privaten Fahrzeugen, die man Autokabinen nennen kann. Heute fahren führerlose Autos erst auf den Versuchsstrecken der Reifen- und Autofabriken. Aber Flugzeuge fliegen und landen auch schon, ohne daß der Pilot eine Hand rührt. Von der technischen Seite her ist es auf die Dauer kein unlösbares Problem, die Verkehrswege von Autokabinen mit so viel drahtloser Information zu versehen, daß ein im Fahrzeug installierter Computer in Verbindung mit dem fest installierten Großcomputer für das Gesamtnetz alle Fahrvorgänge vom Start bis zum Ziel selbständig regelt. Dabei muß der erwähnte Übergang von automatischer zu handbedienter Lenkung und zu systemunabhängigem Antrieb möglich sein. Denn die Leitsysteme werden auch bei vollem Ausbauzustand nie alle von Straßen erschlossenen Ziele einschließen können.
Die Nachteile eines solchen Systems sind ein überaus großer Verkehrsflächenbedarf und hohe Investitionskosten für die sehr aufwendigen Fahrzeuge und Leitsysteme. Die Vorteile liegen in dem Komfort, den jeder Direktverkehr vom Ausgangspunkt zum Ziel darstellt. Dieser Vorteil wird um so größer sein, je enger das Netz der zur Verfügung gestellten Verkehrswege ist. Die Idealbedienung ist erreicht, wenn grundsätzlich jede Gebäude- oder Grundstückseinheit einzeln angefahren werden kann, wie – theoretisch – heute mit dem Auto. Das Idealnetz ähnelt also stark dem heutigen Straßennetz.
Die Benutzung einer Autokabine kann man sich etwa folgendermaßen vorstellen. Zu jeder Wohnung und jedem Haus gehören ein oder mehrere Abstellplätze, die an das öffentliche Leitnetz angeschlossen sind. Die Autokabine wird vom Eigentümer oder einem Familienmitglied mit einem »Schlüssel« in Betrieb gesetzt, der Zielort ähnlich gewählt wie heute ein Telefonanschluß. Die Kabine fährt mit einer von

der Verkehrsdichte bedingten, optimalen Geschwindigkeit über das für sie besonders ausgebaute Straßennetz auf dem zeitkürzesten Weg zum Ziel. Der »Fahrer« steigt aus und entläßt die Autokabine, die auf den nächstgelegenen freien öffentlichen Abstellplatz fährt. Von dort kann sie jederzeit mittels des »Schlüssels« abgerufen und entweder an die gleiche oder eine andere Adresse zum Einsteigen beordert werden. Der Benutzer der Autokabine kann sie auch nach Eintreffen am Ziel, also zum Beispiel wenn er morgens seinen Arbeitsplatz erreicht hat, wieder nach Hause schicken. Seine Frau kann sie dann zum Einkaufen benutzen. Er kann sie auch zu einer Schule schicken, wo sie solange parkt, bis der Jüngste mittags nach Hause will. Daß außerdem öffentliche, taxiähnliche Autokabinen im Netz laufen, versteht sich von selbst. Das System ist seiner Logik nach auch nicht auf ein Stadtgebiet beschränkt. Autobahnen und Bundesstraßen können ebenfalls »programmiert« werden, wenn bis dahin nicht Laufbänder sich als wirtschaftlicher erwiesen haben. Auf diese Weise können beliebige Adressen in anderen Städten angefahren werden. Auf karelischen Waldwegen, die noch nicht angeschlossen sind, muß und darf man von Hand steuern.
Der Flächenbedarf für das System wurde vorher als überaus hoch bezeichnet. Das gilt im Vergleich zu allen rein öffentlichen und vor allem zu allen Zug-Systemen. Im übrigen ist er nicht größer als der für Autos jetzt doch ernsthaft überall auf der Welt ins Auge gefaßte Bedarf, sondern geringer. Vor allem die Flächen für den rollenden Verkehr können beschränkter ausgelegt werden, weil sie durch die automatische Steuerung besser und gleichmäßiger ausgenutzt werden können.
Diese bestmögliche Ausnutzung aller Verkehrswege begrenzt nicht nur deren Ausbaunotwendigkeiten, sondern schöpft auch die Leistungsfähigkeit bei jedem Ausbauzustand voll aus, was für die lange Installationsphase von Bedeutung ist.
Daraus ergeben sich mit Sicherheit große dauernde Einsparungen im Investitions- und Betriebsaufwand, die die sehr hohen Entwicklungs- und Installationskosten unter rein wirtschaftlichen Gesichtspunkten zwar möglicherweise nicht voll tragen werden, aber doch politisch rechtfertigen können. Dabei kommt vor allem der mir wirklich als fundamental erscheinende Vorteil ins Spiel: das Autokabinensystem beläßt dem Menschen sein eigenes Fahrzeug, auf das er ohnehin nie mehr verzichten wird, ganz gleich, wie schlecht es funktioniert. Wer einmal an das Auto als beweglichen privaten Eigenraum gewöhnt ist, der läßt sich in kein Massenverkehrsmittel mehr stecken, und sei es noch so komfortabel, und er gibt sich auch nicht mit der taxiähnlichen öffentlichen Einzelkabine zufrieden, mit der er nicht nach Hause in seine Garage fahren kann.

Die Suche nach der richtigen Lösung für den öffentlichen Nahverkehr endet daher bei einem System, an dem außer der Verkehrsfläche nur die Lenkung und innerhalb des Systemnetzes möglicherweise auch der Antrieb »öffentlich« ist. Als Fahrzeug und in seiner Nutzung ist es voll »privat« und ähnelt dem heutigen Autosystem.

Ein solches Autokabinensystem ist vielleicht die aufwendigste aller denkbaren Lösungen, aber offensichtlich auch die mit Abstand beste. Unsere Produktionskraft wird so wachsen, daß wir uns das leisten können.

In erster Linie läßt sich eine drastische Senkung der Unfallziffern erwarten, wenn die Lenkung der Fahrzeuge nicht mehr von einer millionenfachen, oft unzulänglichen menschlichen Individualleistung abhängt, sondern von einer technischen Steuerung. Auch diese ist zwar sicher fehleranfällig, sie kann aber mit automatischen Kontrollen so abgesichert werden, daß nur noch ein Minimum an Fehlleistungen zu erwarten ist. Außer in der Verminderung der Unfallzahlen bestehen die nicht meßbaren, »humanen« Vorteile vor allem in der Befreiung von der Anspannung und dem Kräfteverschleiß, die heute mit der Führung eines Kraftfahrzeugs, insbesondere im Großstadtverkehr, verbunden sind.

Wie der oben zitierte Bericht des US-Städtebauministeriums zeigt, kann die Entwicklung eines vollautomatischen Individualverkehrsmittels nicht allein der Initiative der Privatindustrie überlassen werden. Das wirtschaftliche Risiko ist bei dem Umfang der technologischen Entwicklungsaufgabe für einzelne Unternehmen zu groß. Ähnlich wie bei Großflugzeugen oder Waffensystemen müssen staatliche Entwicklungsaufträge sicherstellen, daß möglichst viele Systemvarianten entworfen, überprüft und erprobt werden. Im übrigen zeigt sich interessanter- aber nicht ganz unerwarteterweise, daß, soweit bekannt geworden ist, nicht die in erster Linie hierzu berufenen Automobilhersteller sich mit den Verkehrssystemen der Zukunft befassen, sondern Firmen, deren Produktion bisher in anderen Bereichen angesiedelt war.

Es ist weiter zu beachten, daß nicht nur eine öffentliche Steuerung der Systementwicklung, sondern auch eine internationale Koordination notwendig ist. Wenn ein Autokabinensystem nach der Leistungsfähigkeit der Fahrzeuge optimal demensioniert werden soll, so würde es dem Umfang nach wohl ganz Europa umfassen müssen. Mindestens auf dieser Ebene muß also eine einheitliche Entwicklung in Gang gebracht werden.

Ein weiterer Grund für die öffentliche Verantwortung liegt darin, daß die Entwicklung eines künftigen Stadt-Verkehrssystems von konstruktiv-städtebaulichen Gegebenheiten und Planungen und speziellen

gesetzlichen Regelungen abhängig ist. Auch wenn man das Ziel im universell einsetzbaren, vollautomatisch gesteuerten Individualverkehrsmittel sieht, wird sich ein dieser Charakterisierung entsprechendes System nur entwickeln lassen, wenn Klarheit darüber besteht, welcher Raum ihm zur Verfügung steht und wie es in das Netz der übrigen Verkehrsmittel und der Fußgängerbereiche eingefügt werden kann.
Was zunächst den Raum angeht, so scheint mir wenig Zweifel daran möglich, daß wir grundsätzlich mindestens eine eigene städtebauliche Ebene für diesen automatischen Verkehr zur Verfügung stellen müssen, an vielen Brennpunkten auch mehrere. Das ergibt sich aus dem großen Platzbedarf, den jedes Individualverkehrssystem mit Privatfahrzeugen hat. Auch bei optimaler Flächenausnutzung für den fließenden und ruhenden Verkehr durch eine Computersteuerung handelt es sich vor allem in den Verdichtungsbereichen um entsprechend große Fahrzeugzahlen, die bewegt und abgestellt werden müssen.
100 000 Arbeitsplätze auf der Fläche von 1 qkm sind im zentralen Geschäftsbereich einer Großstadt noch keine übermäßig hohe Verdichtung. 100 000 Autos beanspruchen aber, nach heutigen Methoden abgestellt, etwa 4 qkm. Dabei ist an Besucherfahrzeuge noch gar nicht gedacht. Für die Wohnbebauung wird heute schon im Rahmen des konventionellen Städtebaus eine maximale Dichte von 500 E/ha Bauland angestrebt, die im technischen Städtebau der Zukunft um ein Mehrfaches übertroffen werden kann. Auf 1 qkm Stadtfläche sind das bei 50 % Baulandanteil 25 000 Einwohner mit rund 10 000 Personenautos. Allein an Abstellfläche brauchte man dafür bei Personenautos rund 400 000 qm, das heißt 40 % des gesamten Areals. Geht man davon aus, daß der Baulandanteil bei Einführung einer völlig selbständigen Verkehrsebene auf 70 % erhöht werden könnte, so bedeutet das bei gleicher Dichte 35 000 Einwohner mit 14 000 Personenwagen. Die Abstellfläche dafür betrüge 560 000 qm, also schon wesentlich mehr als die Hälfte der ganzen Fläche. Bei automatischer Parkierung von Autokabinen läßt sich dieser Anteil allerdings wohl wesentlich einschränken.
Schon an solch einfachen Überschlagsrechnungen wird deutlich, daß ein Autokabinensystem im Stadtbereich mindestens eine volle Ebene für den fahrenden und ruhenden Verkehr und häufig mehrere Ebenen zur Verfügung haben muß, wenn es funktionieren soll. Für die eigene Ebene spricht nun aber nicht nur der enorme Platzbedarf, sondern auch die schlechte Vereinbarkeit von Massenverkehr mit anderen Nutzungen. Alle anderen Daseinsformen und Verrichtungen in der Stadt gedeihen am besten in konsequenter räumlicher Trennung vom mechanisierten Massenverkehr: das Wohnen, Arbeiten, Einkaufen, Bummeln, Sich-

treffen, Spielen und woran immer sonst man denken mag. Mit dem Massenverkehr verträgt sich eigentlich gar nichts, ausgenommen eine gewisse gelegentlich auftretende Schau- und Sensationslust, die sich aber auf andere Weise befriedigen läßt. So sollte man dem Verkehr denn auch aus allgemeinen städtebaulichen Gründen konsequent seinen eigenen Bereich zuweisen und ihn sich dann auch großzügig entfalten lassen.

Die Vorstellung, dem Fahrzeugverkehr seine eigene städtebauliche Ebene zu geben, ist nicht neu oder originell. Es gibt inzwischen eine ganze Reihe städtebaulicher Projekte, bei denen Autostraßen und Parkflächen in einer oder sogar mehreren Ebenen unterirdisch liegen oder wo, wenn sie ebenerdig angelegt sind, darüber völlig verkehrsfreie Fußgängerzonen geschaffen werden. Für Deutschland ist so das Zentrum der Frankfurter Nordwest-Stadt konstruiert; in Frankreich ist das Projekt La Défence in Paris im Bau, in Skandinavien ist auf das Stockholmer Stadtzentrum hinzuweisen, für die USA sei das Golden Gateway Center in San Francisco genannt. Allen diesen und anderen bekannt gewordenen Projekten ist jedoch gemeinsam, daß es sich nur um Inseln innerhalb der großen Stadtlandschaften handelt, für die im übrigen das Prinzip des Oberflächenverkehrs gültig bleibt. Ebenso wie an Verkehrsknotenpunkten Lösungen in mehreren Ebenen gang und gäbe sind, wird man schon in der noch vom Auto beherrschten Übergangsperiode künftig neue und in gewissem Umfang auch alte Einkaufszentren vom Fahrzeugverkehr freihalten. Für ältere Stadtviertel bietet sich dabei die Lösung an, ein System von Fußgängerstraßen von der Rückseite der anliegenden Gebäude für den Wirtschaftsverkehr zu erschließen und die Besucher mit großen, an der Peripherie gelegenen Parkgaragen zu bedienen.

Einzelne befriedete Bereiche in der Stadt — so angenehm sie sind — vermögen jedoch am grundsätzlichen Mißstand nichts zu ändern. Auch wenn man 10 % der Stadtfläche auf diese Weise vom Auto befreit, bleibt es Herrscher über 90 %. Und so angenehm es ist, seine Einkäufe in Ruhe und außerhalb des üblichen Lärms, des üblichen Gehetztseins und der üblichen Gefahr zu tätigen, der größere Teil des alltäglichen Lebens von morgens bis abends und von abends bis morgens spielt sich nun doch nicht im Einkaufszentrum ab. Notwendig ist daher ein Umbau der ganzen Stadt, der sicherstellt, daß ihre Bewohner von der physischen, akustischen und optischen Herrschaft des mechanischen Verkehrs auch dann befreit sind, wenn sie in ihrem Garten Unkraut zupfen, wenn sie spazierengehen, wenn sie schlafen oder arbeiten, wenn sie Nachbarn besuchen oder ihre Kinder zum Abendessen einsammeln. Wie man eine solche Stadt vielleicht bauen könnte, davon wird im V. Abschnitt des Buches noch die Rede sein. Hier sollte zunächst einmal deutlich gemacht werden, daß die Abschaffung der Autoherrschaft und die Ausbildung eines neuen, leistungsfähigeren und humaneren Individualverkehrssystems zu den großen, für die Gesellschaft lebenswichtigen kulturellen Aufgaben unserer Epoche gehört. Die Zukunft darf weder dem Auto noch der U-Bahn gehören. Wir müssen wissen, daß auch im Dienste friedlicher, für den Alltag des Lebens gedachter Zielsetzungen technische Systementwicklungen und konzentrierte Investitionen möglich sind, die denen des militärischen Bereichs entsprechen.

3. Kapitel
Das mißgebildete Städtewachstum

Was und wo ist noch Stadt? Wo sind ihre Grenzen? Wo und wie läßt sich aus diesem wuchernden, ungestalten, unüberschaubaren Siedlungsbrei, aus der Gemengelage von vielen kleinen Eigenheimen, dichten Wohnquartieren, Feldern, Industrie- und Gewerbeflächen, Verkehrsanlagen, Kleingärten, Grünanlagen und immer wieder großen und kleinen, ganz unterschiedlichen Wohngebieten die Einheit Stadt erleben oder auch nur definieren? Die Stadtmitte, die »City«, ja – aber der ganze Rest?
An Stelle von geschlossenen Stadtformen finden wir in der Wirklichkeit die mannigfachsten mißgebildeten Siedlungsformen mit alten, auch nur in seltenen, glücklichen Fällen heilen Stadtkernen vor.
Unsere Städte haben in den letzten anderthalb Jahrhunderten mehrere Wachstumsschübe erlebt, die ihre historische Form für immer aufgelöst haben. Die in den berühmten Gründerjahren kulminierende erste Wachstumsphase war durch die Industrialisierung ausgelöst – ein Prozeß, der erst in der Gegenwart ganz abklingt. Sie führte zunächst einmal vor allem zum Entstehen dichtbesiedelter, heute meist sanierungsbedürftiger Arbeiterwohnquartiere und zu bürgerlichen Miet- und Villenvierteln, die heutigen Wohnanforderungen ebensowenig entsprechen. Eine zweite Wachstumsphase, die in das Umland hinaus vorstieß, hatte ihren Ursprung in der englischen Gartenstadtbewegung zu Beginn unseres Jahrhunderts; sie wurde aus sozialreformerischen Antrieben gespeist. In Deutschland waren es vor allem die Bau- und Siedlungsgenossenschaften, die als Selbsthilfeeinrichtungen der Arbeiterschaft diesen Gedanken aufgriffen. Die von der Blut- und Bodenideologie genährte Siedlungspolitik der 30er Jahre knüpfte an diese Bemühungen an und wirkte noch in der Notzeit der Aufbaujahre nach

dem Zweiten Weltkrieg nach. Aus dieser Entwicklung heraus entstanden weitflächige Kleinsiedlungsareale in den städtischen Randbereichen. Mit ihren unglücklichen Grundstückszuschnitten und der oft völlig mangelnden versorgungsmäßigen Erschließung stellten sie sich als bis in die Gegenwart hinein nicht abgetragene städtebauliche Vorbelastungen dar. Schließlich folgte nach den großen Zerstörungen des Zweiten Weltkrieges die Phase des notdiktierten Wiederaufbaus, der Unterbringung von Millionen von Flüchtlingen und Vertriebenen. Bei der Knappheit der Mittel wurde das alte Straßennetz mit seinen in der Regel noch intakten Erschließungseinrichtungen meist wieder zugrunde gelegt. Schon bald danach entstand auf der Grundlage der sich neu bildenden Produktionskraft und mit Hilfe massiver, ebenfalls von ideologischen Motivationen nicht freier staatlicher Unterstützung die weit in die Dörfer des Stadtumlandes hinausspülende Welle von Eigenheimen. Und schließlich folgte als vorläufig letzte, gerade voll anlaufende Phase der zu immer größeren, geschlossen geplanten und durchgeführten Siedlungen vorstoßende Stadtteil- und Satellitenbau aus sowohl kommunaler wie gemeinnütziger, aber auch privat-spekulativer Initiative.

Was daraus geworden ist, ist im Zusammenhang – in Bestandsaufnahme- und Planungsatlanten dargestellt – überhaupt nur noch für Fachleute überschaubar. Die Stadt- und Landesplaner mögen noch eine Vorstellung davon haben, wie aus dem chaotisch und willkürlich erscheinenden Durcheinander der verschiedenen Nutzungsarten ein funktionierender städtischer Gesamtorganismus herauszulesen ist. Für die – nahe oder fernere – Zukunft vermögen sie Konzeptionen zu entwickeln, indem sie Veränderungen des bestehenden Zustandes an vielen Stellen planen und in ihrer Vorstellung Entwicklungen vorwegnehmen, die eintreten oder auch nicht eintreten mögen. Beim Bürger, der zum Begreifen seiner Stadt auf den Augenschein des Gegenwärtigen angewiesen ist, herrscht der Eindruck von zufallsbedingter Unordnung in weiten Bereichen der Stadtlandschaft vor.

Nun fragt sich, ob dieser Sachverhalt sich für den einzelnen Stadtbenutzer als so negativ darstellt, daß die Charakterisierung als krisenhafte Teilentwicklung gerechtfertigt ist. Sicher ist es richtig, daß die alte geschlossene Stadtform durch eine ungeordnete, vielfach mißgebildete Agglomeration abgelöst worden ist und daß man darin für den Begriff und die Gestalt der Stadt einen überaus bedauerlichen Auflösungsprozeß sehen kann. Nur kommt es nicht auf Begriffe oder Ideen von der Stadt an, sondern auf ihren Wert für ihre Bewohner und Benutzer.

Hier ist es nun zunächst sehr schwer, etwas Verbindliches über die Wirkungen ungeordneter Agglomerationszustände auf die in ihnen lebenden Menschen auszusagen. Es fehlt weitgehend an Untersuchungen über die menschliche Umweltabhängigkeit. Vermuten aber könnte man zum Beispiel etwa folgendes: Eine mißgebildete und disharmonische städtebauliche Umwelt, wie sie bei uns an der Tagesordnung ist, erzeugt bewußte oder unbewußte, weit in das übrige Leben hinein sich auswirkende Unlustgefühle. Sie bringt auch Unsicherheitserlebnisse mit sich, weil das Zufällig-Chaotische der Umweltwirkung dem Menschen die sichernde Bestätigung im Lebensgefühl vorenthält, auf die er angewiesen ist. Die stabilisierende Wirkung, die von einer geschlossen-heilen Umwelt ausgeht, die den einzelnen in seinen persönlichen Schwierigkeiten und Unsicherheiten mit trägt, fehlt einer Stadtlandschaft, die so offensichtlich ein Ergebnis gesellschaftlicher Unsicherheit und Gestaltungsunfähigkeit in großem Maßstab ist. Man könnte weiter vermuten, daß solche Einflüsse sich bis in den politischen Bereich hinein auswirken, daß die bewußte oder unbewußte Verarbeitung solcher Mängel radikale Protesthaltungen begünstigt, die auf die gesellschaftliche Ordnung entstabilisierend wirken.

Indessen bestätigt das der oberflächliche Eindruck, auf den wir zur Beurteilung angewiesen sind, nicht unbedingt: Manches deutet darauf hin, daß eine resignierende Anpassung an schlechte Umweltverhältnisse stattgefunden hat, daß der Bewohner die Stadtlandschaft hinnimmt, wie sie ist, und sich darin mit bescheidenen privaten Bedürfnissen einrichtet, so gut es geht. In städtebaulich ganz schlechten, in häßlichen Bereichen, gerade den Wohnquartieren etwa der Arbeiterschaft, haben sich nicht nur ganz stabile und gesunde soziale Strukturen herausgebildet. Vielfach sind hier auch die politischen Kräfte verwurzelt, die in Deutschland in den vergangenen hundert Jahren die Grundlagen einer freiheitlichen, sozialen und demokratischen politischen Ordnung vertreten und entscheidend durchgesetzt haben.

Auch das ist allerdings nur ein ungesicherter Teilbefund. Vor allem aber: selbst wenn dieser Eindruck für die Vergangenheit im großen und ganzen zutreffen sollte, so kann man nicht davon ausgehen, daß dies in Zukunft auch so bleibt. Schon eingangs habe ich darauf hingewiesen, daß die Bereitschaft, sich mit schlechten politischen Leistungen und Ergebnissen abzufinden, offenbar rasch abnimmt. Ganz sicher ist eine ungeordnete, willkürliche, mißgestaltet gewachsene Stadtlandschaft Ausdruck eines politischen Versagens in großem Maßstab. Wie schlecht das alles ist, wird aber nicht zuletzt wegen der zunehmenden Kontraste zu modernen, gelungenen Stadtgebieten über kurz oder lang in das allgemeine Bewußtsein eindringen – und dann kaum noch als unabänderliches Schicksal hingenommen werden.

Dies ist einer der Gründe dafür, warum mir die Entwicklung von der

Stadt zur Agglomeration in ihrer jetzigen Form überaus kritisch zu sein scheint. Ein anderer Grund ist äußerlicher Art und leichter nachzuweisen. Die immer nur in Teilbereichen, nie im ganzen geordnete Stadtentwicklung der letzten 150 Jahre hat zu großen Störungen im Funktionsablauf, vor allem im Verkehrswesen, geführt und daneben zu einer Land- und Landschaftszerstörung von unerträglichem Ausmaß. Letztere ist nicht eigentlich Thema dieses Buches. Es muß aber doch mindestens darauf hingewiesen werden, daß auch das Leben in der Stadt gefährliche Beeinträchtigungen erleidet, wenn sie nicht mehr in »Natur« eingebettet liegt. Dabei geht es sowohl um die eigentlichen zweckgewidmeten Naherholungsgebiete für die Großstadt als auch um die Möglichkeit, die Stadt hinter sich zu lassen und in eine Landschaft einzutreten. Beides wird durch die bisherige unkontrollierte Ausuferung der verschiedenartigsten städtischen Nutzungen in das Umland hinein erheblich beeinträchtigt, wenn nicht unmöglich gemacht.

Die Ursachen für diese höchst unbefriedigende Entwicklung sind vielfältiger Art. Ganz allgemein kann man sagen, daß die Stadtpolitik und die ihr zur Verfügung stehenden Mittel unzulänglich waren, um die gewaltigen Wachstumsschübe, von denen die Rede war, in geordnete Bahnen zu lenken. Einzelne geglückte Teillösungen können die allgemeine Hilflosigkeit vor geradezu elementar erscheinenden Entwicklungen nicht ausgleichen. Bis heute fehlen uns die notwendigen Grundlagen, sowohl hinsichtlich der völligen theoretischen Durchdringung der gestellten Aufgabe, als auch der städtebaulichen Konzeption, als auch der rechtlichen Handhaben zur Sicherung des eindeutig anerkannten Bestandes an städtebaulichen Werten und Zielen.

Besonders auf zwei in allererster Linie zu überwindende Hindernisse, die einer geordneten und befriedigenden Entwicklung der Städte und Agglomerationen entgegenstehen, sei an dieser Stelle mit Nachdruck hingewiesen: auf die ungehemmte Ausnutzung des Privateigentums an Grundstücken und auf die unzulängliche kommunale Gebiets- und Verfassungsstruktur.

Wie sehr das Institut des Grundeigentums städtebaulich gute Lösungen bisher oft behindert hat und wie wenig es der gesellschaftlichen Aufgabenstellung der Gegenwart entspricht, darauf ist oft genug, freilich bisher erfolglos, hingewiesen worden. Wer die städtebauliche Praxis kennt, kann Dutzende von Beispielen dafür anführen, wie uneinsichtiges oder egoistisches oder einfach nur subjektiv-interessengebundenes Beharren auf dem Eigentumstitel sich für die Stadtentwicklung unheilvoll ausgewirkt hat. Erst recht gilt das für die Grundstücksspekulation, die erst durch die umfassende private Verfügungsgewalt des Eigentums ermöglicht wurde. Hier sind zahllose, teils zielstrebig mani-

pulierte, teils geradezu unschuldig erworbene Millionenvermögen auf Kosten der Allgemeinheit entstanden. Vielleicht könnte man sich noch bereitfinden, die damit verbundenen schweren Beeinträchtigungen der öffentlichen Investitionskraft in Kauf zu nehmen. Sicher gilt das aber nicht mehr für die mannigfachen Entwicklungsschäden, die auf diese Weise entstanden sind. Wo das planungsrechtliche Instrumentarium nicht genügte oder wo die örtliche Verwaltungskraft aus mancherlei Gründen nicht ausreichte, um es anzuwenden, oder wo Maßnahmen wie Enteignungen oder Bausperren einfach nicht ergriffen werden konnten, weil die finanziellen Folgen über die wirtschaftliche Kraft der Gemeinde hinausgingen, haben sich grobe städtebauliche Mißbildungen nicht verhindern lassen.
Für die Zukunft ist nicht mit einer Minderung, sondern mit einer Verschärfung dieser Problematik zu rechnen. Der Veränderungs- und Erneuerungsrhythmus beschleunigt sich nicht nur bei technischem Gerät, sondern auch bei der baulichen Substanz. Das gilt für private ebenso wie für öffentliche Bauinvestitionen. Auch ohne weiteren Zuzug neuer Einwohner stehen die Städte vor gewaltigen Bau- und Umbauaufgaben, die die Aufwendungen der letzten Jahrzehnte in den Schatten stellen werden. Diese Aufgaben lassen sich auf der Grundlage der jetzigen Eigentumsordnung an Grundstücken immer schwerer und nur in immer unzulänglicherer, zugleich auch sozial immer ungerechter werdenden Weise lösen.
Aus der Einsicht in die Fehlentwicklungen schon der vergangenen Jahrzehnte haben Architekten, Städtebauer und Sozialreformer schon seit langem die Aufhebung des Privateigentums an Grund und Boden ebenso hartnäckig und radikal wie erfolglos gefordert. Auf die Dauer läßt sich dieses Problem aber nicht mehr wegschieben, wenn wir nicht vor den städtebaulichen Aufgaben der Zukunft einfach kapitulieren wollen. Dabei scheint es mir weder notwendig noch unbedingt wünschenswert zu sein, den Eigentumsbegriff für Grundstücke schlechthin abzuschaffen und ganz allgemein durch ein System abgestufter und aufhebbarer Nutzungsbefugnisse zu ersetzen. Das wäre zwar der technisch einfachste Weg. Über die mit dem Grundeigentum verbundenen emotionalen Bindungen führt er aber doch wohl ein wenig zu glatt hinweg. Er würde in dieser schematischen Form wohl auch auf so viele politische Widerstände stoßen, daß ein Erfolg sehr unwahrscheinlich wäre.
Eine Differenzierung scheint mir angebracht und auch möglich hinsichtlich solcher Grundstücke einerseits, die vom Eigentümer persönlich genutzt werden, bei denen also auch sein »Schutzbedürfnis« am größten ist, und solchem Grundbesitz andererseits, der nur »Vermögen«, sei

es natürlicher, sei es juristischer Personen darstellt. So nachdrücklich das Recht und der Anspruch eines jeden einzelnen zu bejahen ist, im eigenen Haus auf eigenem Grund und Boden wohnen und auch seinen Geschäften nachgehen zu dürfen, wenn er das wünscht, so gerechtfertigt und nötig erscheinen drastische Eigentumseinschränkungen hinsichtlich des sonstigen Grund und Bodens. Dabei ist davon auszugehen, daß wir die Schutzgrenze des Art. 14 GG ohnehin in absehbarer Zeit zurücknehmen müssen: Die Eigentumsgarantie ist nur dort berechtigt und auf die Dauer haltbar, wo sie die Sachherrschaft über direkt und persönlich genutztes Vermögen einschließlich persönlicher Versorgungsvorkehrungen sichert. Wo dieser Rahmen überschritten wird, führt sie zur Etablierung bevorrechtigter gesellschaftlicher Positionen, die weder zu rechtfertigen noch im freien Wettbewerb mit kommunistischen Gesellschaftsformen auf die Dauer zu verteidigen sind.

Eine solche unterscheidende Eigentumsregelung an Grundstücken brächte zwar nicht die erwünschte optimale Verfügungsfreiheit für Städteplaner mit sich. Sie wäre insoweit nur ein Kompromiß. Sie müßte aber ausreichen, um einmal die gesamte Bodenspekulation mit ihren verheerenden Folgen auszuschalten und um auch sonst wesentliche Erleichterungen für eine geordnete Stadtentwicklung zu erzielen. Dabei kann es notwendig werden, bestimmte Stadtbereiche, insbesondere in den Zentren, ganz zu kommunalisieren, Privateigentum für persönliche Nutzung also zwar grundsätzlich, aber nicht überall zuzulassen.

Gegen solche Vorschläge wird eingewandt, daß mit ihrer Verwirklichung die Gesamtwirtschaft aus den Angeln gehoben werde, da der Wert des Grundvermögens der Bundesrepublik einige hundert Milliarden DM umfaßt. Eine gänzliche oder teilweise Enteignung durch Erwerb unterhalb des Verkehrswertes scheide aus, da damit »Arme« und »Reiche« in gleicher Weise betroffen würden, weil der größere Teil des Grundvermögens indirekt, das heißt über Obligationen, gehalten wird. Daran ist sicher richtig, daß man Sozialisierungsprogramme für Grund und Boden nicht mit einem Schwertstreich verwirklichen kann, sondern sehr umsichtig vorgehen muß. Da aber der in Frage stehende Grundbesitz insbesondere in den Stadtzentren durchaus gewichtige Erträge abwirft, ist nicht einzusehen, warum aus solchen Erträgen nicht auch die notwendigen Entschädigungsleistungen sollten aufgebracht werden können. Sicher handelt es sich nicht um kurzfristig, sondern nur um mittel- oder sogar langfristig abzuwickelnde Programme, an deren Anfang aber eine klare Zielvorstellung stehen muß.

In der Zwischenzeit ist als sofort durchführbare Maßnahme eine völlige Abschöpfung des Wertzuwachses an Grundstücken, soweit er über den

Kapitalmarktzins hinausgeht, anzustreben. Ein solches Vorgehen, das einen bestimmten Stichtag zur Grundlage nimmt, führt dazu, daß die Verkehrswerte fixiert und eingefroren werden. Das ändert zwar nichts mehr an den heutigen Preisen, läßt es aber als uninteressant erscheinen, am Grundstück festzuhalten, da die Spekulationsgewinne abgeschöpft werden. Schon eine solche Regelung bedeutete also eine nachhaltige Verbesserung des gegenwärtigen Zustandes.

Als weiterer Grund für das ungeordnete, unökonomische und mißgebildete Wachstum unserer Stadtagglomerationen wurde bereits die unzulängliche kommunale Gebiets- und Verfassungsstruktur genannt. Ein nicht unwesentlicher Teil der überall sichtbaren Fehlentwicklungen ist auf die übermäßige Zersplitterung in den planenden und durchführenden behördlichen Zuständigkeiten zurückzuführen.

Das Städtewachstum hat sich in der Nachkriegszeit überwiegend und in den sechziger Jahren mehr und mehr außerhalb der Stadtgrenzen abgespielt. Die Gründe dafür sind bekannt: die ständige Vermehrung der Stadtbevölkerung und Produktionsstätten, der Zug zum Wohnen im Grünen und in Verbindung damit der weiträumige flächenerschließende Autoverkehr. Nur wenige Städte verfügen noch über größere Flächenreserven aus Vorratseingemeindungen früherer Jahrzehnte, in denen sich diese Entwicklung vollziehen konnte. Bei den meisten sind die Gemarkungsgrenzen so eng gezogen, daß ihre Einwohnerzahlen seit Jahren sinken. Folglich mußte sowohl der für die aus der Stadt hinausziehenden als auch der für die neu hinzukommenden Einwohner benötigte neue Siedlungsraum im Saldo voll in den Umlandgemeinden gefunden und erschlossen werden. Gleiches gilt für aus Platzgründen auswandernde und für neu sich ansiedelnde Industrie- und Gewerbebetriebe. Allein in den letzten beiden Jahrzehnten hat das in vielen Nachbargemeinden größerer Städte zu einer Vervielfachung der Bevölkerung und zu einer raschen, oft hektischen Bebauung geführt. Dabei gab es so gut wie nirgends eine zentrale Steuerung der Gesamtentwicklung. Wo verkaufswillige Bauern und ein energischer Gemeindedirektor oder Bürgermeister das Heft in der Hand hatten, entwickelte sich eine intensive Bautätigkeit, entstanden ganz neue Randstädte, ohne Rücksicht darauf, ob sie in eine taugliche Planungskonzeption für den ganzen Stadt-Umland-Raum – die es nicht gab – hineinpaßten oder nicht. Umgekehrt blieben günstigste Standorte ungenutzt und vernachlässigt, wenn der Eigentümer, sei es aus konservativem Festhalten am Hergebrachten, sei es in der Hoffnung auf später noch größere Gewinne, sich nicht zum Verkauf bereitfand oder wenn die geringe oder gar ganz fehlende Verwaltungskraft der Gemeinde die Planungs- und Erschließungsprobleme zu meistern unfähig war. Zwi-

schen den beiden extremen Formen der Entwicklung und Beharrung gab es zahllose zufallsbedingte Zwischenlösungen: hier eine neue Siedlungsstraße, da ein neuer Gewerbebetrieb, hier einige Dutzend Eigenheime, dort drei Zeilen viergeschossige Mietwohnungen oder gar Hochhäuser zwischen Kornfeldern. Alles das ist zur Genüge bekannt.
Eine übergeordnete, koordinierende Planung fehlte in der Regel oder konnte sich nicht durchsetzen. Gegenüber der zentralen Stadt und ihren Wünschen pochten die Nachbargemeinden in der Regel mit Nachdruck auf ihre Selbständigkeit und Unabhängigkeit. Es gibt nicht wenige Fälle, in denen Gespräche zwischen den jeweils zuständigen Gemeindevertretern überhaupt nicht mehr möglich, wo die interkommunalen Beziehungen sozusagen abgebrochen waren. Aber auch wo guter Wille zur Zusammenarbeit bestand, zeigten sich die Grenzen, die einer Gesamtordnung durch freiwillige Absprachen gesetzt sind. Die gemeinsamen Aufsichtsbehörden für die Stadt und die Umlandgemeinden waren – und sind – in der Regel die Regierungspräsidenten. Obwohl sie gleichzeitig Landesplanungsbehörden sind, haben sie einen gestaltend-koordinierenden Einfluß kaum je geltend machen können. Dazu fehlte es ihnen sowohl an rechtlichen, administrativen und finanziellen Handhaben wie an eigener Erfahrung in vergleichbaren Entwicklungsaufgaben.
Für die Bewältigung der zukünftigen Aufgaben ist ein solches Verwaltungsgefüge noch untauglicher als es das in der Vergangenheit schon war. Auf die bevorstehende Intensivierung und Beschleunigung aller städtebaulichen Entwicklungsaufgaben wurde bereits hingewiesen. Daß sich diese Entwicklungen noch weniger auf die bisherigen Stadtgrenzen beschränken werden als bisher, liegt ebenfalls auf der Hand. So ist eine entschiedene Straffung der verwaltungs- und selbstverwaltungsmäßigen Zuständigkeiten in allen Agglomerationsräumen in zweifacher Hinsicht unerläßlich: Eingemeindungen und Bildung von wirksamen Regionalverbänden. Für beides gibt es Ansätze und Vorbilder.
Die Eingemeindung ist das klassische Mittel, um für den Bereich der wachsenden Stadt als einheitlichen Aufgabenraum die Einheit der Entscheidungs- und Gestaltungskompetenz wiederherzustellen, die durch die faktische Erweiterung des städtisch genutzten Gebiets verlorengegangen ist. In dieser Hinsicht ist die Eingemeindung heute noch so geeignet und so notwendig wie eh und je, soweit es sich um Nachbargemeinden handelt, die ihrer Funktion nach faktisch zu Stadtteilen geworden sind oder es in absehbarer Zukunft werden. Zu diesem Ergebnis sind auch die in verschiedenen Bundesländern eingesetzten Sachverständigenkommissionen gelangt, die Vorschläge für eine sachgerechte Verwaltungs- und Gebietsreform zu erarbeiten hatten. Auch die

für die kommunale Gebietsstruktur zuständigen Landtage haben sich diesen Gesichtspunkt grundsätzlich zu eigen gemacht und verfahren in gewissem Umfange danach. Die in diesem Zusammenhang häufig beklagte Minderung der Selbstverwaltungssubstanz drückt sich nur in einer Verminderung der politischen Mandate von Ratsherren und Bürgermeistern aus. Insoweit muß sie als unvermeidlich hingenommen werden, weil sie strukturbedingt ist. In Wahrheit wird der politischen Selbstverwaltung durch nichts mehr geschadet, als wenn sie sich in unzureichend bemessenen Räumen abspielen muß und dadurch ihre eigentlichen Gestaltungsaufgaben nicht mehr ganzheitlich erfüllen kann. Im übrigen ist es durchaus möglich, die eingemeindeten Vororte ihre wirklich stadtteilmäßig begrenzten Aufgaben selbst verwalten zu lassen. Das ist im ganzen zwar etwas aufwendiger und umständlicher als ein zentralistisches System, aber politische Ordnungen können nicht ausschließlich nach Grundsätzen der administrativen Effizienz entworfen werden. Dieser Gesichtspunkt braucht einer großzügigen Lösung also nicht entgegenzustehen.

Der im engeren Funktionszusammenhang stehende Stadt-Umland-Raum ist jedoch angesichts der gestiegenen Mobilität und der in der großen Fläche leichteren Verkehrsverbindungen so weitläufig geworden, daß eine einheitliche Zuständigkeit für die Gesamtentwicklung über das Mittel der Eingemeindung allein nicht hergestellt werden kann. So wichtig es zum Beispiel ist, große Naherholungsgebiete für die Großstadt zu sichern und zu entwickeln, so wenig angemessen erscheint es, deshalb etwa eine große Anzahl ländlicher Gemeinden, in denen diese Flächen liegen, zum Stadtgebiet zu erklären. Oder: So einleuchtend es ist, entfernter gelegene Umlandgemeinden von einiger Zentralität zur Entlastung der Innenstadt und an Stelle weiter wuchernder Vororte zu Entwicklungsorten zu erklären und sie als solche zu fördern, so wenig kann man sie deshalb als Stadtteile der Kernstadt behandeln.

Die Antwort auf dieses Problem liegt in einer die Stadt und das auf sie bezogene Umland übergreifenden, verbindlichen und mit wesentlichen Durchführungskompetenzen verbundenen Planung. In Deutschland hat sich dafür die Bezeichnung Regionalplanung eingebürgert, die in anderen Ländern, auch im Rahmen der EWG, wesentlich größere Räume meint. Ob und wie sich dabei wieder ein einheitlicher Sprachgebrauch herstellen läßt, sei hier dahingestellt. Wichtig ist, daß eine übergreifende Planungs- und Entwicklungszuständigkeit hergestellt und genutzt wird. Dabei scheinen die bisherigen Erfahrungen eindeutig zu lehren, daß der Versuch zu freiwilligen Zusammenschlüssen ohne Zwangsbefugnisse bei der oft doch recht gegensätzlichen Interessenlage

der beteiligten Gemeinden nicht zum Erfolg führen kann. Dagegen sind die vorliegenden Erfahrungen mit dem bisher einzigen hoheitlich organisierten Regionalbereich, dem Verband Großraum Hannover, ausgesprochen positiv zu beurteilen.
Der zwar durch ein Sondergesetz des niedersächsischen Landtages, aber doch auf Grund einer gemeinsamen Initiative der beteiligten Kommunen 1962/63 gebildete Großraum Hannover-Verband mit zusammen 1,2 Millionen Einwohnern umfaßt zur Zeit außer der Stadt Hannover rund 200 Städte und Gemeinden – nach der Gebietsreform wird ihre Zahl wesentlich geringer sein – sowie die zugehörigen Landkreise. Er kontrolliert deren Entwicklung über seinen Verbandsplan, dessen kartographische Darstellung im Maßstab 1 : 25 000 schon recht genau ist. Den weitaus meisten Mitgliedsgemeinden ist jede planmäßige Förderung von Wohnsiedlungen untersagt, um eine weitere Zersiedlung der Landschaft zu verhindern. Große Teile des Gebiets sind unter Landschaftsschutz gestellt, um gute Naherholungsgebiete zu sichern. Über die planerische Festlegung hinaus ist der Verband schon jetzt Träger gewisser Durchführungsaufgaben. Er betreibt eine eigene Grundstückspolitik und fördert den Nahschnellverkehr der Bundesbahn im Verbandsgebiet. In absehbarer Zeit wird er voraussichtlich kommunaler Träger des öffentlichen Nahverkehrs sowie der Müllbeseitigung werden. Eine schrittweise weitere Aufgabenübertragung von den Mitgliedsgemeinden auf den Verband ist von allen Beteiligten ins Auge gefaßt und steht zu erwarten.
Damit befindet sich der Großraum Hannover auf dem Weg zu einem kommunalen Organisationsmodell, das dem von Hillebrecht[1] geprägten Begriff der Regionalstadt durchaus entspricht. Dabei ist sowohl die zentrale, funktionshöchste Rolle der Stadt, genauer der Innenstadt Hannover, unbestritten, wie die Herausbildung kräftiger Nebenzentren in Randlage und der Stärkung zentraler Orte im weiteren Umlandbereich. Dieses Modell ist nicht mehr das fortgeschrittenste regionale Organisationsgebilde in Deutschland, sondern mehr noch eine denkbare Antwort auf die Frage, ob das weitere Stadtwachstum notwendig zu einer Auflösung der Stadt in der Agglomeration und zur Aufgabe des herkömmlichen Stadtbegriffs führen muß. In Kapitel 18 wird davon noch die Rede sein.
Nicht ganz so einfach wie in einpoligen Stadtregionen wie Hannover oder etwa München liegen die Verhältnisse da, wo die Agglomeration mehrere ursprünglich selbständige Städte umfaßt, also etwa im Unter-

1 R. Hillebrecht, Städtebau und Stadtentwicklung, Archiv für Kommunalwissenschaften, Bd. 1/1962, S. 41 ff.

mainraum oder im Ruhrgebiet. Ein allgemein gültiges Rezept, etwa die Zusammenlegung aller kommunalen Einheiten zu einer gegliederten Gesamtstadt an Stelle des starken Regionalverbandes, kann hier nicht gegeben werden. Sicher ist nur, daß sich zwischen diesen beiden Modellformen im Einzelfall angemessene Lösungen finden lassen. Sie müssen gefunden werden, wenn wir auf die Dauer wieder zu gut geformten und gut funktionierenden Stadt-Landschaften kommen wollen. Das mißgebildete Stadtwachstum der letzten 150 Jahre darf sich nicht in die Zukunft hinein fortsetzen und braucht es nicht zu tun. Wir kennen heute seine Ursachen, wir wissen, mit welchen Mitteln wir ihnen entgegenwirken oder sie ausräumen können. Diese Handhaben uns zu verschaffen und sie anzuwenden, dazu bedarf es allerdings weittragender politischer Entscheidungen, und zwar nicht der Kommunalpolitiker, sondern des Bundesparlaments und der Landtage.

4. Kapitel
Die Vergiftung und Verschmutzung der Luft

Zum ersten Male habe ich die verschmutzte Luftglocke über einer Stadt vor einer Reihe von Jahren gesehen, als ich nach London flog. Es war ein strahlend schöner Tag, die Themse glitzerte aus den Windungen ihres Unterlaufs herauf. Dann tauchte vor uns etwas auf, was in der schrägen Beleuchtung wie ein verschwommen gezeichnetes dunkelbraunes Gebirge aussah, dem das Flugzeug sich näherte und an dessen Rand es eine Weile entlangflog. Das war der schwebende Schutzberg in der Luft, den die Stadt über sich aufgetürmt hatte. Ein Sciencefiction-Schriftsteller hätte keine bessere Illustration für den Giftbrodem über einer zugrunde gegangenen Stadt finden können. Ich empfand Widerwillen bei dem Gedanken, in diese ekle Luftmasse eintauchen und, wenn auch nur für einige Tage, darin herumlaufen und sie atmen zu müssen. Dieser Widerwille war melr als nur ästhetisches Unbehagen. Bei der Smog-Katastrophe von 1962 nahm die normale Sterberate dort um das Dreifache zu. In wenigen Tagen starben mehr als 4000 Menschen über die gewöhnliche Quote hinaus.
Das war allerdings eine Ausnahmesituation, bei der verschiedene ungünstige Momente, einander in der Wirkung verstärkend, zusammentrafen. Und London ist eine Stadt mit besonders stark verschmutzter Luft. Aber die gleiche Dunstglocke kann man über vielen Städten sehen, vom Flugzeug aus, oder von einem nahegelegenen Berg, oder von weitem, aus der Ebene heraus.

Die Luftverunreinigung ist kein ausschließliches Problem der Städte. Sacharow weist in seinem Memorandum[1] mit Nachdruck auf die weltweite Bedeutung des Problems hin und warnt vor einer Entwicklung, die dahin führt, daß die Sowjetunion die Vereinigten Staaten mit ihren Abfällen vergiften wird und umgekehrt. Er fordert ein für die ganze Welt verbindliches Gesetz über Geohygiene. Tatsächlich sind gewisse Anfänge zur Reinhaltung der Luft schon gemacht, jedenfalls bei einer der drei großen Gruppen von Verunreinigern, bei der Industrie. Bei den Hausfeuerungsanlagen einschließlich dem Kleingewerbe und bei den Auto- und Flugzeugabgasen, die für die Städte von besonderer Bedeutung sind, ist noch sehr wenig geschehen.

Nach Angaben des Bundesgesundheitsministers[2] werden zur Zeit jährlich in die Atmosphäre über der Bundesrepublik entlassen:

7 Millionen t Kohlenmonoxyd
5 Millionen t Schwefeloxyde
3 Millionen t Kohlenwasserstoffe
2,5 Millionen t Stickoxyde und
2,5 Millionen t Stäube aller Art.

Nun sind solche Zahlen – wenn sie auch sicher Eindruck machen – doch unanschaulich und in ihrer Bedeutung nicht faßbar. Man kann sie allerdings addieren. Zusammengenommen sind das 20 Millionen t Auswürfe, also 330 kg pro Kopf und Jahr oder etwa 1 kg pro Kopf und Tag! Was wir jedenfalls erfassen können, sind die Auswirkungen, die von harmlosen Verschmutzungen bis zur tödlichen Vergiftung reichen. Schmutz, das sind die dunklen Ränder am morgens frisch angezogenen weißen Hemd, sind die Rußflocken auf der zum Trocknen ausgehängten Wäsche, ist der ölige Schmier auf der Fensterbank, ist die stumpfe Blindheit nicht geputzter Fenster, sind die schwarzen Hände, wenn man ein Geländer im Freien angefaßt hat. Andere Folgen, auf die in dem Beitrag von Frau Strobel hingewiesen wird: Korrosionen an Bauwerken und Metallen, Schädigung von Pflanzen, Hemmung ihres Wachstums, üble Geruchsbelästigungen, Gesundheitsschäden bei Tieren. Das alles wäre vielleicht noch hinzunehmen als lästige, als unangenehme, aber doch mehr periphere Folgeerscheinung der Technisierung unseres Lebens. Aber die gesundheitlichen Gefahren für den Menschen sind eindeutig nicht mehr hinzunehmen. Und sie sind offenbar ernster als uns im allgemeinen bewußt ist.

Allerdings ist es auch der Wissenschaft nur begrenzt gelungen, die Ur-

1 A. D. Sacharow, Wie ich mir die Zukunft vorstelle, Zeit, Nr. 32/68

2 K. Strobel, Luftreinhaltung — ein technisches Rechtsgebiet, Frankfurter Neue Presse vom 31. 5. 1969

sächlichkeit von Luftverunreinigungen für Gesundheitsschäden schlüssig nachzuweisen, da in der Regel ein Zusammenwirken zu vieler konkurrierender Ursachen vorliegt. Statistische Beweise, wie sie bei den Smogkatastrophen möglich sind, weisen jedoch auch für die »harmlosen« normalen Verschmutzungsgrade einen Zusammenhang zwischen der Intensität der Luftverunreinigung und Erkrankungen der Atmungsorgane aus. Der Mensch muß, um zu leben, täglich 15 bis 50 cbm Luft einatmen, und zwar notgedrungen so, wie er sie vorfindet, mit allen Schmutz- und Giftbeimengungen seines zufälligen Standorts. Je länger jemand in einer stark verschmutzten Luft leben muß und je stärker der Verschmutzungsgrad ist, um so höher wird die Wahrscheinlichkeit, daß Dauerschädigungen der Atemwege in der Form der chronischen Bronchitis und Lungenblähung eintreten. Auch bei der Zunahme der Fälle von Bronchialkrebs ist ein Ursachenfaktor neben anderen vermutlich in verschmutzter Luft zu sehen. Filtermessungen der New Yorker Straßenluft sollen ergeben haben, daß die Schadwirkung aus der Atmung eines Tages der des Rauchens von 20 Zigaretten entspricht. Andere Schädigungen entstehen dadurch, daß die Sonneneinstrahlung durch die verschmutzten Luftschichten über der Stadt vermindert wird. Vor allem bei Kindern wird dadurch die Entstehung von Rachitis und Blutarmut begünstigt.
Das etwa ist der zugleich bedrohliche und beschämende Sachverhalt. Ob die weitere Entwicklung, so wie sie sich jetzt abzeichnet, zu einer Verbesserung oder Verschlimmerung führen wird, ist noch nicht abzusehen. Zwar haben viele der ganz schlimmen industriellen Luftverschmutzer inzwischen – teils gesetzlichem Zwange, teils dem Druck der öffentlichen Meinung folgend – Entgiftungs- und Staubfilteranlagen mit zum Teil hohen Kosten installiert. Dieser Prozeß wird auch wohl fortschreiten. Nur muß dazu gesagt werden, daß bis heute für bestimmte Verschmutzungsarten, insbesondere für Schwefeloxydemissionen, keine technischen Vorrichtungen zur Luftreinhaltung entwickelt worden sind. Und außerdem: eine Verminderung der Luftverschmutzung in einzelnen Industrieanlagen ist, da immer neue und mit anderen Techniken arbeitende Produktionsstätten hinzukommen, nicht schon ohne weiteres gleichbedeutend mit einer Verminderung der industriellen Luftverschmutzung überhaupt.
Aber vielleicht sind die beiden anderen Gruppen von Luftverschmutzern, Kraftfahrzeuge und Flugzeuge sowie Hausfeuerungsanlagen für die Städte in der Tat noch problematischer. Diese Art von Verunreinigung ist vom Standort her noch viel stärker auf die Städte konzentriert, ohne daß ein Ausweichen möglich wäre.
Was die Autoabgase angeht, so kann hier nur wiederholt werden, daß

die einzige durchgreifende Lösung in der Abschaffung des Verbrennungsmotors liegt. Hierauf sollten die Bemühungen der Industrie selbst ebenso wie die staatliche Forschungshilfe zunächst einmal als Nahziel konzentriert werden. Der jetzige Zustand des Abgasstaus in den Straßen der Innenstädte ist weder gegenüber den Kraftfahrern selbst noch gegenüber den anderen Straßenbenutzern oder den Anliegern zu verantworten. Die weitere Motorisierung wird zu noch stärkerem Verkehr mit langdauernden Stockungszeiten, also zu einer zweifachen Verstärkung der Abgasmengen führen. Dann wären in der Tat drastische Verkehrseinschränkungen die einzige Alternative.

Eine neue und immer stärker bemerkbare Quelle der Luftverunreinigung ist der sich rasch verdichtende Luftverkehr. Man muß nur einmal die kilometerlangen schwarzen Qualmfahnen in der Luft hängen sehen, die eine vollbeladene viermotorige Düsenmaschine beim Start hinter sich zurückläßt, um zu ahnen, was hier noch auf uns zukommt. Eine Boeing 707 verbrennt in den ersten 6 Minuten nach dem Start 1 t Treibstoff. Wohngebiete, die in Einflugschneisen größerer Flughäfen liegen und regelmäßig überflogen werden, sind auf diese Weise einer sich ständig erneuernden Luftvergiftung ausgesetzt, die nicht weniger Aufmerksamkeit verdient als die Lärmbeeinträchtigung. Nun habe ich weder die Hoffnung, daß genügend politische Entschiedenheit mobilisiert werden kann, um den Luftverkehr völlig zu untersagen, noch steht die Entwicklung eines Elektromotors für Flugzeuge in Aussicht. So wird vorerst nichts anderes übrigbleiben, als strikte Flugwegvorschriften unter weitestgehender Aussparung von Wohngebieten zu erlassen und ihre Einhaltung scharf zu kontrollieren. Bei der Neuplanung von Flughäfen ist hierauf aufs äußerste Bedacht zu nehmen. Im übrigen wird das Thema einer Verminderung der Flüge im nächsten Kapitel behandelt.

Die unmittelbarste städtebauliche Verantwortung besteht für die Hausfeuerungsanlagen. Ihr Anteil an der Gesamtverschmutzung ist beträchtlich. Für das Ruhrgebiet mit seiner starken Industrieverunreinigung wird er mit 25 bis 30% angegeben. In anderen, weniger stark industrialisierten Städten liegt er also noch höher. Neben Staub und Ruß enthalten die Hausbrandabgase vor allem das unangenehme Schwefeldioxyd, das bei der Verbrennung sowohl von Kohle wie von Öl entsteht.

Besonders bemerkbar geworden sind diese Verunreinigungen in letzter Zeit in zweifacher Hinsicht. Einmal riechen die schwefeligen Ölgase so penetrant, daß mit der Umstellung ganzer Einfamilienhausviertel auf Ölheizung ein Teil unserer besten Wohnbereiche erheblich beeinträchtigt worden ist. Die schönste infrarotgeheizte Terrasse macht keinen

Spaß mehr, wenn man mit jedem Atemzug den Ölheizungsgeruch der Nachbarn ebenso wie den eigenen in der Nase hat. Pflanzen, Sträucher und Bäume reagieren darauf sichtbar, indem sie dahinwelken.

In anderer Hinsicht haben sich die Abgasprobleme dadurch ergeben, daß in neuen Wohngebieten hohe mit niedrigen Gebäuden eng vermischt werden, wie es modernen städtebaulichen Vorstellungen entspricht. Hier bläst wirklich der unten Wohnende dem hochgebauten Nachbarn den Schornsteinqualm direkt in die offenen Schlafzimmerfenster.

Obwohl es jedermann sofort einleuchtet, wie widersinnig dieser Zustand ist, wachsen Jahr um Jahr neue gemischte Wohngebiete, in denen genau diese Situation sich Mal um Mal wiederholt. Nur wo Großprojekte entstehen, wo geschlossener Stadtteilbau aus einer Hand betrieben wird, besteht die Möglichkeit, durch Block- oder Fernheizungen solche Quellen der Luftverschmutzung weitgehend auszuschalten. Diese großen Feuerungsanlagen können mit allen technischen Möglichkeiten zur Reinigung der Abgase ausgestattet werden. Ihre in der Regel einwandfreiere Wartung und fachmännische Bedienung tragen darüber hinaus schon von vornherein dazu bei, daß die Heizstoffe sehr viel vollständiger, das heißt auch sauberer verbrennen als in den zahllosen, oft unsachgemäß betriebenen Feuerstellen der Wohnungen. Schließlich läßt sich für Fernheizungsanlagen auch der Standort so auswählen, daß Wohngebiete möglichst wenig beeinträchtigt werden.

Nur darf der Anschluß an Block- und Fernheizungen nicht auf diejenigen Wohnungen beschränkt bleiben, die Teil eines größeren Gesamtprojekts sind. Die Gemeinden müssen die Befugnis erhalten, den Anschluß an kommunale Fernheizungsanlagen, zunächst einmal für alle neu entstehenden Wohngebiete, später auch für die alten Stadtteile, zur Pflicht zu machen. Solche Anlagen, die heute vielfach schon gebaut oder geplant werden, brauchen ein dichtes Abnehmernetz zwar auch aus Gründen eines wirtschaftlichen Betriebs. Die Rechtfertigung zum Anschlußzwang ist jedoch nur aus dem übergeordneten Gesichtspunkt einer konsequenten Luftreinhaltung abzuleiten. Der Bau solcher Anlagen darf auch nicht im Belieben der Städte stehen, sondern er muß ihnen ebenso als Pflichtversorgungsaufgabe obliegen wie die Lieferung von Wasser oder elektrischem Strom. Wo technische oder wirtschaftliche Gründe Fernheizungsanlagen ausschließen, muß die Einzelheizung durch Gas oder Strom vorgeschrieben werden können. Gas verbrennt mit vergleichsweise sehr geringen Rückständen; die sauberste Form des Heizens, die mit Elektrizität, ist vorläufig in der Regel noch zu teuer.

So läßt sich innerhalb weniger Jahre, allenfalls Jahrzehnte, eine durchgreifende Verbesserung der Luftqualität in unseren Städten erreichen.

Wir müssen uns nur an den Gedanken gewöhnen, daß das Recht auf den eigenen Ölbrenner nicht im Grundgesetz verankert ist.

5. Kapitel
Der Lärm

In großen Städten muß es von jeher ziemlich laut hergegangen sein. Zu den hartnäckigsten Lärmerzeugern gehören bekanntlich die Menschen selbst mit lauten, dröhnenden, schrillen Stimmen. Viele handwerkliche Produktionen, die von jeher in der Stadt angesiedelt waren, waren mit Lärm verbunden, nicht nur die Kesselschmieden. Dann gab es Tiere, die Krach machten, vor allem kläffende Hunde, und Karren, die über schlechtes Pflaster polterten, Musikanten und zur Schlafenszeit noch den ins Horn stoßenden Nachtwächter. Oasen der Stille waren Städte also wohl nie. In solchen Erinnerungen mögen wir ein wenig Trost finden, wenn uns die Verzweiflung über den allgegenwärtigen, unentrinnbaren technischen Lärm der Gegenwart überkommen will.

Indessen: Lärm ist ebensowenig ein spezifisches Problem der Stadt wie etwa die Luftverschmutzung, vielleicht sogar noch weniger als diese. Außerhalb der Städte gibt es in bewohnten wie in unbewohnten Gebieten Zonen, die ständig oder vorübergehend weit höhere Lärmwerte haben als viele innerstädtische Bereiche. Aber im allgemeinen ist Lärm in der Stadt doch intensiver, anhaltender und bedeutet für mehr Menschen über längere Zeiträume hinweg eine Beeinträchtigung als es anderswo der Fall ist.

Nun gibt es allerdings Menschen, die fröhlich erklären, Lärm merkten sie gar nicht, eher vermißten sie ihn vielleicht, wenn es irgendwo einmal besonders ruhig sei. Versucht man, ihnen klarzumachen, daß und warum man unter Lärm leidet, so geben sie in freundlicher Überlegenheit zu verstehen, wofür sie ihr Gegenüber halten, für eine nervenkranke, abgewirtschaftete Existenz, die den normalen und gesunden Lebensanforderungen wohl nicht mehr ganz gewachsen sei. So verschieden wirkt Lärm auf Menschen, so unterschiedlich auch gleicher Lärm auf den gleichen Menschen zu verschiedenen Zeiten und unter verschiedenen Bedingungen, so unterschiedlich schließlich gleicher Lärm auf den gleichen Menschen zur gleichen Zeit, wenn er entweder als unvermeidbar erkannt oder als unnötige Rücksichtslosigkeit empfunden wird. In seiner Störwirkung entzieht sich der Lärm jeder Messung. Man kann ihn nicht beweisen und nicht widerlegen, und erst recht nicht seine Folgen. Und doch ist er eine gefährliche, für zahllose Menschen belastende und quälende, oft ihre Gesundheit untergrabende Begleiterscheinung des modernen Lebens. Darüber ist ernsthaft nicht zu streiten. Eine Umfrage des Allensbacher Institutes für Demoskopie im Jahre 1969 ergab zwar noch den recht hoch erscheinenden Anteil von 57 % der Befragten, die erklärten, daß sie ungestört von Lärm lebten. Aber abgesehen von dem Umstand, daß Lärmbeeinträchtigungen keineswegs von allen Betroffenen bewußt erlebt werden, ist vor allem auch der nach unten gerichtete Trend dieser Gruppe bemerkenswert. 1960 betrug der Anteil derer, die die gleiche Frage positiv beantwortet hatten, noch 65 %.

Da ist der Lärm in der eigenen Wohnung. Das Radio, der Lautsprecher des Fernsehers dringt in alle Zimmer. Und wie selten sind Familien, in denen konsequent auf denjenigen Rücksicht genommen wird, der gerade Ruhe haben möchte, weil er der einzig Schutzlose ist.

Im Wohnblock dringt der gleiche Radio- und Fernsehlärm durch Wände und Decken, kommt durch das geöffnete Fenster. Der Staubsauger im Obergeschoß heult, jeder Tritt dröhnt in die eigene Ruhe hinein, Ofenrasseln, Holzspalten, Nägeleinschlagen, Löcherbohren, Wassereinlaufen, Wasserablaufen, Kinderverprügeln, Bettenquietschen, Schnarchen, Ehestreit – an allem haben in den akustisch nicht abgeschirmten, also vor allem den Neubauwohnungen, Nachbarn reichlich und unablässig Anteil, oft über mehrere Stockwerke hinweg, ob sie mögen oder nicht. Nach der erwähnten Allensbacher Umfrage klagen 39 % aller Bewohner von Miethäusern über unzureichende Schallisolierung.

Der Lärm von der Straße: Früh um fünf jault der erste Anlasser unter dem Schlafzimmerfenster los. Wenn es kalt ist, jault er oft. Dann läuft der Motor warm, mit viel Zwischengas. Endlich braust der Wagen ab, erst im ersten Gang, schaltet in den zweiten, im dritten wird er langsam in der Ferne leiser. Eine viertel oder halbe Stunde später ist der nächste dran. So ist es in ruhigen Straßen. Es gibt auch laute, in denen der Verkehr Tag und Nacht nicht zur Ruhe kommt. Wenn die Schwerlastzüge vorbeidonnern, klappern die Teller im Schrank. Motorenlärm, Dutzende, Hunderte von Malen am Tag, in der Straßenschlucht gefangen, von der Hauswand gegenüber aufgenommen und zurückgeworfen, Kreischen von Bremsen, Quietschen von Reifen und neuer Motorenlärm. Im Autokapitel war davon schon die Rede.

Nicht überall ist es gleich schlimm. Es gibt Straßen, in denen man es aushalten kann, in denen viele Menschen es jedenfalls ganz gut aushalten. Es gibt andere, in denen es fast niemand mehr aushält. Und es gibt viel zu viele, in denen es, auch wenn sie nicht zu den schlimmsten gehören, scheußlich ist.

Aber es gibt noch mehr Lärm in der Stadt. Flugzeuge decken große Flächen mit ihrem Motorenlärm so intensiv ab, daß vorübergehend kein Wort mehr zu verstehen ist. Baukräne jaulen, Rammen hämmern, Preßlufthämmer knattern. Immer wird irgendwo etwas abgerissen, aufgerissen, gebaut in der Stadt.

Auf die Frage nach lärmbedingten Gesundheitsschädigungen ist es noch schwieriger, eine verläßliche Antwort zu geben als bei der Luftverschmutzung. Echte Gehörschäden, wie sie bei lärmintensiven Arbeitsplätzen auftreten, sind wohl selten. Wesentlicher sind die mannigfachen Schäden im vegetativen und psychischen Bereich. Irritation und Ärger, Verkrampfungen, Spannungen, Aufregung können neben lebhaften vegetativen Reaktionen Veränderungen der Hormonproduktion und Störungen der Herztätigkeit auslösen. Gesteigerte Reizbarkeit, beeinträchtigte Konzentrationsfähigkeit, unausgeglichenes Verhalten sind auch dem Laien einsichtige Folgen ständiger, intensiver Lärmbeeinflussung. Die zur Reizverarbeitung aufzuwendende Kraft fehlt an anderer Stelle. Genaue statistische Angaben fehlen naturgemäß, da der Lärm als Krankheitsursache noch weniger aus dem Kreis anderer verursachenden Momente isoliert und in seinen Teilwirkungen gesondert erfaßt werden kann als andere schädliche Einwirkungen. Eine Gewöhnung an Lärm, jedenfalls an bestimmte »verträgliche« Lärmarten ist nicht selten, erstreckt sich jedoch offenbar nicht auf das vegetative Nervensystem. Umgekehrt stehen den Gewöhnungsfällen auch solche wachsender Empfindlichkeit und Verletzlichkeit gegenüber.

Vor allem aber muß die Aufmerksamkeit immer wieder auf den grundlegenden Sachverhalt gelenkt werden, daß viele Menschen Tag für Tag und Nacht für Nacht unter Lärm leiden, und zwar bis zum Erdulden intensiver Qualen. Wer immer Lärm verursacht, wo auch immer und in welcher Form, muß sich dessen bewußt sein, daß er vermutlich im gleichen Augenblick andere Menschen mindestens belästigt, möglicherweise ihnen einen Schmerz zufügt, der der Anwendung körperlicher Gewalt an Intensität nicht nachzustehen braucht. Je hilfloser der Betroffene einer Lärmeinwirkung ausgesetzt ist, um so größer ist seine Qual und um so tiefer kann seine Erbitterung werden.

Der Kampf gegen den Lärm gehört zu den großen, humanen politischen Aufgaben unserer Zeit. Solange das nicht erkannt und anerkannt ist, sind die Akzente in unserer politischen Wertskala falsch gesetzt.

Zunächst muß für eine wesentlich bessere Schallisolierung im Wohnungsbau gesorgt werden. Die hier bisher bestehenden Vorschriften und Richtlinien reichen nicht aus; überdies wird ihre Einhaltung von den Bauaufsichtsbehörden nicht überwacht. Einige große Wohnungsbaugesellschaften haben von sich aus wesentliche Verbesserungen im

Schallschutz eingeführt, aber auch diese Ergebnisse sind noch unzulänglich. Viele, vor allem kleine und mittlere Bauunternehmen, vernachlässigen das Problem völlig. Daher müssen alle Neubauten durch ebenso strenge Vorschriften gebunden werden wie sie etwa in der Statik selbstverständlich sind, und einer ebenso genauen Kontrolle unterliegen. Daneben sollten die Bauindustrie und die staatliche Forschungshilfe dem Problem der nachträglichen Schallschutzverbesserung in Gebäuden ihre besondere Aufmerksamkeit schenken. Zu hoffen bleibt, daß der Wohnungsmarkt sich so entwickelt, daß Mieter aus besonders lärmgestörten Wohnungen in absehbarer Zeit ausziehen können und ruhiger gelegene oder besser isolierte Wohnungen finden.
Die Forderung nach einer durchgreifenden Verbesserung des Schallschutzes im Wohnungsbau steht nicht mit dem Grundsatz im Widerspruch, daß bei allen gesellschaftlichen Konfliktsituationen grundsätzlich zunächst der »Störer« herangezogen wird. Störer ist neben anderen eben auch jeder Haushalt, einfach weil er unvermeidbar Lärm erzeugt. Die Schallisolierung im Wohnungsbau dient in erster Linie dem Schutz vor gegenseitigen nachbarlichen Geräuschbelästigungen, die Wände und Decken durchdringen. Damit soll anderen Lärmerzeugern allerdings keineswegs etwa ein Freibrief unter dem Gesichtspunkt ausgestellt werden, daß jeder, der Ruhe wünsche, ja in seine Wohnung gehen und die Fenster schließen könne. Wenn man von dem noch zu behandelnden Verkehrslärm einmal absieht, so bestehen die stärksten von außen kommenden Lärmstörungen in der Form von Radio- und Fernseh- sowie anderer Lautsprechermusik und Lautsprecherwerbung. Letztere sind grundsätzlich zu verbieten, soweit Wohngebiete betroffen werden. Schützenfeste und Kirchweih mögen angesichts ihrer kurzen Dauer eine zulässige Ausnahme sein. Private Radio- und Instrumentalmusik im Freien, auf Straßen, in offenen Autos, in Hausgärten, auf Balkonen muß gleichfalls untersagt werden, ebenso wie Radio- und Fernsehton und Formen des eigenen Musizierens bei offenem Fenster. Das klingt sehr polizeistaatlich-rigoros. Entsprechende stadtrechtliche Vorschriften in Hannover haben deshalb auch Kritik und wegen ihrer »Lebensfremdheit« sogar Spott ausgelöst. Ich halte sie trotzdem für richtig und notwendig. Ein einziges normal spielendes Radio im Freien kann unter Umständen Hunderte von Wohnungen »beschallen«. Aber auch wenn nur wenige gestört werden, bleibt es dabei, daß entschieden werden muß zwischen dem Wunsch des einen, Musik um sich zu haben, und dem Bedürfnis anderer, keine Musik hören zu müssen. Hier scheint es mir unbillig zu sein, dem das Feld zu überlassen, der Lärm verursacht, und allen, die Ruhe haben möchten, zu empfehlen, sich hinter hoffentlich schalldichte, verschlossene Fenster in ihre Wohnungen zu-

rückzuziehen. Wer Musik hören will, kann das in seinen vier Wänden tun, wo er niemanden stört. Wo er andere zu Zwangsmithörern machen würde, muß er verzichten. In einer so eng aufeinander lebenden Gesellschaft wie der unseren hängen erträgliche Lebensbedingungen von einem hohen Maß an gegenseitiger Rücksicht ab. Die wichtigsten »Spielregeln« dafür müssen beim Auftreten neuer Konfliktsituationen zunächst einmal verordnet werden, bis sie später als selbstverständlicher Bestandteil in unser Zivilisationsverhalten eingehen. Je klarer und eindeutiger die Grundregel ist, um so leichter und unproblematischer läßt sich außerdem über manche sicher berechtigte Ausnahme Einvernehmen erzielen.

Der gemeine Verkehrslärm ist im wesentlichen Lärm von Kraftfahrzeugen und Flugzeugen, daneben noch die in Kurven quietschende Straßenbahn, während normale Fahrgeräusche von Straßenbahn und Eisenbahn für viele Menschen wesentlich erträglicher sind. In erster Linie ist es also wieder das Problem des Verbrennungsmotors. Seine rasche und universelle Ersetzung durch Elektromotoren muß auch in diesem Zusammenhang wieder mit Nachdruck gefordert werden. Das gilt ebenso für vielfältige Arbeitsgeräte wie Pumpen, Rasenmäher, Baumsägen, die zwar nur gelegentlich, aber auch ärgerlich genug, in das allgemeine Motorengeheul einstimmen. In der Zwischenzeit, bis zum völligen Verbot des Verbrennungsmotors, sind die Zulassungsvorschriften dahin zu verschärfen, daß die höchstzulässige Phonzahl drastisch herabgesetzt wird und vor allem die hohen, durchdringenden Schwingungen völlig abgedämmt werden. Die Erfindungsgabe unserer Ingenieure in dieser Hinsicht ist noch längst nicht ausgeschöpft; sie muß nur mit genügendem Nachdruck in diese Richtung gelenkt werden. Wenn die politische Forderung rigoros genug gestellt wird, wird die Industrie zeigen, welche stillen Reserven an Lautlosigkeit sie noch aktivieren kann. Solange wir uns den Krach gefallen lassen, wird er weiter um unsere Ohren dröhnen.

Vermutlich gilt das sogar für Flugzeuge. Ihr Lärm gehört zu den intensivsten und gemeinsten, mit denen wir es zu tun haben. Selbst im Entwurf der DIN-Richtlinien über Schallschutz im Städtebau heißt es in schlichtem Sachdeutsch, es könne in der Regel davon ausgegangen werden, daß der Lärm von Verkehrsflugzeugen in einem Bereich von 14 km Länge und etwa 3 km Breite ab Startbahnende in Richtung der Start- und Landeschneisen die Immissionsrichtwerte für Wohngebiete wesentlich überschreitet. Diese Immissionsrichtwerte gehen davon aus, daß der Lärm einer geraden, asphaltierten, nicht abgeschirmten Straße in 25 m Entfernung bei einer Benutzung von 300 Personenkraftwagen pro Stunde für ein allgemeines Wohngebiet bei Tage als zumutbar gilt.

Wir haben es hier mit einem Musterbeispiel resignierender Normanpassung an technische Unvernunft zu tun. Bei Flugzeugen besteht die einzige überhaupt mögliche Methode des Lärmschutzes eben nur in der Umleitung um Wohngebiete – soweit die Besiedlung es zuläßt. Angesichts unseres völlig ungeordneten Städtewachstums in ein weites Umland hinaus läßt sie es fast nie zu, wenn die Flughäfen noch eine halbwegs sinnvolle Lage zu ihren Städten haben sollen.
Weiter muß man sich darüber im klaren sein, daß der Flugverkehr, wenn er sich ungehindert entwickeln kann, in Zukunft ohne Frage der am stärksten wachsende Verkehrszweig ist. Zuwachsraten zwischen 10 und 20 % Fluggästen pro Jahr sind zu erwarten. Trotz größerer Flugzeugtypen steigt die Zahl der Starts und Landungen ständig. Mit der Zivilluftfahrt als Verkehrssystem haben auch der Luftverkehrslärm und die Luftverschmutzung durch Flugzeuge eine große Zukunft vor sich. Was wir heute als oft unerträglich empfinden, sind erst die bescheidenen Anfänge – denen allerdings in gewissem Umfang noch gewehrt werden kann. Ein völliges Verbot der Motorfliegerei läge unter diesen Umständen nahe. Man wird es aus wirtschaftlich und militärisch motivierten politischen Gründen auch dann nicht in vollem Umfang durchsetzen können, wenn dem normalen Flugpassagier der letzte Rest an fliegerischem Erlebnis genommen sein wird. In seiner hallengroßen Kabine kann er dann allenfalls über den Fernsehschirm noch verfolgen, daß und wo er fliegt. Nicht um dieses Eindrucks willen haben Menschen über die Jahrtausende hinweg geträumt, sich gewünscht und allerlei daran gesetzt, fliegen zu können. So könnte man denn eigentlich die ganze Fliegerei auch wieder abschaffen und zu komfortablen Schiffen und Eisenbahnen zurückkehren. Das sparte uns große Flughafen- und Luftsicherungsinvestitionen, brächte uns einiges an zusätzlicher Muße und bewahrte uns vor den scheußlichen Lärm- und Luftverschmutzungsfolgen, die mit dieser Art Verkehr verbunden sind.
Doch zurück in das Feld politisch sinnvoller Aktion. Die Zahl der Flugpassagiere und damit trotz immer größerer Maschinen auch die Zahl der Flüge nehmen nicht zuletzt deshalb so rapide zu, weil die konkurrierenden Verkehrsmittel in ihrer Entwicklung zurückgeblieben sind. Große Leistungsreserven stecken vor allem noch im Eisenbahnverkehr. Bewiesen haben es die Japaner, deren »Neuer Tokaido« bereits heute 200 km/h schnell ist. Zur Zeit werden Pläne geprüft, einen durch Magnetkraft schwebenden, mit Linearmotor angetriebenen 500 km/h schnellen, lautlos fahrenden Zug zwischen Tokio und Osaka einzusetzen. Diese rund 550 km lange Strecke könnte dann künftig in 70 Minuten zurückgelegt werden. Bei solchen Leistungszahlen wird die Eisenbahn auf vielen Strecken mit dem jetzigen innereuropäischen

Luftverkehr gleichziehen können, wenn man den Vorteil der Bahnhofslage im Stadtinnern, die Ersparnis an lästiger Wartezeit und den unvergleichlich größeren Komfort im Platzangebot mit berücksichtigt.
Auch die europäischen Eisenbahnverwaltungen prüfen Pläne für neue und wesentlich schnellere Zugverbindungen zwischen den großstädtischen Zentren. Diese Pläne verdienen nicht zuletzt deshalb eine wirksame Förderung, weil ihre Verwirklichung es ernsthaft möglich machen würde, den Reiseflugverkehr auf interkontinentale Strecken zu begrenzen. Dies sollte mit Nachdruck angestrebt werden. Die darin liegende »Entlastung« an massiven Abgas- und unerträglichen Lärmemissionen aus dem Luftraum rechtfertigt eine solche Einschränkung auf jeden Fall.
Darüber hinaus müßte ein Verbot sich auch auf die Benutzung privater Reiseflugzeuge beziehen. So angenehm und praktisch sie für Top-Manager des privaten und öffentlichen Lebens sein mögen, angewiesen ist im Ernst niemand auf sie. Und der Komfort einer zwar zunehmenden, aber vergleichsweise doch noch recht kleinen priviligierten Schicht muß von zahllosen einfachen Erdbewohnern mit ernsthaften Beeinträchtigungen ihrer Ruhe erkauft werden. Die kleineren Reiseflugzeuge sind zwar weniger laut als die großen Düsenmaschinen, dafür fliegen sie aber auch langsamer und niedriger, so daß man sie, ähnlich wie die unerträglichen Hubschrauber, ausgiebiger brummen und knattern hören kann. Wenn dieser Entwicklung nicht bald, zu einer Zeit, wo noch kein Volksvergnügen daraus geworden ist, Einhalt geboten wird, so wird es über unseren Köpfen in absehbarer Zeit ähnlich zugehen, wie heute auf den Straßen um uns.
Völlig zu verbieten ist schließlich auch der zukunftsträchtigste Zweig des Flugverkehrs: der Transport von Luftfracht. Mit dem Einsatz größerer und wirtschaftlicherer Maschinen, aber auch bei der rapide steigenden Zahl zwar unmoderner und im Passagierverkehr nicht mehr wettbewerbsfähiger aber noch durchaus flugtüchtiger Einheiten erzielt der Luftfrachtverkehr schon jetzt ungewöhnliche Zuwachsraten. Hier wird es in den nächsten Jahren zu einer ungeheuren Vermehrung der Flüge von Großflugzeugen mit allen ihren unerträglichen Folgewirkungen kommen, wenn nicht rechtzeitig Einhalt geboten wird. Eine wirtschaftliche Notwendigkeit, diese Transportart zuzulassen, besteht – jedenfalls in Europa mit seinem vielfältigen und gut ausgebauten Verkehrsnetz – überhaupt nicht. Politische Gleichgültigkeit oder opportunistisches Nachgeben vor dem Druck einzelner Wirtschaftsgruppen müßten dagegen zu schweren Schäden für die Gesamtbevölkerung führen.
Daß schließlich auch der militärische Flugverkehr sich jede nur ver-

tretbare Einschränkung gefallen lassen muß, solange er nicht für überflüssig angesehen werden kann, versteht sich von selbst.
Im übrigen sollten die technischen Reserven zur Geräuschminderung noch einmal überprüft werden, zum Beispiel darauf, ob sich nicht wesentlich schallärmere Triebwerke herstellen lassen. Ich hege nur geringen Zweifel, daß das möglich ist. Wenn Militärflugzeuge vom Gegner auf Grund ihres Motorenlärms ausgemacht würden statt mit Hilfe von Radarstrahlen, so hätten wir wahrscheinlich längst fast geräuschlos dahinschießende Kampfflugzeuge. Da der Schall sich viel zu langsam fortbewegt, um in diesem Bereich eine Rolle zu spielen, brüllt der Lärm der Triebwerke mit unverminderter Wucht auf uns herab. Hier kann man sich von einem einigermaßen energischen politischen Eingreifen einiges versprechen. Außerdem wäre es eine gemeinsame Aufgabe der Luftverkehrsgesellschaften, bei der Typenentscheidung auf diesen Gesichtspunkt entscheidenden Wert zu legen.
Im übrigen müssen bei allen Flughäfen umgehend vollautomatische Fluglärmkontrollanlagen installiert werden. Erst durch sie wird eine wirksame Überwachung möglich, ob die im Interesse der Lärmminderung vorgeschriebenen Auflagen hinsichtlich des Flugweges, der Flughöhe und der Flugbedingungen eingehalten werden. Solange dies nicht geschehen ist, kümmern die Piloten sich erfahrungsgemäß noch weniger um diese Vorschrift als Kraftfahrer um die der Straßenverkehrsordnung, wenn kein Polizist in der Nähe ist. Eine energische Verfolgung von Verstößen durch die Luftaufsichtsbehörden, deren internationale Sanktionsmöglichkeiten allerdings noch der Verbesserung bedürfen, könnte wesentliche Erleichterungen mit sich bringen.
Ein weiteres Thema sollte überhaupt nicht zu erwähnen sein: das des Überschallflugzeugs mit seiner Knallschleppe über Städten und dem Festland überhaupt. Eine Regierung, die eine solche Entwicklung zuließe, verdiente nicht, am Ruder zu bleiben. Es ist auch kaum vorstellbar, daß diese Frage bei uns ernsthaft zur Debatte stehen wird. Nur kann man sich bei Regierungen manches vorher eigentlich nicht vorstellen, was dann doch passiert. Es wäre deshalb gut und schaffte außerdem für alle Beteiligten klare Verhältnisse, wenn in dieser Frage bald eine eindeutige Erklärung der Bundesregierung abgegeben würde, wie sie zum Beispiel in der Schweiz schon vorliegt.
Im Vergleich zu der überaus bedrohlichen Entwicklung des Verkehrslärms nimmt sich der Industrie- und Gewerbelärm heute wie ein harmloser Störenfried aus. Von der Regel, daß die Betriebe keinen störenden Lärm verursachen, gibt es allerdings einige böse Ausnahmen. Das gilt in den Städten noch weniger von produktionsbedingten Geräuschen als von bestimmten, oft zu frühen Morgenstunden beginnenden Verlade-

arbeiten. Brauereien und Getränkegroßhändler leisten sich da zum Beispiel manches klirrende Konzert. Aber auch reine Transportunternehmen bringen es gelegentlich zu beachtlichen Lärmleistungen. Hier hilft oft nur ein hartnäckiges behördliches Vorgehen mit Auflagen und Zwangsgeldern, für die aber Handhaben gegeben sind. Manche Betriebe können und müssen auch umquartiert werden.

Lärm in der Stadt ist eines der schwierigsten Themen, weil er aus schier unermeßlich vielen Quellen gespeist wird. Zunächst die Hauptursachen auszusondern und sodann mit Geduld und Zähigkeit jeder von ihnen zu Leibe zu rücken, ist aber möglich und unumgänglich. Sonst wird das Leben in den Städten auf die Dauer unerträglich.

Ich wünschte mir, ich könnte die Sorge jener Futuristen[1] teilen, die das Zukunftsproblem nicht in der Schalldämmung sehen, sondern in der Schaffung eines sonoren künstlichen Klimas, da ein Mangel an Geräuschen zu Psychosen führt. Wenn es je soweit kommen sollte, dann lasse ich nicht nur über solche Vorschläge mit mir reden wie die synthetische Erzeugung von Windgeräuschen, Regen im Blätterwerk, Wassergeplätscher und Vogelgezwitscher. Dann setze ich mich auch für die Aufstellung einer großen Knallmaschine auf dem Marktplatz ein. Ich fürchte, bis dahin ist es noch ein weiter Weg.

1 M. Ragon, Wo leben wir morgen? München 1967, S. 177

III. Die Arten der Stadtbenutzung als Gegenstand der Stadtpolitik

Eine Reihe anderer Aspekte der Stadtentwicklung ist nicht wie die vorhergehenden als Krisen auslösend zu betrachten. Sie geben aber gleichwohl Anlaß zu einigen kritischen Bemerkungen. Ausgehend von den Anforderungen, die an die Benutzung der Stadt zu stellen sind, werden die Problembereiche Wohnen, Arbeit und Ausbildung, Industrie und Gewerbe, Versorgung und Freizeit behandelt. Die damit bewußt in Kauf genommene Vereinfachung der wesentlichen Phänomene und Zusammenhänge halte ich im vorliegenden Zusammenhang für vertretbar. Dabei sei von vornherein dem Mißverständnis vorgebeugt, als ob alle jene hier in der Aufzählung so säuberlich voneinander getrennten und nebeneinander gestellten Funktionen auch im wirklichen Leben der Städte gleichermaßen unabhängig voneinander verliefen oder zu planen wären. Insbesondere soll damit nicht einer räumlichen Entflechtung der einzelnen Nutzungen das Wort geredet werden. Soweit sie sich miteinander vertragen, entspricht eine durch Mischung zustandegekommene Multifunktionalität vielmehr eher den Zielen künftiger Stadtentwicklung.
Auch bei diesen nicht krisenhaften Problembereichen handelt es sich allerdings vielfach um noch ungelöste Aufgaben. Sie zu formulieren und plausibel zu machen sowie die mir sichtbaren Lösungsansätze zu zeigen, ist das Ziel der nächsten fünf Kapitel.

6. Kapitel
Wohnen

Die Wohnung ist das Zuhause. Sie ist das persönliche, private Stück Welt, das uns ganz gehört. Hier möchten wir für uns sein, geschützt und geborgen vor den anderen, uns zugleich frei entfalten und nach Belieben andere einlassen können. Die Wohnung ist unser wichtigster Lebensraum, der einzige, der ganz auf uns bezogen ist: er muß in seinen vielfältigen technischen Abläufen funktionieren und unseren mannigfachen wechselnden Anforderungen, auch den stimmungsbeeinflussenden, genügen.
Wechselnd in den einzelnen Lebensphasen und unterschiedlich je nach

Beruf, Temperament und vielerlei Umständen verbringen wir einen großen, in der Regel den größeren Teil unseres Lebens in der eigenen Wohnung. Das gilt selbst dann, wenn jene Theorie stimmen sollte, nach der die Gesamtzeit, die die Familie in der abgeschlossenen Welt der Wohnung verbringt, sich nicht vergrößern, sondern bedeutend verringern wird[1]. Zwar mag es zutreffen, daß der einzelne künftig mehr Zeit in Bibliotheken, Klubs, Sportstätten, Abendschulen und an anderen öffentlichen Plätzen verbringt. Es gibt auch offensichtlich gegenläufige Entwicklungen, die die Lebensmöglichkeiten innerhalb der Wohnung wesentlich erweitern, wie Radio und Fernsehen, und die das künftig noch mehr tun werden. Wie dem auch sei, als das Stück eigener Welt behält die Wohnung auf jeden Fall ihre zentrale Bedeutung für jeden einzelnen wie für jede Familie. Sie wirkt unmittelbar auf unser Wohlbefinden, auf unser Einverständnis mit dem Leben, unsere Leistungsfähigkeit und unsere Gesundheit ein – positiv, wenn sie »gut«, negativ, wenn sie »schlecht« ist.

Die Qualität menschlicher Wohnungen, der Standard des Wohnens sind auch in der Gegenwart außerordentlich unterschiedlich. Das gilt natürlich vor allem für die unterentwickelten Länder im Vergleich zu den Industrienationen. Aber auch innerhalb der letzteren reicht die Spannweite von luxuriösen, mit jedem nur denkbaren und machbaren Komfort ausgestatteten Häusern bis zu elenden, stallähnlichen Behausungen, die nicht einmal den nötigen Witterungsschutz bieten. In der Bundesrepublik sind beide genannten Extremfälle Ausnahmen. Die Masse der Wohnungen wird man, an unseren heutigen Anforderungen und am Stande unserer Produktionskraft gemessen, wohl in die Kategorien brauchbar und gut brauchbar einordnen. Indessen rundet auch bei uns eine breitere Schicht eindeutig unzulänglicher Wohnungen einerseits und eine andere wirklich guter Wohnungen andererseits das Spektrum ab. Man kann es auch etwas genauer in Zahlen fassen: von den etwa 20 Millionen Wohnungen im Bundesgebiet sind 3 Millionen abbruchreif und 7,5 Millionen renovierungsbedürftig. Andererseits haben schon zwei Drittel aller Wohnungen ein eigenes Bad und 87 % eine eigene Toilette. Noch 13 Millionen Wohnungen werden mit Einzelöfen beheizt. Das sind ein paar willkürlich herausgegriffene Zahlen, die doch ganz aufschlußreich sind. Die Ansprüche der Bewohner weichen zudem erheblich voneinander ab. Frühere Lebensumstände, soziale Herkunft, Gewöhnung und ein sehr unterschiedliches Wohnwertempfinden führen dazu, daß die gleiche Wohnung dem einen unerträg-

1 O. A. Schwidkowski, Probleme der Stadtentwicklung und der regionalen Planung in der UdSSR, in Archiv für Kommunalwissenschaften, 1967, S. 232

lich erscheint, während ein anderer wenig an ihr auszusetzen findet. Den Blick auf die Zukunft gerichtet, haben wir allerdings mit einer Nivellierung der Anforderungen nach oben und einem allgemeinen Ansteigen des als normal geltenden Wohnungsstandards zu rechnen, so daß unser heutiger Bestand vielleicht schon sehr rasch als hoffnungslos überaltert und unzulänglich bewertet werden wird. Diese steigenden Ansprüche sind berechtigt – wenn man einmal von der Frage absieht, wieweit steigende Ansprüche der Industrienationen im Konsumbereich angesichts des Elends in weiten Teilen der Welt überhaupt »berechtigt« sind. Nur: innerhalb unserer Gesellschaft hier und heute ist es einfach nicht in Ordnung und nicht hinzunehmen, daß Menschen in Wohnungen leben, in denen die Feuchtigkeit an der Wand herunterläuft, daß die Benutzung einer Toilette durch mehrere Familien zu Streit und Auseinandersetzungen führt. Es geht nicht an, daß das Wasser für den Haushalt als braune, riechende Flüssigkeit aus einer Handpumpe kommt. Es ist auch nicht einzusehen, daß Millionen von Hausfrauen ihre Kohlen aus dem Keller heraufschleppen, einzelne Öfen beheizen und mit wehenden Aschenkästen durch Wohnzimmer, Flur und Treppenhaus zur Mülltonne traben müssen. Es muß aufhören, daß ungezählte Menschen durch den Lärm von der Straße und von ihren Nachbarn, durch Fußtrampeln von oben, Kindergebrüll von rechts, Fernsehdröhnen von links und Klaviergeklimper von unten halb um den Verstand gebracht werden. Es ist nicht mehr hinzunehmen, daß alte Menschen in Etagenwohnungen ohne Aufzug wohnen. Solche Beispiele unzulänglicher Wohnverhältnisse ließen sich vermehren. Diese und viele weitere Beeinträchtigungen, die vom gesunden, im Vollbesitz seiner Kräfte stehenden Menschen noch ertragen werden, treffen Alte und Kranke, die dem allen noch wehrloser ausgesetzt sind, doppelt und dreifach.
Dazu kommen andere Quellen der Irritation, des Ärgers, der Quälerei. Verfehlte Wohnungsgrundrisse, die zu endlosen Wegen im Haushalt, zu unnötigen Störungen der einzelnen Familienmitglieder untereinander führen; klemmende Türen, knarrende Fußböden und die vielen Einwirkungen von außen: die Garage im Innenhof, auf der von früh bis spät Autos starten und ankommen, der Nachbar gegenüber, der einem aus Neugierde immer in die Fenster starrt, sobald man die Vorhänge aufzieht, die schreienden Kinder auf der Straße, die öden Häuserfronten auf der anderen Seite, die man so gut kennt, daß einen der Überdruß packt. So und in ungezählten Variationen stellt sich der Wohnungsalltag für viele, für viel zu viele Miethausbewohner dar. Wer im Einzelhaus wohnt, hat es in der Regel besser. Aber auch dort fehlt es nicht an Beeinträchtigungen, zum Teil ganz anderer Art, die ertragen und erlitten sein wollen.

Damit soll nicht gesagt sein, daß alle Menschen von den Unzulänglichkeiten des Wohnungs- und Städtebaus in gleicher Weise betroffen sind. Viele sind, zumindest zur Zeit noch, ganz zufrieden. Indessen liegen die zahllosen Unzulänglichkeiten heutiger Wohnbedingungen offen zutage, werden von vielen Menschen auch schon bewußt als – zum Teil unerträgliche – Mängel und Belastungen empfunden. Dies alles zwingt dazu, eine weitgehende Umgestaltung unseres gesamten Wohnungsbestandes in den nächsten Jahrzehnten ins Auge zu fassen.
Das Ziel ist hoch gegriffen; sicher ist es schwieriger zu erreichen als eine Mondlandung. Die Amerikaner jedenfalls haben vorläufig nur diese geschafft. Das Wohnungsproblem kann hier nicht in seinem ganzen Umfang abgehandelt werden. Ein Teil der Fragen gehört unmittelbar zu den Aufgaben der Architekten: Grundriß, bauliche Gestaltung, technische Durcharbeitung. Wenn die Problematik sich darin erschöpfte, so könnte man die damit zusammenhängenden Fragen hier auf sich beruhen lassen. Aber so wesentlich der Beitrag der Architekten ist, der städtebaulich, rechtlich, soziologisch und wirtschaftlich vorgegebene Rahmen, in dem sie arbeiten müssen, hat einen überaus bedeutenden und oft gewalttätig beherrschenden Einfluß auf unsere Wohnbedingungen. Gute Wohnmöglichkeiten zu schaffen, ist eine der zentralen politischen Aufgaben, die unser aller Leben in Gegenwart und Zukunft tief beeinflussen. Der Verantwortung dafür dürfen sich die nicht entziehen, die sich zu einer Gestaltungsverantwortung für die Gesellschaft als Ganzes und für unsere Städte im besonderen bekennen.
So soll hier nicht auf die architektonischen Gesichtspunkte im engeren Sinne, insbesondere die der Raumdimensionierung und Grundrißgestaltung, eingegangen werden, die für eine gute Wohnung von Bedeutung sind. Für eine kluge und detaillierte Behandlung dieses Themas sei auf das einschlägige Kapitel in Bahrdts »Humaner Städtebau« verwiesen. Hier sind vielmehr jene Bedingungen zu erörtern, die der Arbeit des Architekten politisch vorgegeben sind.
In besonders starkem Maß »politisch bedingt«, das heißt hier: von persönlichen und gesellschaftlichen Wertvorstellungen geprägt, ist die Wohnform. Wahrscheinlich möchten die meisten Familien in einem Einfamilienhaus leben. Das Einzelhaus erfüllt die Schutzfunktion besonders gut. Man ist von fremden Menschen unabhängig, lebt privat, kann tun und lassen, was man will. Der nicht bei allen, aber doch bei vielen Menschen starke Wunsch nach einer engen Verbindung mit der Natur kann im eigenen Garten, direkt am Haus, seine Betätigung und Erfüllung finden. Solange Kinder zur Familie gehören, haben sie einen idealen Auslauf. Der Gestaltungstrieb kann sich in vielerlei Liebhabereien in Haus und Garten mit Basteln und Werken entfalten.

Und: man spart und bildet Eigentum, für sich selbst, für das Alter oder schlechte Tage, für die Kinder. Denn Einfamilienhaus ist bei uns ja fast gleichbedeutend mit Eigenheim. Das braucht nicht so zu sein und sollte auch nicht ausschließlich so bleiben. Aber vorläufig ist es so, und im Erwerbs-, im Aneignungs- und Besitztrieb steckt sicher eine der mächtigen Wurzeln der großen Eigenheimwelle, die seit Jahrzehnten, vor allem in den letzten zwanzig Jahren unter massiver staatlicher Förderung, über unser Land hinweggegangen ist.

Das Wohnen im Einzelhaus hat auch Nachteile. Die Grundstücke liegen oft weit vom Zentrum entfernt am Stadtrand oder sogar in den umliegenden Dörfern, und zwar um so weiter, je billiger sie waren. Der Berufsweg ist lang und oft nur mit dem Auto zurückzulegen. Einzelne Familienmitglieder sind vielfach auf unzulängliche öffentliche Verkehrsverbindungen angewiesen. Der Kontakt zum Leben der Stadt reißt ab. Die Hausfrau entbehrt die Teilnahme am städtischen Leben, die reicheren Einkaufsmöglichkeiten, die leichte Zugänglichkeit zu Veranstaltungen, zu Bekannten und Verwandten. Selbst da, wo der Zweitwagen zur Verfügung steht, wird die Fahrt in die Stadt oft als lästig empfunden. Unzufriedenheit mit der abseitigen und isolierten Lage stellt sich ein. Das alles braucht nicht so zu sein. Es gibt viele Gegenbeispiele. Aber sehr oft ist es so.

Oft kommt noch etwas anderes hinzu. Der Erwerb des Grundstücks, der Bau des Hauses gehen im Grunde über die wirtschaftliche Leistungsfähigkeit der Familie hinaus. Es bleibt kein finanzieller Spielraum für die Befriedigung anderer Interessen und Neigungen. Unter Umständen muß sogar an der Ausbildung der Kinder gespart werden.

Neben die finanzielle tritt die arbeitsmäßige Belastung. Der Rasen will geschnitten, das Unkraut im Garten gejätet sein. Je größer das Haus und je größer das Grundstück sind, um so höher ist der für die Instandhaltung notwendige zeitliche Aufwand. Auch dadurch kann es zur Verdrängung, zur Verkümmerung anderer Interessen und Aktivitäten kommen. Man lebt für sein Haus. Daß der Drang zum Einfamilienhaus trotzdem unvermindert groß ist, hat seine Ursache vor allem darin, daß seine Vorteile, gemessen an den Bedürfnissen vieler Familien, größer sind als die Nachteile, die man in Kauf zu nehmen bereit ist. Allerdings, und hier liegt ein weiterer Grund, werden auch die Nachteile und Belastungen oft nicht rechtzeitig erkannt und mit ihrem vollen Gewicht bei der Entscheidung berücksichtigt. Bau- und Unterhaltungskosten werden zu niedrig geschätzt – weil man ja gerne bauen möchte. Die konkrete Vorstellung, unter welchen Bedingungen der Tagesablauf der einzelnen Familienmitglieder steht und wie mühsam er sich gestalten kann, fehlt. Hat man sich aber erst einmal auf den Bau eingelassen, wohnt man im neuen Haus, so ist der Weg zurück sehr schwer und oft wirtschaftlich unmöglich.

Dies soll kein Plädoyer gegen Einfamilienhäuser sein. Für viele Menschen ist es nach ihrer Veranlagung, nach den Umständen eines bestimmten Lebensabschnittes, also etwa im Stadium der Kleinkinderfamilie, die relativ beste Wohnform – zumindest solange die Alternativen so schlecht sind wie heute. Da es aber Aufgabe jeder öffentlichen Wohnungspolitik sein muß, allen verschiedenartigen Bedürfnissen in möglichst guter Weise gerecht zu werden, für alle Wohnbedürfnisse ein vielfältiges Angebot unterschiedlicher Wohnformen anzubieten, müssen offensichtlich auch weiterhin Einzelhäuser gebaut und angeboten werden. Ob das überhaupt möglich ist, das wird allerdings von der Städtebaukritik der letzten Jahre mehr oder weniger stark in Zweifel gezogen. Man verweist auf die fast endlos ins Land hinaus wachsenden Felder von Einfamilienhäusern im Umland der großen Städte. Die damit verbundene Landzerstörung wird ebenso negativ beurteilt, wie es die skizzierten negativen soziologischen Folgen für ein ausgeglichenes und reiches Familienleben werden. Die Verkehrsprobleme der dünnen, großräumigen Flächensiedlungen, die fast nur durch das Auto zu lösen sind, führen in den Stadtzentren zu scheußlichen Schwierigkeiten. Die Stadt selbst wird ausgehöhlt; sie verliert mit dem allabendlichen Rückzug der Bürger in ihre Vorstadteigenheime den lebendigen und vielfältigen Lebenszusammenhang, der für uns alle mit der Vorstellung »Stadt« so wesentlich verbunden ist. Das dichte Netz der mannigfachen Aktivitäten zerreißt, das sterile Gehäuse funktionsloser Stadtkerne vertreibt auch die Unentwegten.

Ein weiterer Ansatz der Kritik liegt im sozialen Bereich. Gerade jene Familien, so wird argumentiert, die wegen ihrer Kinderzahl in erster Linie auf ein eigenes Haus angewiesen seien, könnten es am wenigsten finanzieren. Die vielerlei direkten und mittelbaren staatlichen Hilfen für den Eigenheimbau kämen mehr solchen Bevölkerungskreisen zugute, die darauf nicht in erster Linie angewiesen seien. Überhaupt ist die staatliche Subventionierung der Eigenheime, wie sie bei uns in der Nachkriegszeit entwickelt worden ist, Gegenstand heftiger und vielfach radikaler Angriffe aus städtebaulichen, gesellschaftspolitischen und sozialen Gründen. So wird zum Beispiel formuliert: »Die mißbrauchte Freiheit aber, Grund und Boden, wo immer auch in Beschlag zu nehmen, für sich zu reservieren, um auf Kosten der Allgemeinheit für sich zu bauen, kann gar nicht deutlich genug als asoziale Handlung herausgestrichen werden.«[1] Und im gleichen Manifest:

1 Domenig/Huth, Propositionen in Bauen und Wohnen 1967, S. 484

»Einzelhausbebauung ist radikal verboten.« Mit weniger politischem Pathos, aber bemerkenswerter prognostischer Bestimmtheit heißt es an anderer Stelle, das Einfamilienhaus sei »schon heute fragwürdig geworden. Morgen wird es ein Anachronismus sein, außer für einige Privilegierte, so wie es heute noch einige Sonderlinge gibt, die ein Schloß bewohnen«[1]. Weitere Stimmen, die namentlich die negativen städtebaulichen Folgen der Einzelhausbebauung anprangern, finden sich in beliebiger Fülle in zahlreichen einschlägigen Texten.

Nun könnte es ja in der Tat sein, daß die gesellschaftlichen oder die städtebaulichen Bedingungen der Zukunft ein Leben in Einzelhäusern, zumindest in herkömmlicher Art, ausschließen. Der Nachweis dafür ist aber bisher noch nicht erbracht worden, und es ist auch nicht damit zu rechnen, daß er erbracht werden wird.

Sicher verschlingen konventionelle Einzelhäuser sehr viel Platz, ganz gleich ob die zugehörigen Grundstücke nun 150 oder 3000 qm groß sind. Aber selbst in der dicht besiedelten Bundesrepublik könnte die gesamte Bevölkerung auf 1000-qm-Einzelgrundstücken untergebracht werden, ohne daß dafür mehr Fläche gebraucht würde als sie etwa das Land Hessen umfaßt. Diese Rechnung mit ihrer utopisch-extensiven Annahme hat keinerlei praktische Bedeutung, sie soll nur eine Vorstellung von den Größenordnungen vermitteln, mit denen wir es hier zu tun haben. Sicher ist es richtig, daß zum Beispiel in der Bundesrepublik jährlich zur Zeit rund 500 bis 600 qkm land- und forstwirtschaftlich genutzter Fläche für Siedlungs- und Verkehrszwecke bebaut werden. Das entspricht, wie einleitend gesagt wurde, der Fläche der beiden Städte München und Köln zusammen. Und sicher ließe sich der Umfang der Überbauung begrenzen, wenn der Bau von Einfamilienhäusern zugunsten dichterer Bebauungsformen eingeschränkt oder gar aufgegeben würde. Aber niemand kann ernsthaft bestreiten, daß der notwendige Raum für Einzelhausbebauung auch größeren Umfangs bei uns noch zur Verfügung steht – ohne daß ausgedehnte zusammenhängende Erholungsgebiete oder eine leistungsfähige Landwirtschaft in Gefahr geraten. Vor allem ist zu beachten, daß der Landverbrauch keineswegs nur durch die Einzelbebauung bedingt ist, sondern viele andere Ursachen hat. Am wirksamsten kann ihm durch eine intensivere Planung, durch eine Forcierung der »inneren Stadterweiterung« und durch horizontal geschichtete Mehrfachnutzungen im Rahmen des technischen Städtebaus begegnet werden. Davon wird noch die Rede sein.

Die ernsthaften Einwände beziehen sich denn auch mehr auf die Stadtform insgesamt und auf die Lebensweise der Menschen in den Einfami-

1 M. Ragon, Wo leben wir morgen? München 1967, S. 27

lienhäusern. Was die letztere angeht, so sollten Städteplaner, Politiker, Ratsherren, Architekten und Zeitkritiker aller Art wohl zunächst einmal den Standpunkt einnehmen, daß es jedem einzelnen überlassen bleiben soll, wie er sich sein Leben einrichten, in welcher Umgebung er es verbringen, in welcher Art von Haus oder Wohnung er zu Hause sein will. Das schließt nicht aus, durch intensive Aufklärung, durch vielfältige und exakte Information auch die Nachteile des Lebens in einem Einfamilienhaus darzustellen, damit später Enttäuschungen vermieden werden. Das schließt auch nicht aus, daß dem der Weg zu einer anderen Wohnform erleichtert und schmackhaft gemacht wird, der sein Einfamilienhaus leid geworden oder in einer neuen Lebensphase aus ihm »herausgewachsen« ist. Aber es schließt aus, gegen den Gedanken des Einfamilienhauses oder des Eigenheimes grundsätzlich zu Felde zu ziehen und die Existenzberechtigung dieser für viele Menschen optimalen Wohnform zu bestreiten. Eine andere Frage ist es, ob der Eigenheimbau aus öffentlichen Mitteln weiterhin im gleichen Umfang gefördert werden sollte, wie das in den letzten beiden Jahrzehnten in der Bundesrepublik geschehen ist. Hier wird man einen Abbau der Förderungsmaßnahmen wohl in dem Maß befürworten müssen, als die Finanzierung wichtiger öffentlicher Aufgaben darunter leidet. Der Entschluß hierzu wird im übrigen mit steigenden privaten Masseneinkommen auf längere Sicht auch leichter werden. Je weniger die freie Wahl zwischen Wohnung und Haus durch die ökonomische Lage der einzelnen Familie zwangsläufig zugunsten der Mietwohnung vorentschieden ist, um so weniger bedarf es einer öffentlichen Förderung des Einzelhausbaus.

Geht man davon aus, daß das Wohnen im Einzelhaus künftig grundsätzlich jedermann ebenso zugänglich sein sollte wie jede andere Wohnform, daß die räumlichen, die wirtschaftlichen und die rechtlichen Voraussetzungen dafür gegeben sind, so bleibt das große Problem bestehen, wie diese Wohnform städtebaulich zu bewältigen ist. Bisher ist das nur unzulänglich gelungen. In der weiten Erstreckung in die Fläche mit hohem Erschließungsaufwand, dünnem öffentlichen Nahverkehr und dem Verlust an städtischer Atmosphäre und Substanz liegt eine Herausforderung, der man nicht durch die Ablehnung des Einfamilienhauses, sondern durch möglichst überzeugende Lösungen für das Einfamilienhaus begegnen muß.

Ein erster wirksamer Beitrag dazu ist in der Entwicklung anderer Wohnformen zu sehen. Heute wollen nur deshalb so viele Menschen im eigenen Haus wohnen, weil das Angebot an Miet- und Eigentumswohnungen vielfach von schlechter Qualität ist. Bietet man hochwertige andere Wohnmöglichkeiten an, so verringert sich die Zahl derer, die ein

Einzelhaus vorziehen. Jede mengenmäßige Verringerung der Einzelhausanhänger macht gute städtebauliche Lösungen für die verbleibenden aber leichter. Die Entwicklung guter kollektiver Wohnformen, von denen noch die Rede sein wird, ist also die erste Voraussetzung für gute Einzelhausbebauungen.

Allerdings muß die Entscheidungsfreiheit zugunsten einer Stadtwohnung auch für diejenigen sichergestellt sein, die schon in einem Einzelhaus leben. Wer seine frühere Wahl für das Haus als Irrtum erkennt oder wer merkt, daß seine Bedürfnisse und Wünsche sich geändert und vom eigenen Haus abgekehrt haben, muß es ohne wirtschaftlichen Verlust aufgeben können. Das wird in der Regel dann ohne Schwierigkeiten möglich sein, wenn das Haus nur zur Miete bewohnt wird. Ein stärkeres Engagement unserer mannigfachen Wohnungsbauunternehmen im Bau von Einfamilienhäusern wäre unter diesem Gesichtspunkt sehr zu begrüßen. Hierfür dürfte es trotz der in der Eigentumsbildung liegenden Anreize eine gewisse Nachfrage geben, die bisher allerdings kaum Gelegenheit hatte, sich zu entwickeln. Im übrigen sind alle jene Hemmnisse abzubauen, die Kaufgeschäfte über einzelne Häuser erschweren, wie etwa die siebenprozentige Grunderwerbssteuer oder einzelne Vorschriften des Heimstättengesetzes. Im ganzen muß man hier allerdings geduldig darauf hinwirken, daß das Verhältnis zum Eigenheim sich ändert, daß es nicht mehr als »unveräußerliches Gut«, sondern nüchterner als eine schätzenwerte, aber doch durchaus handelbare Behausung betrachtet wird. Der Zwang zur steigenden Mobilität mag hierzu das seine beitragen. In den USA ist das längst zu beobachten. Dort werden Eigenheime sogar mit vollem Mobiliar verkauft.

Eine weitere Voraussetzung für gute Einzelhaus-Stadtteile liegt in der heute schon durchweg zu beobachtenden Verkleinerung der Grundstücke und der damit einhergehenden Verdichtung der Wohngebiete. Teppichartige Siedlungen, deren einzelne Häuser um atriumähnliche Gartenhöfe gewinkelt sind, verbinden Enge mit Privatheit. Es entstehen Lösungen, die ökonomischer und zugleich reizvoller sind als die Herden spitzgiebliger Omahäuschen mit 5 m Bauwich rechts und 5 m Bauwich links, die das Bild unserer Vorortsiedlungen heute noch beherrschen. Dabei ist nicht jede »dichtere« Siedlungsform auch die bessere. Vorbehalte scheinen mir besonders gegenüber den meisten, wenn nicht allen Varianten von Reihenhäusern angebracht zu sein, bei denen viele Nachteile kollektiven Wohnens mit vielen Nachteilen der Einzelhausform eine unglückliche Verbindung eingehen.

Ein anderer heute vielfach beschrittener Weg ist die Anlage von Siedlungsgebieten, in denen mittlere oder sogar höhere Wohnblocks in die

Einfamilienhausfelder hineingesetzt werden. So sollen nicht nur Abwechslung, bessere Orientierungsmöglichkeit und soziale Mischung, sondern es soll auch eine höhere und damit für den Stadtteil rentablere Wohndichte erzielt werden. Die auf diese Weise entstehenden Siedlungen tragen in der Tat einen städtisch-gebauten, nicht einen naturhaften Charakter. Für viele Menschen ist das sicher eine nicht nur annehmbare, sondern sogar glückliche Lösung. Voraussetzung ist allerdings, daß die Wohngärten oder -höfe der Einzelhäuser nicht von den höheren Gebäuden aus einzusehen sind.
Für jene Menschen dagegen, denen die enge Nähe zur Natur wichtiger ist, die am liebsten in der Natur allein sein möchten, ist die Einbettung ihres Hauses in umgebendes Grün entscheidend. Sie möchten nicht nur von konkreten Beeinträchtigungen des Privatbereichs durch Einblickmöglichkeiten geschützt sein, sondern auch gefühlsmäßig in die Natur eintauchen, um die Stadt ganz hinter sich zu lassen. So sind viele unserer älteren, »wohlhabenderen« Einfamilienhausgebiete entstanden. Ihre Einwohner wehren sich heute leidenschaftlich gegen Verdichtungen durch Hochhäuser, weil sie den »Charakter« ihres Stadtteils erhalten möchten. Engagierte Urbanisten mögen gegen eine solche in der Tat wesentlich antistädtische Grundhaltung polemisieren. Ich meine, daß man auch eine solche persönliche Einstellung respektieren und Menschen, die von ihr geprägt sind, entsprechende Wohnmöglichkeiten zugestehen und anbieten muß. Das gilt nicht nur für die Erhaltung alter, sondern auch für die Schaffung neuer »naturistischer« Einfamilienhaussiedlungen.
Wie auch immer die Einzelhausbereiche im einzelnen geplant und gebaut werden, ihre städtebaulichen Nachteile lassen sich nicht aufheben, sondern nur mildern. Die Bedienung durch den öffentlichen Nahverkehr wird in übersehbaren Zeiträumen immer weniger befriedigen. Öffentliche Einrichtungen, die eine gewisse Mindestbenutzerzahl voraussetzen, wie Schwimmbäder, Büchereien, Freizeitheime werden in der Regel weiter von der Wohnung entfernt liegen. Das nahgelegene Einkaufszentrum wird wegen seiner geringen Kundenzahlen keine oder nur wenige miteinander konkurrierende Geschäfte enthalten und nur eine geringere Auswahl und Vielfalt an Waren anbieten können. Ja, selbst Kindergärten und öffentliche Spielplätze, die ja trotz der Hausgärten gebraucht werden, sind hier schwerer zu erreichen und möglicherweise kleiner und weniger reichhaltig ausgestattet. Das öffentliche Angebot der Stadt, dessen eigentliches Kennzeichen reiche Mannigfaltigkeit ist, das aber eben auch Dichte und Vielfalt der Bevölkerung voraussetzt, kann sich nun einmal in der verdünnten Atmosphäre von Einfamilienhaussiedlungen nur unvollkommen ausbilden.

Daher bleibt immer wieder zu prüfen, ob nicht verdichtete, innerstädtische Wohnformen angeboten werden können, die das Bedürfnis nach individueller Privatheit in ähnlicher Weise befriedigen wie das Einfamilienhaus, ohne daß die Nachteile, die mit dieser Siedlungsform in der Regel verbunden sind, in Kauf genommen zu werden brauchten. Solche Möglichkeiten gibt es in der Tat. Nur werden sie bisher leider in viel zu geringem Maße ausgenutzt. Das gilt zum Beispiel für das »Haus auf dem Dach«, das Penthaus. Wer von einem Hochhaus, einem Turm oder einer Burg auf die Dächer einer unserer Städte blickt, hat meist eine endlose Folge abgeschrägter roter, grauer, schwarzer Dachflächen vor Augen, die sich schmutzig und abweisend dem Himmel zukehren. Dachgauben, Glasziegel, Schornsteine, Fernsehantennen, hier und da ein altersschwacher Blitzableiter sind das ärmliche und meist nicht einmal malerische Mobiliar unserer bebauten Stadtoberfläche. Wo modernere Häuser flache Dächer haben, sind sie mit einer isolierenden Kiesschicht bestreut, für keine Nutzung vorgesehen und zugelassen.
Warum setzen wir nicht überall Einfamilienhäuser auf die Dächer der großen Stadtgebäude? Die Vorteile liegen auf der Hand: Vorzüge des Wohnens im ebenerdigen Einzelhaus würden mit Vorzügen innerstädtischen Wohnens verbunden, die Nachteile beider Wohnformen so gering wie möglich gehalten. Es würden bedeutende Flächenreserven für den Einzelhausbau erschlossen, ohne daß zusätzliches Bauland in Anspruch genommen werden müßte. Die Innenstädte bekämen neue Bewohner, die sie mit Leben erfüllten. Die öffentlichen Dienst- und Versorgungsleistungen könnten wirtschaftlicher ausgenutzt werden; neue Erschließungskosten fielen nicht an.
Die Einwendungen gegen eine solche Bauform, soweit sie mir überhaupt begegnet sind, haben mich nicht überzeugt. Da wird einmal die »schlechte Luft« in den Städten, werden die Abgase aus den tausend Kaminen ins Feld geführt. Daran ist richtig, daß die Luftverschmutzung eines unserer schlimmsten Probleme ist – aber doch nicht nur für Penthäuser, sondern für alle innerstädtischen Wohnungen überhaupt. Die Dringlichkeit dieses Problems ist inzwischen erkannt. In Kapitel 4 war davon ausführlich die Rede. Ich bin so optimistisch, an eine stetige Minderung der Luftverschmutzung zu glauben, die jedenfalls kein Penthaus-Problem, sondern ein Stadtproblem ist.
Dann wird darauf hingewiesen, daß Penthäuser sich nicht für Familien mit Kindern eigneten. Daran ist einiges richtig. In Stadtteilen, wo es ganz an guten Spielmöglichkeiten für Kinder fehlt, kann der am (Pent-) Haus gelegene Dachgarten kein ausreichender Ersatz sein. Aber in vielen Städten gibt es schon (oder noch) Parks und vielfältige Spiel- und Sportanlagen auch im Kernbereich, die, wenn sie leicht zugänglich

sind, für einen engeren Einzugsbereich die wichtigsten Bedürfnisse der Kinder befriedigen können. Für kleinere Kinder, die man nicht ohne Aufsicht und auch Hilfe (zum Beispiel bei der Bedienung des Aufzugs) in der Stadt herumlaufen lassen darf, ist der auf dem Dachgarten gelegene Spielbereich als einzige Bewegungsmöglichkeit im Freien unzulänglich, wie jeder Verzicht auf »Natur« für Kinder aller Altersstufen ein Verlust ist.

Aber schon beginnend mit der ersten Flöten- oder Klavierstunde und sich von Jahr zu Jahr steigernd stehen auf der Gegenseite der Rechnung alle jene Bedürfnisse der heranwachsenden Kinder, denen die innerstädtische Wohnung am ehesten gerecht wird. Für den Besuch von Jugendklubs oder Sportvereinen, für die Teilnahme an kulturellen und unterhaltenden Veranstaltungen welcher Art auch immer, zum Besuch von gleichaltrigen Freunden und für gemeinsame Unternehmungen mit ihnen sind Kinder, die nicht im Stadtinneren wohnen, in sehr vielen Fällen entweder auf chauffierende Eltern oder auf öffentliche Verkehrsmittel angewiesen. Das Fahrrad kommt für die Fahrt aus dem Wohnvorort in das Stadtinnere und innerhalb der Innenstadt einmal wegen der Entfernung, sodann – vorläufig wenigstens – wegen der immer noch steigenden Verkehrsgefahren kaum in Betracht. Bahnen oder Busse verkehren in den Vororten meist nicht genügend dicht. Die Eltern haben zu Chauffeurdiensten auch nicht immer Zeit oder Lust. Außerdem liegt der Zweitwagen für die meisten Familien noch in einiger Ferne – vor allem, wenn sie gerade ein Haus abbezahlen müssen. Solche, hier nur in Stichworten wiedergegebenen Überlegungen lassen es als sehr wohl bedenkenswert erscheinen, ob die Nachteile des Wohnens in der Stadt für Kinder durch die für ihre Entwicklung so wichtigen Standortvorteile, jedenfalls von einem gewissen Alter an, nicht doch aufgewogen werden können. Die Entscheidung kann nur zwischen konkreten Alternativen von jeder Familie für sich im Einzelfall getroffen werden. Aber wenn die Nachteile des innerstädtischen Standorts so drastisch »gemindert« werden können wie im Haus auf dem Dach, dann mag die Entscheidung auch von Familien mit Kindern jedenfalls noch sehr viel leichter für das Penthaus als für eine andere Innenstadtwohnung fallen. Im übrigen sei bei aller Beachtung, die Kinder verdienen, immer wieder daran erinnert, daß es eben daneben viele Familien ohne Kinder und viele allein lebende Menschen gibt, die vielleicht auch lieber in einem Einzelhaus mit einem Dachgarten leben möchten als in einer Wohnung.

Schließlich gelten Penthäuser als unerschwinglich teuer und unwirtschaftlich. Ich kann mir diesen Ruf nur mit den hohen Mieten erklären, die man für sie zum Beispiel in New York bezahlen muß. Dort bestimmt aber der viel zu enge Markt den Preis einer Wohnform, die als exklusiver Luxus gilt. Die eigentlichen Bau- und Baunebenkosten können in unseren Städten völlig aus dem Rahmen von Einfamilienhäusern fallende Preise kaum bedingen. Selbst angenommen, daß anteilige Gemeinkosten und zusätzliche Konstruktionskosten für den »Unterbau« eines solchen Bauplatzes auf dem Dach höher sind als die Ersparnisse am nur anteilig mitzubezahlenden, teureren Grundstück und an Erschließungskosten, so bliebe der Nachweis der Unwirtschaftlichkeit doch erst noch zu führen. In einer volkswirtschaftlichen Gesamtrechnung müßte das Ergebnis gegenüber dem ebenerdigen Einfamilienhaus jedenfalls dann günstiger sein, wenn man auf der Plus-Seite auch jene nur willkürlich bezifferbaren Werte einsetzt, wie sie im Eindämmen der Landzersiedlung, in der Erhaltung stadtnaher Erholungsflächen und einer Belebung der Innenstädte mit neuen Bewohnern liegen. So erscheint es keineswegs als abwegig, drängt sich vielmehr auf, etwa wirklich unvermeidbare und zur Unwirtschaftlichkeit führende Mehrkosten des Penthausbaus durch besondere Steuererleichterungen auszugleichen.

Alles in allem dürfte im Penthausbau eine der beiden größten städtebaulichen Reserven liegen — die andere ist der Hochhausbau —, die uns im Rahmen konventioneller Bauformen noch zur Verfügung stehen. Diese Reserve sollte so rasch wie möglich ausgeschöpft werden. Natürlich stehen der Verwirklichung »in einem Zuge« viele Schwierigkeiten entgegen, die sich nicht von einem Tag zum anderen beseitigen lassen. Die Konstruktion der bestehenden Gebäude läßt einen solchen Um- und Ausbau meist nicht zu. Hemmende baupolizeiliche Vorschriften könnten dagegen rasch geändert werden. Ebenso lassen sich die eigentumsrechtlichen und finanzierungsmäßigen Probleme ohne weiteres lösen. Nur die alte Bausubstanz bleibt noch auf lange Zeit bestimmend, und das heißt hier eben hemmend.

Um so entschiedener sollte mit einem Penthaus-Bauprogramm so rasch wie möglich begonnen werden. Statt den Bau solcher Häuser zu erschweren, sollte er in allen für eine mehrgeschossige Bebauung vorgesehenen Stadtgebieten grundsätzlich vorgeschrieben sein. Mindestens könnte man die statische und konstruktive Einrichtung neuer Gebäude für einen Penthaus-Aufbau zur Voraussetzung der Baugenehmigung machen. Auf diese Weise würden »Bauplätze« auf allen neuen Gebäuden geschaffen, deren Ausnutzung dann der Marktfrage überlassen bliebe. Daß nach solchen Häusern eine hinreichende Nachfrage bestehen wird — daran scheint mir wenig Zweifel möglich.

Schließlich sei auf die allgemeinen städtebaulichen Vorteile eines solchen Programms hingewiesen, die neben der Erschließung einer beträchtlichen Baufläche für Einzelhäuser sozusagen nebenbei anfallen. Auch wenn man nicht gleich von einer Stadt voll hängender Gärten träumt, so liegt in der Begrünung der zahlreichen Dachgärten sicher ein wichtiger ästhetischer Gewinn. Er dürfte in begrenztem Umfang schon dem Straßenpassanten zufallen, dessen nach oben gerichteter Blick nicht nur an Regenrinnen hängenbliebe, sondern der manchen reizvollen Eindruck von Zweigen und Blättern an Architektur mitnehmen könnte. Noch mehr gilt dies für den Betrachter von einem der mannigfachen und aus vielen Gründen zu vermehrenden, erhöhten Standorte, von denen aus er auf die hingebreitete Stadt hinab- und über sie hinwegsehen kann.

Es wurde schon darauf hingewiesen, daß die städtebauliche Problematik der vielen sich in die Landschaft erstreckenden Einfamilienhäuser um so eher zu bewältigen ist, je attraktiver die Wohnungen in Mehrfamilienhäusern sind, mit denen jene konkurrieren müssen. Niemand wird ernsthaft behaupten wollen, daß wir in dieser Hinsicht alle Möglichkeiten ausgeschöpft hätten. Eher trifft das Gegenteil zu: die Monotonie und Einfallslosigkeit der drei- und viergeschossigen, hintereinander aufgestellten oder auch hübsch ordentlich gegeneinander versetzten Häuserzeilen, die öde Belanglosigkeit der acht- oder zwölfgeschossigen Punkthäuser und Wohnscheiben sind schon so oft gegeißelt worden, daß ich dies hier nicht zu wiederholen brauche. Neuere sich zu Großformen windende und brechende, auf- und absteigende, schwenkende und in sich versetzte lange Häuserbänder, treppenartig abgezackte Scheiben und vereinzelt erste hohe Wohntürme und -blöcke von 20 oder 30 Geschossen werden allein deshalb als Wohltat empfunden, weil sie dem Blick eine gewisse Abwechslung nach der grauen Monotonie der ersten beiden Nachkriegsjahrzehnte bieten. Aber die Frage, ob man in diesen neuen Gebäuden schöner und besser wohnt als in den viergeschossigen ist damit ebensowenig beantwortet wie die andere, ob man bei einiger Häufung und Gewöhnung nicht auch des Erscheinungsbildes der neueren Bauformen schnell überdrüssig wird.

Wenn man von der Grundrißgestaltung, auf deren Erörterung hier verzichtet wird, einmal absieht, dann bleibt festzustellen, daß die neueren Wohnungen im Schnitt größer und besser ausgestattet sind, als die früher gebauten. Für künftige Bedürfnisse dürften sie aber nach wie vor zu klein sein[1]. Beispielsweise ist jetzt in der Küche nur selten Platz für die Geschirrspülmaschine eingeplant, die in einem Jahrzehnt ebenso selbstverständlich »da sein« wird, wie heute die Waschmaschine. Für zusätzliche häusliche Arbeits- wie Freizeitbedürfnisse, die mit der

1 vgl. Bahrdt a. a. O. S. 60

Verkürzung der Arbeitszeit und der Mechanisierung der Haushalte entstehen werden, gibt es ebensowenig Reserven wie für den wachsenden Bedarf an Abstellflächen. Auch mangelt es an Komfort. So fehlen arbeitsparende Spannteppiche noch beinahe ebenso oft wie schalldämmende Thermopanescheiben. Die Schallisolierung zwischen den einzelnen Wohnungen ist fast immer unzulänglich. Der Wohnungsbaustandard orientiert sich immer noch stärker an der Vergangenheit, allenfalls am gerade Erreichten, als an der Zukunft.

Vor allem sehen wir keinen Fortschritt im Dienstleistungsangebot für Geschoßwohnungen. Jede Hausfrau muß sich, von geringen Ausnahmen abgesehen, noch ebenso selbst um einen Fensterputzer und eine Reinigungshilfe bemühen, wie sie einen Klempner für die Reparatur des Wasserhahns oder des Gasherdes anflehen muß, sich einmal zu ihr zu begeben. Oft hat sie gar noch »ihre« Treppe im wöchentlichen Turnus selbst zu putzen — und wehe, wenn sie das vergißt oder verhindert ist. Zum Vergleich sei ein Dienstleistungsangebot in amerikanischen Wohntürmen mit 40 bis 70 Stockwerken und 350 bis 900 Wohnungen genannt, das dort keineswegs eine seltene Ausnahme bildet. Das beginnt mit einer strengen Eingangskontrolle durch Pförtner, die in amerikanischen Städten aus Sicherheitsgründen allerdings wesentlich wichtiger ist als bei uns. Jedenfalls klingelt dort nie ein Staubsaugervertreter an der Etagentür, während gerade das Essen anbrennt oder das Baby sich von der Wickelkommode herunterzurollen versucht. Die Hausverwaltung unterhält einen ständigen Stab festangestellter Handwerker, die den Bewohnern auf Anforderung für Arbeiten innerhalb der Wohnung zur Verfügung stehen und sonst alle Reparatur- und Wartungsarbeiten im Hause vornehmen. Je nach Größe des Hauses — es können auch zwei Nachbargebäude zusammengefaßt werden —, ergibt sich so für eine mehr oder weniger differenzierte Gruppe von technischem Personal eine gleichmäßige Auslastung. Der gleiche Gesichtspunkt gilt für das Haus- und Reinigungspersonal. Es ist nicht nur für die Säuberung der Halle, Flure, Treppen, Aufzüge und der anderen gemeinschaftlich genutzten Gebäudeteile verantwortlich, sondern steht auch den einzelnen Mietern auf Anforderung je nach dem gerade bestehenden Bedarf zur Verfügung. Man kann diese Kräfte in Anspruch nehmen, aber man braucht es nicht zu tun. Man kann sie kommen lassen, wenn man selbst Zeit hat, dabei zu sein und sie anzuleiten und zu beaufsichtigen. Oder man kann sie für die Zeit bestellen, während derer man außerhalb zu tun hat.

Im übrigen beherbergt das Haus nicht nur Wohnungen. Mindestens eine Annahmestelle für eine Wäscherei und eine Reinigung, oft auch für die Schuhreparatur, ist mit dem Fahrstuhl zu erreichen. Manche

Häuser enthalten Sporträume, Schwimmbäder, Lebensmittelgeschäfte oder Friseurbetriebe, fast alle einen Zeitungskiosk.

Diese Aufzählung, die sicher nicht vollständig ist, soll auch lediglich einen Eindruck davon vermitteln, welch anderer Lebensstil sich auf dem Hintergrund eines solchen Dienstleistungsapparates im Hause entwickeln kann. Der Aufwand für die tägliche Haushaltsführung kann im Vergleich zu einer gleichgroßen Durchschnittswohnung bei uns drastisch gesenkt werden. Das spielt namentlich für alleinstehende Personen und berufstätige Ehefrauen eine große Rolle. Aber auch ältere Ehepaare, deren Kinder sich selbständig gemacht haben und denen ihr Vororthaus zu groß und zu anspruchsvoll in der Unterhaltung wird, gehen in eine solche Stadtwohnung zurück. Ohne Rücksicht auf Familienlage und Lebensalter zieht es in diese Wohnungen vor allem solche Menschen, die sehr viele Interessen oder sehr viel Arbeit und dafür zu wenig Zeit haben, Menschen, die ihren physischen und organisatorischen Wohnaufwand so niedrig wie möglich halten möchten, um ihre Kräfte anderen Dingen widmen zu können.

Natürlich ist ein solcher Dienstleistungsaufwand teuer, und die Kosten treffen den Benutzer. Und sicher sind die meisten deutschen Familien heute noch nicht in der Lage, alle Dienstleistungen zu bezahlen, die sie gern in Anspruch nehmen möchten. Aber auch hier gilt, daß sich der finanzielle Spielraum bei kontinuierlich steigendem Lebensstandard in absehbarer Zukunft stetig erweitern wird. Außerdem werden derartige Dienstleistungen heute schon in größerem Umfang nicht nur gewünscht, sondern auch in Anspruch genommen, als es zunächst den Anschein haben könnte. Nur stehen sie nicht in konzentrierter Form im eigenen Wohnhaus zur Verfügung, sondern werden dezentral und daher unter erheblich größerem zeitlichen und organisatorischen Aufwand genutzt (Handwerker, Putzfrau, Reinigung, Badeanstalt usw.). Das zusammengefaßte Angebot kann daher schon jetzt wirtschaftlich günstiger sein als die Einzelinanspruchnahme, in Zukunft wird sie sich mit Sicherheit dahin entwickeln.

Voraussetzung für dieses geschlossene Angebot ist die Zusammenfassung einer sehr großen Anzahl von Wohnungen in einer einheitlichen Organisation. In den Vereinigten Staaten ergab sich diese Organisation gleichsam von selbst in jenen oben erwähnten großen Wohntürmen. Die kompakte Zusammenfassung mehrerer hundert Wohnungen an einem Fahrstuhlschacht erzwingt geradezu solche Überlegungen und würde sie auch bei uns ohne Frage begünstigen. Manche dieser Dienstleistungsangebote ließen sich allerdings auch bei der organisatorischen Zusammenfassung einer entsprechend großen Anzahl von Wohnungen beibehalten, die in niedrigen Bauten auseinandergezogen sind. Das gilt zum Beispiel für den Handwerker- und Reinigungsservice. Auch in an sich geeigneten Fällen wird die Zusammenfassung unter solchen Umständen allerdings sowohl tatsächlich wie psychologisch erschwert und vielfach aufwendiger. Andere Angebote sind, wenn sie ihren Charakter als innerhäusliche Dienste behalten sollen, auf die Großwohneinheit einfach angewiesen.

Solche großen Wohneinheiten mit mehreren hundert Wohnungen unter einem Dach und entsprechend konzentriertem Dienstleistungsangebot zu entwickeln, scheint mir eine dringende Aufgabe zu sein, wenn wir dem Einzelhaus eine überzeugendere Alternative der Stadtwohnung gegenüberstellen wollen, als wir es bisher können. Dabei braucht es sich nicht unbedingt um »Wolkenkratzer«, das heißt Wohntürme, zu handeln, wenngleich diese bauliche Form nach wie vor eindrucksvoll und überzeugend ist. Sie wird zwar von fortschrittlichen Architekten bei uns als altertümlich verworfen, aber ohne recht einsehbare Gründe. Sie ist auch als einzige bisher vielfach durchkonstruiert und erprobt und an guten ebenso wie an schlechten Beispielen demonstrierbar. Daneben lassen sich vermutlich auch andere architektonische Formen finden, die vielleicht noch größere und zusätzliche Vorteile für den Bewohner und den Betrachter bieten. Die in den letzten Jahren vielfältig diskutierten und vereinzelt auch schon verwirklichten Terrassenhäuser können allerdings kaum so große Wohnungszahlen erfassen, wie sie hier zur Debatte stehen. Aber der Erfinderreichtum der Architekten und Ingenieure ist gewiß noch nicht erschöpft, und ihre Neigung ist unverkennbar, den glatten und geschlossenen Wandflächen der großen Türme und Scheiben neue bewegtere, vielfältigere Formen folgen zu lassen.

Da es bisher praktisch kein Angebot an Vollservice-Stadtwohnungen und nur ein geringes an guten Stadtwohnungen überhaupt gibt, braucht ein wirtschaftliches Risiko in der Errichtung einiger großer Einheiten selbst dann nicht zu liegen, wenn der Interessentenkreis für solche Wohnformen – aus welchen Gründen auch immer – zunächst kleiner sein sollte, als ich vermute. Die Wohnungsbauträger, insbesondere die großen und leistungsfähigen Gesellschaften, sollten ihre Projekte unter diesem Gesichtspunkt neu überdenken; vereinzelt sind konkrete Pläne in den letzten Jahren schon bekannt geworden. Die staatlichen Behörden und die Stadtverwaltungen, an erster Stelle ihre Planungsämter, sollten alles tun, um überzeugende Projektvorschläge zu fördern und bürokratische und traditionalistische Hindernisse aus dem Weg zu räumen.

Mit Bedacht wurde hier allerdings die Formulierung von den »überzeugenden« Projektvorschlägen im Sinne einer wesentlichen praktischen Einschränkung verwendet. Es wäre sinnlos, Wohntürme oder andere Großeinheiten um ihrer selbst willen zu fördern. Sie müssen vielmehr als attraktive Stadtwohnungen geplant und frei angeboten werden. Das bedeutet in der Regel, daß sie besser in der Innenstadt, wenn man sie dort nicht aus anderen Gründen verhindern will, oder an ihrem Rand liegen als in einem weit außerhalb gelegenen Vorort. Das bedeutet weiter, daß man sie nicht im Rahmen von Sanierungsvorhaben für die geschlossene Aufnahme der aus den abzureißenden Altbauten ausziehenden Bewohner vorsehen darf, die unter Umständen ganz andere Wohnwünsche haben. Das bedeutet schließlich, daß man in solche Wohnkomplexe überhaupt niemanden »einweist«, der nicht von sich aus den Wunsch hat, dort zu leben. Daß es solche »Einweisungen« auch nach dem Ende der Wohnungszwangswirtschaft noch gibt – darüber sollten wir uns nicht täuschen. Viele sozial schwache Familien und Einzelpersonen sind nach wie vor praktisch darauf angewiesen, die Wohnung zu »nehmen«, die ihnen von den Behörden aus dem Kreis des öffentlich geförderten Wohnungsbestandes angeboten wird. Also sollte sich auch die öffentliche Wohnungsbauförderung solcher Großprojekte annehmen und sie den von ihr betreuten Menschen anbieten, jedoch immer nur als Alternative zu anderen Möglichkeiten.

Was die städtebauliche Problematik eines solchen Wohnungsbauprogramms angeht, so wird dazu in den Kapiteln über die Stadterneuerung und über neue Stadtteile noch einiges zu bemerken sein.

Mit dem nachdrücklichen Eintreten für Einzelhäuser einerseits und Großwohneinheiten andererseits soll der Entwicklung anderer Wohnformen keineswegs entgegengetreten werden. Das gilt sowohl für heute schon realisierbare wie für erst in der Zukunft mögliche, heute also noch »utopische« Projekte. Die schon genannten Terrassenhäuser gehören ebenso in die erste Gruppe wie Habitat in Montreal und verschiedene andere Vorschläge, Einzelhauseinheiten zu stapeln und zu kombinieren. Alle Bemühungen, die darauf abzielen, individuelle Wohnbereiche mit Einzelhauscharakter zu größeren Einheiten zusammenzufügen, verdienen offensichtlich nachdrückliche Förderung.

Dagegen sollte der routinemäßigen Vervielfachung unseres heute üblichen Geschoßwohnungsbaus endlich eine Grenze gesetzt werden. Die hier entstehenden Wohnungen sind meist nicht gut genug und die städtebaulichen Folgen dieses Verfahrens sind verheerend.

Unproblematisch ist allerdings in der gegenwärtigen Übergangsphase keine wie auch immer geartete Form des Wohnungsbaus, sind auch nicht die oben so nachdrücklich empfohlenen. Die uns allen vor Augen stehenden unglaublich raschen Veränderungen unserer Lebens- und Umweltverhältnisse bergen die Gefahr in sich, daß wir mit jeder festen Form, die wir heute schaffen, neuen Entwicklungen des Wohnens im Wege stehen. Das gilt vor allem, wenn man an die zunehmende Automatisierung der Haushalte und an die Einfügung der einzelnen Wohnungen in das umfassendere öffentliche Ver- und Entsorgungsnetz und an die Verkehrssysteme technischer Städte der Zukunft denkt. Die hierbei wahrscheinlich bevorstehenden Veränderungen sind heute weder der Art noch dem Umfang nach im einzelnen vorauszusehen. Wahrscheinlich sind sie so grundlegender Art, daß wir ihnen mit heute zu errichtenden Bauten auch dann nicht gerecht werden könnten, wenn wir der jetzt vielfach erhobenen Forderung nach einem Höchstmaß an Flexibilität folgten. Einleuchtender erscheint unter diesem Gesichtspunkt der Vorschlag von Angerer[1], Konstruktionen mit beschränkter Lebensdauer zu entwickeln, die gegebenenfalls wieder beseitigt werden können, um anderen Nutzungen oder neuen Baukonstruktionen für die gleichen Nutzungen Platz zu machen. Sicherlich ist die Gegenwart nicht der geeignete Zeitpunkt, um eine über die eigene Generation hinausreichende Lebensdauer für die meisten Nutzbauten ins Auge zu fassen. Wenn sich unter diesem Gesichtspunkt Einsparungsmöglichkeiten ergeben, die den derzeitigen Nutzwert nicht beeinträchtigen, so sollte man davon in jeder nur denkbaren Weise Gebrauch machen. Das Fernziel der »wegwerfbaren« Kunststoffhäuser ist sicher nicht utopischer als das etwa des in Kapitel 2 behandelten Autokabinensystems. Das Bayer-Haus auf der Hannover-Messe 1969 war ein Anfang in dieser Richtung.

7. Kapitel
Lernen

In der Stadt wird viel gelernt. Neben den allgemeinbildenden Schulen der verschiedenen Stufen und Richtungen haben hier die Berufs- und Fachschulen, die Akademien, Hochschulen und Universitäten ihren Platz, aber auch Abendgymnasien, Einrichtungen des zweiten Bildungswegs, Volkshochschulen, Bibliotheken. Je umfassender das menschliche Wissen wird, je weiter die technische Beherrschung der Welt fortschreitet und je rascher sich unsere Lebensbedingungen verändern, um so mehr muß gelernt werden, von Kindern, von jungen Menschen, von Erwachsenen. Lernen wird eine lebenslange Tätigkeit.
So wichtig dieser Bereich auch für unser gesellschaftliches Leben ist, so kann er hier doch relativ kurz behandelt werden. Merkwürdigerweise ist nämlich für die Städte die Trägerschaft vieler Bildungsstätten nicht

1 Fred Angerer, die Wohnformen der Zukunft in „Volkswirt“ 1968, S. 20 ff.

übermäßig problematisch. Das klingt zunächst unglaubwürdig, da man weiß, welch schwere Krise gerade unsere Bildungspolitik insgesamt durchmacht und welche Wandlungen speziell im Schulwesen, das die Kommunen besonders betrifft, eingeleitet sind und noch bevorstehen: die Zusammenfassung zur Gesamtschule, die Auflösung der Jahrgangsklassen, die Einführung der Ganztagsschule an fünf Wochentagen, die Einbeziehung der Schulkindergärten, die Vorschulerziehung überhaupt, die Programmierung des Unterrichts, der Einsatz des Schul- und Bildungsfernsehens.

Das stellt so ziemlich alles auf den Kopf, was bisher üblich war, wenngleich fortschrittliche Pädagogen solche Änderungen seit langem angekündigt und gefordert haben. Nur herrscht über das Wann und Wie noch vielfach Unklarheit im Detail, die mit Schulversuchen verschiedenster Art ausgeräumt werden soll.

Die Städte stehen jedenfalls vor einem völlig neuen Abschnitt ihrer Schulbaupolitik. Die bisherigen Schulgebäude, von denen in den zerstörten Großstädten die allermeisten aus den letzten beiden Jahrzehnten stammen, werden nur zum Teil und nur unter erheblichen Änderungen nutzbar sein. Große neue Schulzentren werden entstehen müssen, mit deren Planung vielerorts begonnen worden ist, ohne daß das endgültige Programm schon festliegt. Klassen-, Fach- und Sonderräume, Küche, Ruheräume, Werkstätten, Turn- und Spielhallen gehören dazu in neuer Kombination und vielfach neuer Ausführung. Die finanziellen Aufwendungen, die hier in den nächsten Jahrzehnten notwendig werden, übersteigen alles, was wir bisher im Schulbau gewohnt waren; und das, obwohl für alle Städte die Schulen bisher schon die größte und teuerste Position im ganzen Hochbauetat waren. Ihre gegenwärtigen Finanzquellen werden bei weitem nicht ausreichen, um diese Aufgabe zu bewältigen.

Unproblematisch ist diese Aufgabe für die Städte trotzdem insofern, als sie mit den herkömmlichen Verfahren der Kommunalpolitik und des Städtebaus gelöst werden kann, sobald der Katalog der Anforderungen eindeutig formuliert vorliegt und die Finanzierung gesichert ist. Für beides gibt es helfende und vorantreibende kommunale Initiativen verschiedener Art, die sich aber im Grunde nicht von den bisherigen Aktivitäten der Städte im Schulwesen unterscheiden. Schwierigkeiten des Standorts und der Grundstücksbeschaffung werden sich angesichts der weiten räumlichen Ausdehnung der neuen Schulzentren ebenfalls in mannigfacher Hinsicht verstärken. Aber auch sie müssen mit konventionellen Methoden der Planung und des Grunderwerbs gelöst werden. Die Aufgabe Schulbau zwingt auch unter den neuen Umständen nicht von sich aus zu grundlegenden städtebaulichen Ver-

änderungen, sondern paßt sich ihnen an. Beim Umfang der hier notwendigen Investitionen können und sollten Großobjekte dieser Art allerdings als Schrittmacher für neue Stadtkonstruktionen eingesetzt werden, sobald über diese hinreichende Klarheit besteht.
Es kann gar nicht geleugnet werden, daß das Erziehungs-, Schul- und Bildungswesen in einer von krisenhaften Begleiterscheinungen zumindest nicht freien tiefgreifenden Umbildung steht, noch auch daß sich für die Städte daraus weitgehende praktische Folgerungen ergeben. Indessen sind sie dafür – abgesehen von der finanziellen Ausstattung – gerüstet. Das gilt auch für ihre eigenen pädagogischen Beiträge mit Schulversuchen, mit der Einführung neuartiger Lehrmittel und der Ermöglichung neuer Lehrmethoden. Diesen Bereichen hat seit jeher ein besonderes und im allgemeinen fortschrittlich eingestelltes Interesse der Stadtvertretungen und der städtischen Schulverwaltungen gegolten. Diese gute Tradition wird sicher fortgesetzt werden. Gleiches gilt für die Fach- und Berufsschulen, die in der Regel ebenfalls der städtischen Betreuung obliegen.
Im Hochschulbereich sind die Städte heute fast ausnahmslos aus der eigenen Trägerschaft oder Mitträgerschaft ausgeschieden. Gleichwohl obliegt ihnen auch hier ein hohes Maß an Mitverantwortung und praktischer Tätigkeit für das Funktionieren der Hochschulen, ihre Integration in die Stadt und die Sicherung ihrer Entwicklungs- und Erweiterungsmöglichkeiten. Für die Fragen des Standorts von Hochschuleinrichtungen aller Art, von Sportplätzen und Studentenheimen, für die Verkehrsverbindungen und die Freihaltung von Reserveflächen ergibt sich das aus der allgemeinen städtischen Aufgabenstellung. Insoweit werfen auch die Hochschulen keine besonderen Probleme auf, wenn man davon absieht, daß ihre Flächenbedarfsschätzungen inzwischen in die Hunderte von Hektar gehen und niemand heute sagen kann, wann, wo und in welcher Form die Reserveflächen einmal in Anspruch genommen werden sollen. Für die langfristigen Ausbau- und Entwicklungsplanungen sind die Hochschulen und die Städte jedenfalls auf eine sehr viel engere fachliche Zusammenarbeit angewiesen als sie heute im allgemeinen üblich ist. Manchmal sind es Vertreter der Hochschulen, manchmal auch solche der staatlichen Bauverwaltungen, die eine frühzeitige Heranziehung und Information der Sachbearbeiter in den städtischen Planungs- und Stabsämtern nicht nur unterlassen, sondern sogar fast als Zumutung empfinden. So will ich hier auch nicht etwa versuchen, die Vertreter jener schon auf Grund ihrer übergeordneten Funktionen zweifellos höherwertigen Institutionen davon zu überzeugen, daß die aus den Niederungen der Kommunalverwaltung kommenden Beamten etwa als gleichwertige und gleichrangige Sach-

walter öffentlicher Aufgaben anzusehen wären. Nur ist es gelegentlich schlicht den eigenen Interessen dienlich, wenn man sich einmal überwindet und sie trotz ihres geringen Standes frühzeitig zuzieht.

Im übrigen müssen alle Überlegungen der Stadtplanung und Stadtentwicklung in Rechnung stellen, daß die Studentenschaft, so sehr sie sich in ihren einzelnen Mitgliedern auch unablässig verändert, in ihrer Gesamtheit doch ein ständiger und zugehöriger Bestandteil der städtischen Bevölkerung ist. Auf die in mancher Beziehung gesondert liegenden Bedürfnisse der Studenten ist ebenso Rücksicht zu nehmen wie auf die aller anderen Bevölkerungsgruppen. Das gilt unter anderem für die Beeinflussung der Wohnungsstruktur. Nicht alle Studenten mögen in Heimen leben. Viele, vor allem junge Ehepaare, ziehen kleine Appartement-Wohnungen vor, wenn sie im Preis erschwinglich sind. Gemeinsam mit den großen Bauträgern, die in der Stadt tätig sind, läßt sich ein entsprechendes in den allgemeinen Wohnungsbau integriertes Programm sicher absprechen. Wegen der Miethöhe sind öffentliche Zuschüsse allerdings unerläßlich. Das macht eine Überprüfung der staatlichen Wohnungsbauprogramme notwendig. Ein weiteres schwieriges Problem für viele junge Studentenehepaare ist der Abladeplatz für Kleinkinder. Das heißt, daß in den Hochschul-Stadtteilen in der Regel ein höherer Anteil an Kinderhorten notwendig ist und daß auch die Öffnungszeiten gesondert geregelt werden müssen.

Neben den Schulen und Hochschulen wird den Volkshochschulen vergleichsweise geringere Aufmerksamkeit zuteil. Dies sollte und wird sich im Rahmen des gesellschaftlichen Strukturwandels sicher ändern. Volkshochschulen sind heute in der Regel noch ganz oder überwiegend von kommunaler Initiative und Förderung abhängig. Ein stärkeres staatliches Engagement steht bevor, ohne daß es aber wohl zu einer Abwanderung der Aufgabe kommen wird. Im Gegenteil zeichnet es sich ab, daß diese kommunale Aufgabe an Gewicht und Umfang zunehmen und noch stärker in das Zentrum der städtischen Aktivitäten rücken wird, als das schon bisher der Fall war.

Es gibt dafür mehrere Gründe. Die geradezu explosionsartige Zunahme des Wissensstoffs läßt die in der Jugend erworbene Schulbildung immer rascher veralten. Außerdem kommen starke Antriebe zur Fortbildung aus dem beruflichen Lebensbereich. Der rasche Wandel der am Arbeitsplatz gestellten Anforderungen, der Wegfall ganzer Tätigkeitsarten und ihre Ersetzung durch neue Berufe zwingen immer mehr Menschen zum Weiterlernen und Umlernen. Die Zahl der Berufe, die ein ganzes Leben lang mit der einmal in der Jugend erhaltenen Ausbildung erfolgreich ausgeübt werden können, schmilzt immer mehr zusammen. Dieser berufsbezogene Aspekt der Erwachsenenbildung drängt noch stärker nach vorn, als es die von der wachsenden Freizeit ausgehenden Impulse tun.

Wenn erst die gewerkschaftlichen Forderungen auf Bildungsurlaub verwirklicht werden, so ergibt sich daraus der Anstoß für eine weitere enorme Ausdehnung des Bedarfs an Einrichtungen der Erwachsenenbildung. Zwei Wochen Bildungsurlaub im Jahr für alle Arbeitnehmer bedingen zum Beispiel für eine mittlere Großstadt von 400 000 Einwohnern mit 200 000 Arbeitnehmern einen Bedarf von 320 (!) das ganze Jahr über nebeneinander herlaufenden Kursen mit je 25 Teilnehmern, die alle vierzehn Tage wechseln.

Die langfristig anhaltende Zunahme der Freizeit verstärkt diese Impulse aus privatem Antrieb beträchtlich. Die durch die Verkürzung der Arbeitszeit und die länger werdende Ruhestandsperiode freigesetzten Kräfte werden sich neben Unterhaltung und praktischer Tätigkeit in wesentlichem Umfang auch dem Lernen zuwenden. Damit wandeln sich zugleich die Aufgaben der Volkshochschule. Die bisher im Vordergrund ihrer Arbeit stehende Allgemeinbildung wird durch berufliche Fortbildungsmaßnahmen immer mehr ergänzt. Beide Bildungsbereiche müssen aufeinander zu entwickelt und miteinander verzahnt werden.

Offen ist noch die Frage, wie weit die Volkshochschulen den ungeheuer wachsenden Bedarf an Weiterbildungsangeboten durch eine forcierte Ausdehnung ihrer eigenen Arbeit selbst befriedigen sollen und können. Die eben im Zusammenhang mit dem Bildungsurlaub angestellte Probeberechnung macht deutlich, daß nicht hier allein der gesamte Zuwachs liegen kann. Private Einrichtungen der Erwachsenenbildung, Fortbildungsveranstaltungen von Gewerkschaften und der Industrie, von Verbänden und öffentlichen Körperschaften werden einen wesentlichen Teil des Bedarfs decken. Fernunterricht durch private Institute und in starkem Maße über das öffentliche Fernsehen muß hinzukommen. Daneben werden den herkömmlichen Berufs- und Fachschulen hier neue Aufgaben zuwachsen. Sie verfügen über den technischen Apparat, der auch für die permanente Fortbildung über den Bildungsurlaub genutzt werden kann und sollte. Aber auch unter Berücksichtigung aller solcher mitwachsender und neu hinzukommender Leistungen werden die Volkshochschulen einen wesentlichen Kernbedarf von heute noch kaum erkanntem Umfang selbst befriedigen müssen. Sie garantieren die volle Offenheit des allgemeinen Bildungsangebots, nur sie können die von Industrie-, Gewerkschafts- und Verbandsaktivitäten offen gelassenen Lücken bei der beruflichen Fortbildung schließen. Und sie vor allem sind für alle jene da, die nicht irgendwo organisiert sind; Hausfrauen, Berufsunfähige, Ruheständler. Zwar soll der kommunalen Volkshochschule kein Monopol gegenüber den gruppengebundenen Trägern der

Erwachsenenbildung zugesprochen werden. Aber sie ist und bleibt die zentrale, universelle öffentliche Einrichtung, und als solche kann sie aus ihrer Gesamtverantwortung für eine freie Erwachsenenbildung nicht entlassen werden.

Die kommunalen Volkshochschulen haben aus diesen Gründen mit einem sprunghaften Wachstum zu rechnen, auf das sich die Städte als ihre Träger einrichten müssen. Erst 1960 empfahl der Deutsche Städtetag, daß die Städte für ihre Volkshochschulen eigene Räume und Häuser bauen mögen. Künftig wird ein einzelnes, wenn auch größeres Volkshochschulgebäude in einer Großstadt ebenso unzulänglich sein, wie es eine einzige Oberschule wäre. Die Zahl der Klassen-, Kursus- und Werkräume wird man vervielfachen müssen. Noch stärker wird die heute erst kleine Zahl hauptamtlich angestellter Lehrkräfte steigen, da das Reservoir der geeigneten nebenamtlichen Lehrkräfte nicht entsprechend mitwächst. Eine durchgängig hohe und ständig steigende Qualität des Unterrichts ist von der Sache her geboten und wird die Volkshochschulen jener bildungsbürgerlichen Geringschätzung entwachsen lassen, unter der sie heute – weitgehend zu Unrecht – noch zu leiden haben. Wenn man sich auf einen glücklicheren Namen einigen könnte, ließe sich dieser Prozeß sicher noch beschleunigen.

Als äußerliche neue Aufgabe wächst den Volkshochschulen die Koordination der Erwachsenenbildung in ihrer Stadt zu. Wenn alle Arten von Bildungsmöglichkeiten zunächst gleichmäßig bekannt sein und gleich wirksam angeboten werden sollen, wenn sie auf die Dauer zu einem kooperativen System ständiger Weiterbildung zusammengefaßt werden sollen, dann muß die Volkshochschule die zentrale Steuerung aller dieser Aktivitäten übernehmen.

In der Stadt wird viel gelernt, schon heute. In der Stadt von morgen und übermorgen wird noch sehr viel mehr gelernt werden. Vor allem im lebenslangen Lernen liegt eine Chance, unsere immer kompliziertere, immer gefährdetere Gesellschaft leidlich stabil, leidlich funktionsfähig zu erhalten. Sie als freiheitliche, offene Gesellschaft mündiger und autonomer Bürger zu verfassen und zu bewahren, setzt ein zusätzliches Maß an Behauptungskraft, Toleranz und Verantwortlichkeit jedes einzelnen voraus, das nur aus langem, nie beendetem Lernen erwächst. Den Städten obliegt hier eine ungemessene Verantwortung für unsere Zukunft, die sie noch stärker in das Zentrum ihrer Aktivität rücken müssen als bisher. Der Staat muß sie allerdings instandsetzen, solchen Aufgaben gerecht zu werden. Die Mitverantwortung liegt auch hier bei der »großen Politik«.

8. Kapitel
Arbeiten und Wirtschaften

Wieweit ist die Berufsarbeit der Bürger eigentlich Gegenstand der Stadtpolitik, also bewußter städtischer Bemühungen, oder wieweit sollte sie es sein? Wieweit geht die städtische Verantwortung für ein reichhaltiges Angebot an Arbeitsplätzen, für die Sicherung der vorhandenen, das Entstehen neuer? Gibt es vielleicht sogar – über die allgemeine budgetäre Mitwirkung an der Konjunkturpolitik hinaus – städtische Verantwortung für die Wirtschaftsentwicklung in der Stadt, für die Ausschöpfung ihrer Produktionsreserven? Gibt es eine städtische, eine kommunale Arbeits- und Wirtschaftspolitik oder handelt es sich dabei um rein staatliche Aufgabenbereiche?
Bisher hat es für die Städte zwei vorrangige Antriebe gegeben, sich mit diesen Fragen zu befassen. Einmal mußten sie bei ihrer starken Abhängigkeit von der Gewerbesteuer Wert darauf legen, möglichst viele Arbeitsplätze in ertragsstarken Unternehmen im Stadtgebiet zu haben. Daraus ergaben sich mannigfache Formen der Wirtschaftsförderung mit dem Ziel der Industrieansiedlung, der Gewinnung von Hauptverwaltungen, der Errichtung großer Kaufhäuser und ähnlicher Entwicklungen. Zum anderen führten zeitliche und örtliche, namentlich branchenbedingte Schwächen der Wirtschaftstätigkeit zu gleichartigen Bemühungen mit dem Ziel, die Arbeitslosigkeit gering zu halten. Die Intensität solcher Bemühungen hing jeweils davon ab, wie »nötig« sie gerade unter einem dieser Gesichtspunkte waren. Im großen und ganzen wird sich an diesem Sachverhalt auch durch die Abführung von 40 % der Gewerbesteuer an den Staat und ihren Ersatz durch eine Beteiligung der Gemeinden an der Einkommensteuer zunächst nichts ändern. Für die Großstädte bleibt die Gewerbesteuer vorläufig die größte und wichtigste Einnahmeart. Dies kann sich allerdings in den nächsten Jahren schrittweise ändern, da die Einkommensteuer viel rascher wächst als die Gewerbesteuer. Der Zuwachs von 1960 auf 1968 betrug bei der Gewerbesteuer 55 %, bei der Einkommensteuer 125 %. Für jede Stadt ist ein angemessener Anteil am wirtschaftlichen Wachstum allerdings nicht nur wegen der wachsenden Steuereinnahmen lebenswichtig, sondern auch für die Steigerung der privaten Einkommen und des Wohlstandes der Bevölkerung. Neben das, wenn man so will, »negative« Ziel, Arbeitslosigkeit zu verhindern, tritt das positive, durch Lohnkonkurrenz neu hinzukommender Betriebe auch die Qualität der Arbeitsplätze zu heben.
Über den Rahmen dieser interessenbedingten Aktivität hinaus bahnt sich jedoch eine umfassendere kommunale Verantwortlichkeit für die

wirtschaftliche Entwicklung an. Ihre Notwendigkeit wächst in dem Umfang, in dem integrierte Planungsverfahren, die die Steuerung aller gesellschaftlich relevanten Teilbereiche zum Ziel haben, sich praktisch durchsetzen. In die jetzt in Arbeit befindlichen Stadtentwicklungsprogramme, von denen noch die Rede sein wird, geht die prognostizierte Wirtschaftsentwicklung vorwiegend nur als Datum ein — allerdings auch mit dem Ziel, Schwächen oder besondere Chancen der örtlichen Wirtschaftsstruktur frühzeitig zu erkennen und darauf mit dem Ziel optimaler Wirkung zu reagieren. Wenn und soweit in einem späteren Stadium integrierte gesellschaftliche Entwicklungsplanungen auch für den staatlichen und überstaatlichen Bereich eingeführt werden, in die sich die städtischen Pläne einfügen müssen, kann sich der hier liegende Aktions- und Verantwortungsrahmen noch wesentlich erweitern.

Es gibt aber einen anderen Gesichtspunkt, unter dem schon heute umfassendere städtische Aktivitäten mit dem Ziel, das Arbeitsplatzangebot zu komplettieren, im Gang sind. Die Arbeit an den Stadtentwicklungsprogrammen hat uns mehr als bisher dazu gezwungen, uns über die Ziele der kommunalen Arbeit Rechenschaft abzulegen und sie nachprüfbar zu formulieren. Dabei ergibt sich als ein keineswegs überall notwendiges oder mögliches, aber für einige Städte mindestens erwägenswertes Ziel der Stadtpolitik, eine Universalität der Lebensmöglichkeiten anzubieten. Übertragen auf unser Thema bedeutet das eine möglichst umfassende Vielfalt an beruflichen Arbeitsmöglichkeiten jeder Fachrichtung und jeder Anspruchshöhe.

Dieses Ziel einer universellen Stadt in einer so arbeitsteilig und mobil gewordenen Welt wie der unseren mag mancher für fragwürdig halten. Städte haben ihre Stärken und Schwächen, ihre geographisch, topographisch und klimatisch, ihre landsmannschaftlich und historisch, ihre ökonomisch und soziologisch bedingte und geprägte Individualität, ihre spezifische Struktur, die ja gerade ihre Eigenart und in geglückter Mischung ihre Attraktivität ausmachen. Warum sollte also eine Stadt versuchen, alles zu sein, komplett zu werden im Sinne einer doch nie voll zu realisierenden Universalität der Angebote und Möglichkeiten? Wer in einer Stadt nicht findet, was er sucht oder braucht, geht in eine andere. Wir stehen hier wieder einmal im Bereich der durch politische Entscheidungen zu treffenden Wertungen. Ich halte auch heute, und zwar heute im Grunde mehr denn je, eine Entscheidung für das Ziel der universellen Stadt für möglich. Es gibt immer mehr Menschen, die gern in einer Stadt leben möchten, in der alle Komponenten des modernen Lebens vollgültig vertreten sind: Wirtschaft und Wissenschaft, die bildende Kunst wie Musik und Theater, Handel und Gastronomie,

Politik und Massenmedien; Freizeit- und Erholungseinrichtungen — um nur mit Schlagworten die Spannweite zu skizzieren. Der Zwang zur Universalität wächst mit steigendem geistigen und geographischen Horizont. Wenn eine Stadt in allen diesen Bereichen ein vollwertiges Angebot an ihre Bürger machen kann, dann liegt in dieser Vollständigkeit und Ausgeglichenheit, in der Möglichkeit, nach allem zu greifen und dem eigenen Leben auch bei einer großen Vielfalt eigener Bedürfnisse und Möglichkeiten ein ruhendes Zentrum zu geben, ein bestimmter gesellschaftlicher Wert. Eine solche Stadtidee ist äußerlich weniger spektakulär und eindrucksvoll, als stark einseitig strukturierte Städte es im positiven wie im negativen sein können. Aber es ist eine Zielvorstellung, die geprüft und politisch entschieden werden muß.

Hier kann sich nun für einzelne Städte in der Folge einer solchen Grundsatzentscheidung die Notwendigkeit ergeben, ihr noch unvollkommenes Spektrum an Lebensmöglichkeiten zu erweitern. Das ist in erster Linie und fast immer mit der Schaffung von Arbeitsplätzen bestimmter, bisher noch fehlender Art gleichbedeutend.

Die mannigfachen sonstigen Beziehungen zwischen der Stadt und ihrer Wirtschaft sowie den übrigen zahlreichen Arbeitgebern enthalten, soweit ich sehen kann, keine neuartigen oder besonders schwierigen Probleme, die hier zu behandeln wären. So sei zum Abschluß nur noch auf die in diesem Bereich erfreulich positiv zu wertende städtebauliche Entwicklung hingewiesen.

Der berufliche Arbeitsplatz ist in der Regel sehr viel stärker von inneren Bedingungen und Gestaltungen des jeweiligen Betriebes oder Trägers geprägt als von städtischen Maßnahmen. Immerhin haben auch städtebauliche Leistungen ihren nicht unwichtigen Anteil an der allgemeinen Verbesserung der Arbeitsumwelt. Das gilt für die modernen, freundlichen Konzeptionen der Industrie- und Gewerbegebiete, wie sie Neuanlagen heute in der Regel zugrundeliegen. Die privatunternehmerische und die öffentliche Initiative wirken hier zusammen, um durch Grünanlagen gegliederte ästhetische und architektonisch befriedigende saubere Produktionsareale entstehen zu lassen. Der Unterschied zu den meist trostlosen, schmutzigen Fabrikvierteln aus der ersten Industrialisierungsepoche ist beträchtlich. Allerdings bleibt im Rahmen der Stadtsanierung noch genug zu tun übrig, um die überalterten Industrie- und Gewerbeflächen abzuräumen und — soweit sie nicht umgewidmet werden — neu zu gestalten. Im Grundsatz ist auf diesem Gebiet die Erneuerung unserer Städte jedoch schon gelungen. Die Arbeitswelt wird nicht mehr als zweitrangig, als dem Berufstätigen in jeder Form zumutbar gewertet; sie zieht nicht weniger Interesse und Bemühung auf sich als die Wohn- und Geschäftsviertel einer Stadt.

9. Kapitel
Einkaufen

Markt zu sein, Umschlagplatz für Waren aller Art und Versorgungszentrum – das hat von jeher zu den ureigensten Aufgaben der Stadt gehört, ist sogar vielfach als ihr eigentliches Kriterium angesehen worden. Ein Privileg der Städte ist das heute nicht mehr. Einkaufen kann man überall, sogar am Eßtisch zu Hause, der Postbote bringt dann die Ware ins Haus. Immerhin: nicht nur ein wesentlicher Teil der Marktfunktion ist bei den Städten geblieben, auch der Reiz des Einkaufens ist hier stärker ausgeprägt als irgendwo sonst. Hier liegt Laden an Laden, im Innenstadtbereich grenzt ein Kaufhaus ans andere, hier wird die ganze, schier unübersehbare Vielfalt an Waren vor dem Kunden ausgebreitet. Das macht der Stadt niemand streitig, weder der Versandhändler mit seinem lexikondicken Katalog noch der Discounter im Vorort mit seinen niedrig kalkulierten Preisen und Lockangeboten. Wohl haben beide ihre Kundschaft und werden sie behalten, doch der Stadt bleibt für das Einkaufen ihre starke Anziehungskraft.

Allerdings kann Einkaufen in der Stadt nicht nur eine reizvolle und angenehme Beschäftigung sein, sondern ebenso gut eine elende, nur mit Widerwillen ertragene Plackerei. Dazwischen liegt ein weiter Spielraum für mehr oder weniger erfreuliche Begleitgefühle. Für die Stadt insgesamt ist das Einkaufsgewühl in der eigentlichen Innenstadt ebenso wie in den Nebenzentren einer der Hauptanziehungspunkte überhaupt. Die Intensität des Getriebes wirkt schon an sich stimulierend. Dem Erlebnis, Teil eines lebhaften, anregenden, vielleicht sogar turbulenten Vorgangs zu sein, der Stadt und ihrem innersten Getriebe anzugehören, entzieht sich so leicht keiner, der daran teilnimmt. Das starke gefühlsmäßige Engagement und die vitale, an Naturereignisse erinnernde Bewegung machen das Einkaufen zu den am stärksten stimmungsbildenden Ereignissen in der Stadt. Und das kann eben aufregend schön sein, wenn »die Umstände danach sind«. Von diesen »Umständen« soll jetzt die Rede sein, wobei vorausgesetzt wird, daß die zentrale Rolle, die das Elementargeschehen Einkaufen in der Stadt spielt, keiner weiteren Begründung oder Beweisführung bedarf. Eine Stadtmitte, in der das nicht mehr geschieht, ist für uns, die wir aus der europäischen Stadttradition heraus werten, eine traurige Gebäudekonglomeration. Auch das gibt es. Zum Beispiel ist Houston, eine der vitalsten und aufstrebendsten amerikanischen Städte, diesen Weg gegangen. Dort besteht der Stadtkern nur noch aus Bürohochhäusern, Großgaragen und ein paar billigen Drugstores. Das ist keine unseren traditionellen Vorstellungen entsprechende Stadtmitte mehr, sondern

ein funktionell reduzierter Teil einer Agglomeration, den wir als deprimierend empfinden.
Für unsere Städte wird zunächst einmal davon ausgegangen, daß wir auf das Einkaufstreiben weder verzichten können noch wollen und daß es zu den zentralen Zielen jeder Stadtpolitik gehören muß, Einkaufen so angenehm und interessant wie möglich zu gestalten. Dabei ist im folgenden vom Hauptzentrum des eigentlichen Stadtkerns ebenso die Rede wie von den oft kaum weniger lebendigen, wenngleich im Umfang und an Vielfalt geringeren Nebenzentren. Erste Voraussetzung – in Zukunft noch wichtiger als heute – ist die gute Erreichbarkeit des innerstädtischen Einkaufsbereichs mit den öffentlichen Nahverkehrsmitteln, wie mit dem eigenen Fahrzeug. Gerade beim Einkaufen, vor allem bei größeren Mengen oder unhandlichen Gegenständen, will – und kann – man auf das Auto als privates Transportvehikel noch weniger verzichten als sonst. Das ist ja auch einer der Gründe, weshalb wir als Nachfolger des Autos nicht ein öffentliches Verkehrsmittel sehen, sondern die private Autokabine – siehe Kapitel 2.
Daher rührt auch der riesenhafte Erfolg der amerikanischen Supermärkte, die weit außerhalb der Stadtkerne an gut im Autostraßennetz gelegenen Standorten entstanden sind und immer neu entstehen. Eine oft sehr schön gestaltete Fußgängerinsel oder ein Hallenkomplex mit vielen Dutzenden von Fachgeschäften und mehreren Warenhäusern treibt in einem Meer von abgestellten Autos. Für sie werden rundum Felder mit einer Kapazität von nicht nur Tausenden, sondern neuerdings Zehntausenden von Plätzen bereitgehalten. In diesen Zentren kann man bequem, auch mit gutem, konzentriertem Überblick über das Angebot einkaufen. Aber es handelt sich doch um einen rein monofunktional kommerziell geprägten Bereich, in dem nur Verkaufen und Kaufen geschieht und geschehen soll. Er ist nicht mehr eigentlich Teil der Stadt, sondern kann überall stehen. Er bietet weder die Ergänzung noch den Ausgleich eines in sich ruhenden öffentlichen Lebensbereichs, der auch nach Ladenschluß noch weiterlebt. Hier ist man nicht Stadtbürger, sondern zum Konsumenten reduziert. Die etwas peinliche Aufdringlichkeit, mit der die eine Funktion des Verbrauchens alle anderen bis zur Ausschließlichkeit verdrängt hat, läßt bei allem Werbeglanz eine Atmosphäre der Sterilität entstehen, die das Falsche des Konzepts enthüllt.
Dies ist – zugegeben – eine sehr persönlich gefärbte Wertung. Aber mit Wertentscheidungen haben wir es im Städtebau immer wieder zu tun, und man muß sie offen als solche erkennen und ausdrücklich als solche kennzeichnen. Eine ausgeprägte Vorliebe für lebendige Innenstadtbereiche bedeutet dabei nicht, daß separate Einkaufszentren verboten

oder behindert werden müßten. Aber es sollte die Bemühung daraus folgen, die in die Innenstadt mit ihren vielen anderen Funktionen eingebetteten Einkaufsbereiche so gut zu planen und so anziehend zu gestalten, daß sie im Wettbewerb mit den isolierten, autogerechten Einkaufszentren, die es ja auch bei uns schon gibt, bestehen können. Und dazu gehört nun einmal die gute Erreichbarkeit der Innenstadt mit dem eigenen Fahrzeug.

Für die Stadt- und Verkehrsplanung bedeutet das vorläufig, daß die Innenstädte zwar für den Autodurchgangsverkehr gesperrt werden dürfen und sollen, nicht aber für den Einkaufsverkehr, der dort sein Ziel hat. Technisch läßt sich das durch die Bildung von Verkehrstaschen mit Überlaufmöglichkeit im allgemeinen erreichen. Man muß leicht mit dem Auto hinkommen, rasch und ohne zu großen Aufwand einen Abstellplatz finden und von dort nur einen kurzen Fußweg zu den Geschäften haben. Das bedeutet die Einrichtung einer großen Anzahl von Tiefgaragen unter den Straßen und Gebäuden des Einkaufsbereichs. Hochgaragen sind als Einzelobjekte zwar in der Regel zunächst billiger. Aber sie stören den Zusammenhang des Stadtgefüges oft empfindlich. Zudem erscheint es zweifelhaft, ob sie in einer gesamtwirtschaftlichen Kosten- und Ertragsrechnung der Innenstadt nicht doch teurer sind, da sie andere mögliche Nutzungen verdrängen und den Bereich selbst ausweiten.

Ein weiteres kommt hinzu: Wenn wir Einkaufsstraßen in der Innenstadt haben wollen, die vom Autoverkehr frei sind, dann ist von einer gewissen Größenordnung an der Bau unterirdischer Straßen, mit denen die Parkgaragen bedient werden, nicht mehr zu vermeiden. Hier können schon für das Auto vorbereitend jene Verkehrsflächen geschaffen werden, die in der Nachautozeit dem neuen Verkehrssystem dienen können. Das bedingt schon jetzt die – wenn auch schrittweise, so doch konsequente – Trennung der Verkehrsebenen, bei der dem Fußgänger die Erdoberfläche, dem Fahrzeugverkehr, welcher Art auch immer, der Untergrund zugewiesen wird.

Damit ist allerdings schon wieder eine städtebauliche Wertentscheidung angesprochen, die keineswegs selbstverständlich ist. Man kann nämlich auch genau umgekehrt verfahren. Wenn man die Erdoberfläche dem Auto beläßt, kann man ihm trotzdem entgehen, und die notwendige Trennung der Ebenen vollziehen, indem man Fußgängerstraßen und Einkaufsbereiche unterirdisch anlegt. In kleinem Maßstab kennen wir Beispiele dafür aus fast allen Städten: die Straßen- oder Platzunterquerungen mit ein paar Zeitungskiosken und kleinen Läden. Aber es gibt Planungsprojekte und auch wenigstens zum Teil schon verwirklichte Systeme, in denen ganze Einkaufskonglomerate unterirdisch angelegt werden. Philadelphia mit seinem für einen weiten Ausbau vorgesehenen Penn-Center ist ein Beispiel dafür. In japanischen Städten gibt es noch größere unterirdische Einkaufsbereiche. Sie heißen dort Chikagai. Ihr größter in Osaka enthält 225 Geschäfte und Restaurants sowie zahlreiche Büros mit 60 km langen Verkehrswegen. Er wird täglich von 800 000 Menschen besucht und hat als einziges Verkehrsmittel den Anschluß an das U-Bahn-Netz. Überall wo U-Bahnen bestehen oder gebaut werden, bieten sich vielfältige solcher Ansatzpunkte für derartige Entwicklungen in den Zugängen, den unterirdischen Passerellen und Verbindungsgängen. Vielleicht ist es der einfachere Weg, dem nachzugeben und die Straßen den Autos zu überlassen, die dann auf den Dächern parken können, wie es heute schon in Coventry üblich ist. Als gewichtiges Argument kommt das Klima hinzu. Es regnet in der Tat recht häufig in unseren Breitengraden, oder es schneit oder hagelt. Und an wieviel Tagen im Jahr friert es uns nicht? Solches Wetter gehört nicht zu den idealen Einkaufsbedingungen, und es erscheint plausibel, ihm zu entgehen, indem man unter die Erde ausweicht.

Demgegenüber kann ich nur ins Feld führen, daß ich mich lieber auf der Erdoberfläche bewege als unter ihr, daß ich lieber gewisse Unbilden des Wetters ertragen möchte, als zum Maulwurf zu werden, daß ich den Himmel über mir wissen und die Bäume sehen möchte, selbst wenn sie kahl sind, und die gebaute Stadt um mich herum. Zudem braucht die Erdoberfläche nicht so unwirtlich zu sein. Arkaden, die gegen Regen schützen, hat man schon im Mittelalter gebaut. Ausfahrbare, durchsichtige Regenschutzdächer werden künftig zum selbstverständlichen Komfort von Einkaufsstraßen gehören. Und der Aufwand, die Straßen von unten und oben zu heizen, wird in absehbarer Zeit erschwinglich sein. Auch einer neuen Generation von Passagen mag die Zukunft gehören. Geist hat in einem höchst lesenswerten Buch erst kürzlich auf die großartigen städtebaulichen Möglichkeiten dieser Bauform hingewiesen[1], die gerade in nord- und mitteleuropäischen Ländern zum Tragen kommen könnte.

Umgekehrt gilt für die unterirdischen Einkaufsbereiche vieles von dem, was zu den Einkaufszentren kritisch gesagt wurde. Außerdem zieht es in ihnen und riecht nach Reinigungsmitteln. Indessen, es ist und bleibt eine subjektive Wertfrage, über die vor allen ökonomischen und technischen Überlegungen zunächst einmal versucht werden sollte, das mögliche Maß an Übereinstimmung herzustellen. Denn auf die Dauer muß es zur Trennung kommen, und es kann nur einer oben bleiben, entweder der Fußgänger oder der mechanische Verkehr. Dabei ist über

1 J. F. Geist, Passagen im Bautyp des 19. Jahrhunderts, München 1969

die angeführten Gesichtspunkte hinaus vor allem zu bedenken, daß der unvermeidliche Lärm jedes mechanischen Verkehrs, vor allem natürlich des Autos, nur bei einer Verlagerung in den Untergrund wirksam beseitigt werden kann.

Gehen wir also davon aus, daß dem Verkehr die unterirdischen Ebenen zugewiesen werden, so bleibt es bei der Forderung nach Tiefgaragen unter den innerstädtischen Einkaufszentren. Von hier aus sind die Ladenstraßen, Plätze und die einzelnen Geschäfte mit Rolltreppen und Fahrstühlen rasch und leicht zu erreichen.

Daß auf gute Zugänglichkeit für das Individualverkehrsmittel so großer Wert gelegt wird, soll nicht bedeuten, daß demgegenüber der konventionelle öffentliche Nahverkehr, solange wir ihn noch brauchen, vernachlässigt werden dürfte. Auch er bringt viel Kundschaft in die innerstädtischen Einkaufszentren. Auch wenn der Autobesitz einmal keine entscheidende Geldfrage mehr sein wird, was noch einige Zeit dauern wird, werden während des Autozeitalters viele Menschen auf öffentliche Verkehrsmittel angewiesen bleiben – sei es, weil sie keinen Führerschein haben oder aus vielen anderen erdenklichen Gründen. Wenn im Zusammenhang mit der Erschließung der Einkaufszentren trotzdem die größere Aufmerksamkeit dem Auto gilt, so einfach deshalb, weil hier das größere Problem liegt. Autobusse und Straßenbahnen pflegen die zentralen Einkaufsbereiche der Stadt anzufahren, und die U-Bahn-Netze haben hier ihre Knotenpunkte. Zudem ist hier auch schon vielfach eine Vorentscheidung über die Zuweisung der Ebenen getroffen. In der Konkurrenz zwischen unterirdisch geführten Bahnsystemen und solchen, die oberirdisch auf eigenen aufgeständerten Schienensystemen verkehren, haben sich die ersteren bisher meist durchgesetzt. Die städtebaulichen Probleme, die alle Hochbahnarten aufwerfen, sind außer in Wuppertal mit seiner besonderen Situation – die Schwebebahn wird in dieser bandförmig langgezogenen Stadt in einer Linie oberhalb des Flusses geführt – noch nirgendwo befriedigend gelöst.

Wo sich die Forderung nach einer unterirdischen Verkehrserschließung der innerstädtischen Einkaufszentren, bei kleinen Zentren auch einer Randerschließung, erfüllen läßt, ist mehr gewonnen als nur die gute Erreichbarkeit. Zugleich kann der Fußgänger – ebenso wie beim außerstädtischen Einkaufszentrum – in Ruhe und Behaglichkeit seiner Wege gehen, ohne von dem die Straßen durchflutenden Autoverkehr bedrängt und behindert zu werden. Wer nach jedem Häuserblock wieder vor einer roten Ampel anhalten und warten muß, bis die nächste Welle stinkender und lärmender Automobile vorbeigebraust ist, dem vergeht bald die Freude am Einkaufen. Die vielversprechenden An-

fänge, die in einer ganzen Reihe unserer Städte mit reinen Fußgängerstraßen gemacht worden sind, müssen also zum System ganzer Einkaufsbereiche ausgebaut werden.
Wo es gelingt, diesen Forderungen gerecht zu werden, dort ist die Entscheidung für die Zukunft der Innenstadtzentren als den großen und im Grunde konkurrenzlosen Einkaufsbereichen schon gefallen. Das heißt nicht, daß nicht Zusätzliches geschehen könnte und sollte. Von den nötigen Schutzvorrichtungen gegen Witterungsunbilden war schon die Rede. Für gelungene Verbindungen von »Offenheit« und »Geborgenheit« innerstädtischer Räume gibt es durch die ganze Geschichte der Stadtbaukunst bis in die Gegenwart hinein mancherlei Beispiele. Die moderne Technik bietet hier viele zusätzliche Lösungsmöglichkeiten an. Im übrigen kommt es auch hier wieder darauf an, Rast- und Ruhepunkte zu schaffen. Neben dem Straßencafé können allen zugängliche Sitzplätze, Stühle, Bänke, Mäuerchen, einen solchen Bereich wohnlich und anziehend machen. Ein Raum, in dem man bei Bedarf nicht einmal irgendwo zwanglos niedersitzen kann, hat etwas Abweisendes an sich, mag er auch noch so gut gestaltet sein. Sitzenkönnen gehört zum Sichzuhausefühlen.
Ein letzter, aber nicht weniger dringlich gemeinter Hinweis gilt den unglücklichen Beschränkungen der Einkaufsmöglichkeiten durch das deutsche Ladenschlußgesetz. Aus ehrenwerten Motiven sowohl des Arbeitnehmer- wie des Mittelstandschutzes heraus entstanden, ist es inzwischen zu einer der zugleich heiligsten und dümmsten Kühe unserer Gesellschaft geworden. Hier soll und kann nicht noch einmal die Fülle der für und wider eine solche Regelung sprechenden Gesichtspunkte ausgebreitet werden. Die Beweispflicht für die Notwendigkeit eines die Freiheit sowohl der Kaufleute wie der Verbraucher so entscheidend einengenden Gesetzes liegt beim Gesetzgeber selbst und bedarf ständig neu der Überprüfung. Dem – das sei immerhin mit Nachdruck vermerkt – entzieht sich der Gesetzgeber mit der einfachen Aufrechterhaltung der einmal getroffenen Regelung. Für das Leben unserer Städte wirkt sich jenes Gesetz jedenfalls über die Maßen nachteilig aus. Da alles Einkaufen von 18.30 Uhr an schlagartig abgeschnitten wird, verlieren die an sich interessantesten und farbigsten Innenstadtbezirke ihren entscheidenden Aspekt. Das wirkt sich zwangsläufig auch auf andere Arten der Innenstadtbenutzung negativ aus. Der leblose Eindruck, der von geschlossenen Geschäften ausgeht, vertreibt auch solche Menschen, die gar nicht einkaufen wollen. Der schmale Reiz eines reinen Schaufensterbummels kommt gegen diese Wirkung nicht an.
Hier könnten, solange dieses unglückliche Gesetz besteht, die Kaufleute selbst allerdings noch manches tun, um seine Folgen zu mindern.

Durch Öffnung der Läden für Ausstellungszwecke, durch Ausnutzung aller Gesetzesmaschen etwa im Wege der Clubgründung oder auf andere Weise, durch schriftliche Bestellungsannahme, vermehrte Einrichtungen von Automatenbedienungen und ähnliche Maßnahmen, wie sie vereinzelt schon praktiziert worden sind, ließe sich eine, wenn auch begrenzte Verbesserung erreichen. Gerade daran haben aber die Einzelhändler, die sich im Ladenschlußgesetz bequem eingerichtet haben, offensichtlich kein Interesse. In einer unheiligen Allianz mit den hier gar nicht so verbraucherfreundlichen Gewerkschaften verteidigen sie dieses Stück reglementierter Ordnung mit großer Hartnäckigkeit. Den Gewerkschaften sollte in diesem Zusammenhang immer wieder gesagt werden, daß die Freigabe der Verkaufszeiten nicht zu einer Verlängerung der Arbeitszeit führt. Im Endergebnis könnte möglicherweise sogar kürzer gearbeitet werden, da man zu anderen Tages- und Wochenzeiten mit der Hälfte des Personals auskommt oder überhaupt schließen kann. Es bleibt die Hoffnung, daß in dieser Frage die Vernunft sich endlich durchsetzen wird.
Trotz dieser Einschränkung sind die Perspektiven für die Zukunft der innerstädtischen Einkaufszentren nicht schlecht. Konglomerate von Warenhäusern, Fachgeschäften und Restaurants in verkehrsmäßig von unten erschlossenen, in sich ungestörten Fußgängerbereichen, oberirdisch in einer oder in mehreren Ebenen angeordnet, mit anderen Funktionen der Stadt durchaus vermengt, bleiben lohnende und dankbare Ziele der Stadtbaukunst.

10. Kapitel
Die freie Zeit verbringen

Jede große Stadt, die sich auf ihre Zukunft vorbereitet, sollte ihre Ratsherren und die für die Stadtentwicklung und Stadtplanung verantwortlichen Beamten auf eine sechswöchige Reise durch alle Vergnügungsviertel der Welt schicken. Das Programm könnte in St. Pauli anfangen, müßte unbedingt das Tivoli in Kopenhagen, müßte Las Vegas und Disneyland in Los Angeles berücksichtigen, würde einige andere Unterhaltungszentren der Alten und Neuen Welt einschließen und endlich über Südamerika nach Tokio führen. Das wäre eine nützliche Grundlage, um anschließend dem Generalverkehrsplan und allen sonstigen Generalplänen jeglicher Fachrichtung einen ebenso durchdachten und ebenso wichtigen Generalvergnügungsplan an die Seite zu stellen. Eine Stadt, die über kein großes, vielfältig reiches Vergnügungsangebot verfügt, wird künftig noch weniger taugen als jetzt schon. Wir erleben die Verkürzung der

Arbeitszeit, die sich seit dem Beginn der Industrialisierung halbiert hat. Wenn wir heute um die 40-Stunden-Woche herumpendeln, so ist die 30-Stunden-Woche von den Gewerkschaften schon ernsthaft anvisiert, in den USA schon bald erreicht, und alle Prognosen kündigen spätestens für die nächste Generation die 3tägige Arbeitswoche an. Hier stehen wir wieder vor einer der ganz großen gesellschaftlichen Veränderungen. Was wird, was kann die von der Arbeitsfron befreite Menschheit mit ihrer neu geschenkten freien Zeit anfangen?

Einiges davon geht in den lebenslänglichen Lernprozeß ein, von dem schon die Rede war, und der nur zum Teil berufsbezogen sein wird. Vieles wird man freiwillig lernen, weil man Lust dazu hat. Ein anderer Teil der freien Zeit wird den herkömmlichen kulturellen Aktivitäten Theater, Oper, Konzert, dem Besuch von Kunstausstellungen, Museen aller Art, Vorträgen und Diskussionen ebenso wie der eigenen künstlerischen oder handwerklichen »Laienbetätigung« gewidmet sein. Mit einer wesentlich verbesserten Schulbildung wird ein viel größerer Kreis von Menschen Zugang zu anspruchsvollen kulturellen Ereignissen und Betätigungen finden als bisher. Daneben wird der aktive und passive Sport in allen seinen Spielarten einen breiten Raum einnehmen. Und schließlich bleibt vielen viel Zeit und Lust zu allen nur erdenkbaren Vergnügungen und Unterhaltungen, auf die schon angespielt wurde. Die Stadt kann und sollte Standort vieler dieser Aktivitäten sein; manche sind nur hier möglich. Der Umfang des Vergnügungsbetriebes wird so groß sein, daß er für viele Städte die Einbeziehung einer ganz neuen Dimension bedeutet, die ihnen heute noch so gut wie gänzlich fehlt.

Doch zunächst zu den beiden anderen großen Freizeitbereichen, der Kultur und dem Sport (ohne daß überall klare Grenzlinien verliefen). Hier gibt es schon eine breite Basis städtischer und zum Teil auch staatlicher Einrichtungen, auf denen aufgebaut werden kann. Für die allgemeine Fortbildung in Wissen und Fertigkeiten stehen die Volkshochschulen und ähnliche Einrichtungen zur Verfügung, von denen schon die Rede war. Ihr Angebot muß durch ein breit ausgebautes Büchereiwesen ergänzt werden, wie es in Deutschland ebenfalls in der Grundstruktur schon besteht. Noch nicht überall eingeführt, aber ebenfalls wichtig ist das Fortbildungsangebot in den Freizeithäusern, die diesem Zweck zwar keineswegs ausschließlich, aber doch auch in mannigfacher Weise dienen. Wo solche Freizeithäuser gebaut wurden, sind sie über Erwarten gut von fast allen Bevölkerungsschichten und Altersgruppen angenommen worden. Offensichtlich ist hier noch ein großer ungedeckter Bedarf zu befriedigen. In absehbarer Zeit sollte jeder Stadtteil über sein Freizeithaus ebenso verfügen wie über seine Stadtteilbücherei.

Im klassischen Kulturangebot von Oper, Schauspiel, Konzertwesen wird es darum gehen, die bestehenden Aufführungsmöglichkeiten zu erweitern und vielfältiger zu gestalten. Grundlegende Änderungen – ausgenommen die Einbeziehung in größere Freizeit- und Unterhaltungskomplexe – sind kaum zu erkennen. Dabei sei der Vorbehalt gemacht, daß die seit Jahrzehnten anhaltende Diskussion um die Neugestaltung des Theaters doch einmal zu realisierbaren Vorschlägen führen könnte, die ein Umdenken notwendig machen würden. Im übrigen wurden trotz aller Theaterkrisen immer neue Theaterstücke geschrieben und aufgeführt, und auch Henzes »Floß der Medusa« werden wir noch im Konzertsaal hören. Wenn die Annahme stimmt, daß der Besucherkreis dieser Veranstaltungen sich strukturell erweitert, so besteht auch kein Anlaß, an einen Abbau der Ensembles und Orchester zu denken, eher ist eine Vergrößerung und Verbesserung dieser Einrichtungen in Betracht zu ziehen.

Lebhafter scheint der Wandel im Ausstellungswesen der bildenden Kunst ebenso wie in den Museen aller Richtungen zu sein. Hier zielt alles auf eine stärkere Aktivierung des bisher rein kontemplativ gedachten Besuchers ab. Neue Ausstellungstechniken kommen dem ebenso entgegen wie ein spielerisches, den »Betrachter« aktivierendes, Element in einigen Richtungen der jüngeren Kunstproduktion. Auch hier geht es aber für die Städte in erster Linie um wesentliche Verbesserungen und Erweiterungen des verfügbaren Raumangebots. Museen und Ausstellungen müssen allgemein zugängliche, öffentliche Aufenthaltsräume sein, die auch Platz und Gelegenheit für mannigfache Nebenaktivitäten bieten. Man muß dort essen, lesen, diskutieren, einkaufen, in die Sauna gehen und behaglich ausruhen können. Einige der großen amerikanischen Museen sind auf diesem Wege schon ziemlich weit fortgeschritten. Nicht zuletzt deshalb sind sie auch in der Regel voll von meist fröhlichen Besuchern.

Natürlich sind die Städte nicht die ausschließlichen Träger von Veranstaltungen im klassischen Kulturbereich. Vielfach sind Veranstalter gemeinnützige Vereine oder auch kommerzielle Unternehmer, Theaterleute, die kleinere Bühnen oder Kabaretts betreiben, Galeristen, die oft große und teure Ausstellungen aufbauen, Agenturen, die Gastspiele organisieren. Für dies alles bleiben verwaltungsmäßige, manchmal auch finanzielle Hilfen der Städte unerläßlich, wenn die Vielfalt der Veranstaltungsmöglichkeiten voll ausgeschöpft werden soll. Eine gewisse Minderung – nicht etwa Ausschaltung – unternehmerischer Risiken ist in diesem Bereich auch gerechtfertigt und kann bei der Stadt getrost unter »Werbungskosten« verbucht werden.

Für den Sport wird ebenfalls eine Erweiterung und stärkere Differenzierung der bisherigen kommunalen Förderung notwendig werden, die die Städte aber wohl kaum vor grundsätzlich neue Probleme stellen wird. Das Grundgerüst an sportlichen Einrichtungen ist ein zentraler Volkssportpark mit Bezirkssportanlagen in den einzelnen Stadtteilen. Die Anlagen umfassen Einrichtungen für Leichtathletik, Rasenspiele, Tennis, im Zentrum die Sporthalle, außen nach Möglichkeit in Spielhallengröße angelegte Turnhallen, im Zentrum ein großes Sportbad, in den Stadtteilen kleinere Bezirksbäder in der Kombination von Frei- und Hallenbad. Um einer neuerdings in die Breite gehenden Entwicklung zu größerer Unbefangenheit und Selbstverständlichkeit in körperlichen Dingen gerecht zu werden, sollten einzelne Bäder immer, andere jedenfalls zeitweise auch ohne Badekleidung benutzt werden dürfen. Auch Stadtverwaltungen müssen zur Kenntnis nehmen, daß jedenfalls da, wo der Anlaß es rechtfertigt, Nacktheit und Öffentlichkeit einander nicht mehr ausschließen. Ob wir darüber hinaus vor der Herausbildung eines neuen Bädertyps stehen, der sich stärker an kulturell hochentwikkelte antike Vorbilder anlehnt, sei dahingestellt. Immerhin erscheint es nicht als abwegig, auch eine Entwicklung ins Auge zu fassen, bei der Baden und vielfältige andere Freizeitaktivitäten wieder unter einem Dach zusammengefaßt werden. Wichtig ist, daß die Sportanlagen allen Benutzern offenstehen, auch soweit sie nicht in Sportvereinen organisiert sind. Übungsleiter für Leichtathletik, Tennis, Geräteturnen und andere Sportarten sollten zur Verfügung stehen.

Die Sportvereine möchten darüber hinaus alle ihre eigenen Anlagen haben, die ihren Mitgliedern vorbehalten sind. Dabei spielt das eigene Clubheim eine wesentliche Rolle. Soweit Vereine sich aus eigener Kraft und mit eigenen Mitteln solche Anlagen schaffen können, entsteht für die Stadt nur das Problem der Flächenausweisung. Nur selten reicht die Finanzkraft der Vereinsmitglieder allein dazu aus. In aller Regel erwartet man von der Stadt, daß sie das Grundeigentum erwirbt, die Sportanlagen baut, sich am Bau des Clubhauses mindestens maßgeblich beteiligt und laufende Zuschüsse zur Unterhaltung der Anlagen ebenso wie zur Bezahlung der Übungsleiter leistet. Will man solche Forderungen gerecht bewerten, so muß man sie mit den Aufwendungen vergleichen, die der Stadt bei ihren eigenen offenen Anlagen entstehen. Dabei ergibt sich, daß sie auch bei einer sehr großzügigen Vereinssubventionierung noch Geld spart – wenn der Verein seine Anlagen voll ausnutzt. Ein mitgliedstarker, gut gegliederter Verein, der seine Anlage auslastet, kann deshalb weitgehende Hilfen der öffentlichen Hand wohl in Anspruch nehmen. Umgekehrt ist es nicht zu verantworten, daß kleinen oder wenig aktiven Vereinen, die ihre Anlagen nur ein paar Stunden in der Woche benutzen, gleichartige Leistungen zuteil werden.

Bei der Knappheit an Grund und Boden angesichts der immer unzulänglichen kommunalen Mittel muß eine hohe Mindestausnutzung gewährleistet sein, ehe eine Anlage geschlossen an einen Verein abgegeben werden kann. Und auch dann kann das nur für so lange geschehen, wie diese Voraussetzungen erfüllt bleiben.

Bei dem sehr extensiven Flächenbedarf aller Sportanlagen wird die Mehrfachausnutzung künftig in der Regel zur unumgänglichen Notwendigkeit. Das gilt insbesondere auch für die Bedürfnisse der Schulen. Der Gedanke, die neuen großen Schulzentren in unmittelbarer Nähe der Bezirkssportanlagen zu planen, drängt sich auf. Zweifellos ist es schön, wenn jeder sein eigenes Areal hat, jeder Verein, jede Schule, jede Hochschule und die nichtorganisierte Bürgerschaft. Leider werden wir uns das aber nicht leisten können, wenn die aktive sportliche Betätigung in dem Umfang zunimmt, wie das dank der Arbeitszeitminderung zu erwarten – und zu erhoffen – steht.

Auf andere Sportarten, für die ebenfalls gesorgt werden muß, sei nur beiläufig hingewiesen: Eislaufen und Rodeln, Golf, Segeln, Rudern, Radsport, Reiten und Pferderennen. Als exklusiv im Sinne einer mangelnden Förderungswürdigkeit sollte keine Sportart mehr gelten, auch wenn sie es dem Ursprung nach einmal war. Große jedermann zugängliche Golfplätze nach amerikanischem Vorbild in unseren öffentlichen Parkanlagen sind zum Beispiel sicher in vielen Städten möglich. Schwieriger kann es mit Wasserflächen sein, deren Bedeutung dafür aber auch um so größer ist. Nicht nur für im engeren Sinne sportliche Nutzungen, auch für allgemeine Erholungszwecke ist jede Wasserfläche unbezahlbar. Städte, denen es gelingt, ein System aus künstlichen oder natürlichen Seen, Wasserläufen, Kanälen anzubauen, Wasserflächen, auf denen man rudern und segeln, paddeln und mit dem Tretboot fahren kann, gewinnen damit eine unvergleichliche Attraktivität. Je weiter ein solches System in die Stadt hineingezogen werden kann und je besser sein Anschluß an außerstädtische Wassersportzentren ist, um so wichtiger wird es. Eine Stadt, in der es lohnt, sich ein eigenes Boot zu halten, ist für viele Bürger gleich doppelt so viel wert. Unter diesem Gesichtspunkt wäre es zu begrüßen, wenn die Prognosen über die künftige Unrentabilität der Binnenschiffahrt zuträfen und die jetzt mit einem gewaltigen Investitionsaufwand neu gebauten und verbreiterten Schiffahrtskanäle voll für solche Zwecke zur Verfügung stünden.

Der Übergang vom Thema Sport zum Thema Vergnügung und Unterhaltung bietet sich mühelos an: Fußball. Gemeint sind hier natürlich nicht die Fußballspiele der Amateure, die mit wenigen Zuschauern am Spielfeldrand unter sich bleiben – das gehört zum normalen Vereinssport –, sondern die großen, professionell ausgetragenen Spiele der

Bundesliga, die Pokal- und Nationalbegegnungen, die Austragung der Weltmeisterschaften. Diese unlösbare Verbindung von Sport und Schaugeschäft ist die gleiche wie bei Sechstagerennen und großen Boxkämpfen: eine verschwindend geringe Zahl von aktiven Teilnehmern, die für zum Teil hohe Geldsummen in die Arena gehen, angefeuert von Zehntausenden von Zuschauern, für die das reine Unterhaltung ist. Dafür braucht man Stadien und Sporthallen, die solche Zuschauermassen aufnehmen.
In den letzten Jahren hat die Entwicklung auch hier zu größeren Einheiten und zu höheren Anforderungen an Ausstattung und Einrichtung geführt. Die derzeitigen Ausbauvorhaben im Hinblick auf die Fußballweltmeisterschaft 1974 sind nur ein bescheidener Anfang. Sie sind sogar, wegen finanzieller Fehleinschätzung, zu bescheiden und damit weitgehend Fehlinvestitionen. Die Zukunft gehört nicht dem teilüberdachten Allzweckstadion, sondern der kleinen Leichtathletikanlage auf der einen und der großen Fußballarena mit einem bei schlechtem Wetter ausfahrbaren Dach auf der anderen Seite. Natürlich bietet sich eine solche Halle dann auch für andere Nutzungen an, so daß die Erträge hinter den Aufwendungen für eine derartige Monsterkonstruktion gar nicht weit zurückzubleiben brauchen.
Mit alledem, das sei hier noch einmal wiederholt, bewegen wir uns noch im Rahmen bisheriger kommunaler Aktivitäten. Ein Umdenken in Dimensionen, eine Verschiebung von Prioritäten mag notwendig werden, grundsätzliche neue Probleme ergeben sich für die Städte daraus nicht.
Anders liegt es, wenn wir uns nun dem dritten Hauptbereich des Freizeitlebens zuwenden, dem reinen Vergnügungsbetrieb. So etwas hat es bisher zwar auch schon in jeder Stadt gegeben: Oktoberfest und Schützenfest, Kirchweih, Fasching oder Karneval, Jahrmärkte, Varietés, Automatenspielhallen, schließlich auch Kinos, Tanzcafés und Nachtlokale. Wenn man von den vorübergehenden, an große Freiplätze gebundenen Veranstaltungen absieht, so haben sich die übrigen Unterhaltungsbranchen in der Regel entweder in ausgesprochenen Vergnügungsvierteln oder aber in bestimmten Innenstadtbezirken konzentriert. Je dichter und geschlossener der räumliche Zusammenhang ist, je vielfältiger das Angebot an Möglichkeiten, je mehr sichtbarer Betrieb dort stattfindet, um so anziehender wirken diese Bezirke auf Einheimische und Fremde. Sicher ist es kein Zufall, daß die berühmtesten und meistbesuchten derartigen Einrichtungen die reinen, ständigen Vergnügungsparks wie Tivoli und Disneyland sind.
Angesichts der uns bevorstehenden Freizeitentwicklung halte ich die planmäßige, mit öffentlichen Mitteln geförderte Entwicklung von sol-

chen Arealen — seien es vergnügungsintensive Stadtbezirke, seien es geschlossene Vergnügungsparks — für eine wichtige neue Aufgabe der Städte. Natürlich werden auch ohne eine solche Aktivität der Stadt neue Betriebe der Unterhaltungsbranche entstehen, um der wachsenden Nachfrage gerecht zu werden. Nur ist der Erfolg zweifelhaft ohne eine Gesamtkonzeption, in die der einzelne Unternehmer sich einfügen kann, in deren Rahmen er die richtige, ihn ergänzende, die Gesamtwirkung steigernde Nachbarschaft anderer Unterhaltungsbetriebe findet. Überläßt man diese Entwicklung völlig der unkoordinierten Bemühung einzelner, so besteht die Gefahr, daß infolge der damit in der Regel verbundenen Zersplitterung die notwendige dichte Atmosphäre nicht zustandekommt und ein diffuses Angebot auch von den Besuchern nicht recht angenommen wird. Das sind dann die Städte, in denen »nichts los ist« — obwohl das Vergnügungsbedürfnis und die Bereitschaft, sich den Spaß etwas kosten zu lassen, hier nicht geringer zu sein braucht als anderswo.

Nun können natürlich auch in den größeren Städten nicht gleich Vergnügungsareale in einem Maßstab ausgewiesen werden, der dem von international bekannten und von Touristen überschwemmten Unterhaltungszentren entspricht. Die Möglichkeit, später in eine solche Größenordnung hineinzuwachsen, sollte allerdings offengehalten werden. Aber gerade bei einem maßvollen Beginn, für den es sicher auch Mindestschwellen gibt, kommt es auf die Konzentration des Angebots an. Ob man dem in das allgemeine Stadtgefüge mit seinen einzelnen Etablissements integrierten Vergnügungsviertel oder dem Vergnügungspark den Vorzug gibt oder beides für möglich hält, das hängt von vielen örtlichen Umständen ab. Allein die Platzfrage wird die Etablierung von geschlossenen tivoliähnlichen Anlagen, die ja möglichst im Inneren der Stadt liegen sollen, in vielen Fällen mindestens vorläufig unmöglich machen. Immerhin braucht man hier und dort die Umwandlung innerstädtischer Parkanlagen, die bisher als reine Grünareale genutzt wurden, nicht von vornherein auszuschließen.

Bei der Konzeption der Vergnügungsviertel und -parks muß man wohl davon ausgehen, daß ein entsprechender Bedarf zwar durch das ganze Jahr hindurch besteht, aber Abhängigkeiten vom Wetter, besonders also von der Jahreszeit, doch in starkem Maße zu berücksichtigen sind. Dem muß das Unterhaltungsangebot sich anpassen können. Auch muß der Rahmen elastisch gehalten sein, um immer wieder neuen Ideen Raum zu geben. Allerdings ist ein fester Kernbestand an Einrichtungen von vornherein unerläßlich. Ohne einige große Hallen wird also kaum auszukommen sein. Eine zentrale Rolle kommt der Gastronomie zu, die mit Lokalen für jeden Anspruch und Geldbeutel gut vertreten sein muß. Ferner seien genannt, ohne daß Vollständigkeit angestrebt werden könnte: Aufführungsbühnen oder Räume für Konzertdarbietungen, für Varieté, aber auch für Theater oder Tanz, Berg- und Talbahnen und die ganze unübersehbare Gattung der Fahr-, Dreh-, Schaukel- und Schleudermechanismen, die für Kinder wie für Erwachsene gleich unwiderstehlich sind, Geisterbahnen, Wahrsager und viel vom übrigen Jahrmarktsangebot, Minigolfanlagen und Catcherzelte, Spielbuden und Spielcasinos, Mixed-Media-Shows und zuschaueroffene Fernsehstudios mit Unterhaltungssendungen aller Art, Modelleisenbahnen und Miniaturstädte, Kabaretts und Kunstausstellungen, Nachwuchspräsentationen, Modenschauen, Flohmärkte, Happeningareale, eine Ecke für die Weltverbesserer. Manchem Leser wird sofort ein halbes Dutzend weiterer Möglichkeiten einfallen. Jedenfalls kann man sich das so bunt und reich und vielfältig ausmalen, daß man gleich Lust bekommt hinzugehen. Es läßt sich auch verstehen, daß man nicht nur einmal im Jahr dahin geht, wenn man Besuch ausführen muß, sondern daß man sich öfter spontan entschließt, einen Nachmittag oder Abend dort zu verbringen und zu gucken, was es Neues gibt.

Mit dem Begriff des großstädtischen Vergnügungsviertels verbindet sich über den bisher skizzierten Rahmen hinaus die Vorstellung von erotisch attraktiven Darbietungen und Standorten der Prostitution. Bei der völligen Durchsetzung unseres gesamten Lebens mit erotischen und sexuellen Reizmomenten scheint es mir schwer und auch unnötig zu sein, für die Zulassung zu kommunal geförderten Vergnügungsparks eine andere Grenze zu ziehen, als sie im konsequenten Ausschluß der gewerblichen Prostitution besteht. Stripteaseshows, topless girls und ähnliche Randerscheinungen einer Zivilisation, die nach neuen erotisch-sexuellen Wert- und Verhaltensmaßstäben erst noch sucht, sollte man nicht mit Verboten belegen. Ausgesprochene Bordellbetriebe dagegen müssen getrennt von den allgemeinen Vergnügungsparks oder -quartieren für sich geschlossen untergebracht werden. Maßgebend ist dafür neben den Gründen des Jugendschutzes vor allem die Rücksichtnahme auf die doch nach wie vor sehr große Anzahl von Menschen, die jede Form von Prostitution ablehnen und die durch alle damit zusammenhängenden Eindrücke mit Widerwillen erfüllt werden. Andererseits möchte ich mich, aus genau den gleichen Erwägungen, für die Einrichtung geschlossener Bordellbereiche für alle Arten der Prostitution, unter Einschluß einer leistungsfähigen Autopassage, mit großem Nachdruck einsetzen. Daß die Prostitution nicht auszurotten ist, weiß jeder, selbst wenn er das für wünschenswert hält. Also muß man einen Rahmen schaffen, in dem sie ungestört und vor allem ohne andere zu stören, Raum findet. Nur wenn das geschieht, wenn diese Einrichtungen für die Prostituierten und ihre Kundschaft gegenüber den jetzigen Verhältnissen verbessert werden, kann die offene Straßenprostitution wirksam bekämpft und, wenn nicht ganz beseitigt, so doch wesentlich eingeschränkt werden.

So nützlich ein Eros-Center zu diesem Zweck ist, so wenig reicht es für sich allein schon aus. Das Thema Prostitution sollte von Grund auf neu durchdacht und einer neuen zeitgemäßen Lösung zugeführt werden. Eine Arbeitsgruppe von Fachleuten aller beteiligten Disziplinen wäre zunächst damit zu beauftragen, praktische Vorschläge und Empfehlungen auszuarbeiten. Daraus anschließend die notwendigen rechtlichen, organisatorischen und städtebaulichen Folgerungen zu ziehen, ist Sache des Gesetzgebers und der Kommunalpolitiker. Unverantwortlich ist jedenfalls das jetzige Verhalten, das Problem einfach nicht zur Kenntnis zu nehmen. Die Belästigungen und Beeinträchtigungen für die Anlieger und Benutzer vieler Innenstadt-, aber auch Ausfallstraßen gehen über das zumutbare Maß weit hinaus.

Die Stadt nicht nur als Standort des Unterhaltungs- und Vergnügungsgewerbes, sondern als dessen aktiver Förderer und Organisator, das ist in der Tat eine für die meisten Städte neue und ungewohnte Aufgabe, die aber rasch selbstverständlich werden wird. Der eingangs dieses Kapitels gemachte Vorschlag für eine Reise durch die großen Vergnügungszentren der Welt war übrigens ernst gemeint. Auf diesem Gebiet ist man genauso auf Ideendiebstahl angewiesen wie auf den meisten anderen, eher sogar noch mehr.

Die Freizeitangebote einer Stadt sind mit den aufgezählten Möglichkeiten noch nicht erschöpft. Spazierengehen gehört zum Beispiel noch dazu. Die städtischen Parks, Spiel- und Liegewiesen, Wälder, zoologischen und botanischen Gärten gehören für viele Menschen zu den Hauptanziehungspunkten der Stadt, in denen sie viel Zeit verbringen. Ein anderes Freizeitvergnügen kann das Schlendern durch die Innenstadt sein – wenn sie gut dazu eingerichtet ist, Abwechslung und Anreiz, zugleich aber auch Schutz bietet. Ausstellungen und Messen aller Art locken außer Einkäufern regelmäßig auch viele »Sehleute« an, Ortsansässige, die die Gelegenheit wahrnehmen, einen Blick in sonst unzugängliche Bereiche zu tun. Viele solche Veranstaltungen sind auch für ein breites Publikum von vornherein bestimmt, etwa Flugtage oder Junggeflügelausstellungen. Manchmal bemühen sich auch die Stadtverwaltungen, ihre Bürger mit Tagen der offenen Tür zu unterhalten. Dann kann man in die Abwässerkanäle hinabsteigen und im Theater auf der Drehbühne fahren und mal nachgucken, wie denn so ein Oberbürgermeister oder Oberstadtdirektor in seinem Rathaus eigentlich untergebracht ist.

Dies und vieles andere gehört zum reichen, bunten, vielfältigen Bild der Freizeit in der Stadt. Auf eine vollständige Darstellung kommt es dabei nicht an. Es sollte nur mit Nachdruck darauf hingewiesen werden, wie sehr wir es hier mit einem der am raschesten expandierenden Zweige kommunaler Aktivität zu tun haben, wobei der Bereich Unterhaltung und Vergnügung als neue große Aufgabe der Stadt erkannt und in Angriff genommen werden muß.

IV. Gesichtspunkte für eine gute Stadt

Die Wahl der Überschrift für diesen Abschnitt entspringt einer gewissen Verlegenheit. Denn natürlich gibt es mehr »Gesichtspunkte« für eine gute Stadtpolitik und für guten Städtebau als die in diesem Buch behandelten. Indessen sind noch einige Überlegungen anzustellen, die einfließen müssen in Maßnahmen der Stadtentwicklung der verschiedensten Art; man mag sie Querschnittsaufgaben nennen.
Davon, und zwar auch nicht universell, sondern nur im Sinn einer Meinungsäußerung zu einigen, teils umstrittenen, teils neuen oder nur vernachlässigten Themen der Stadtgestaltung und der Stadtpolitik, soll im folgenden die Rede sein.
Die sichtbare Einbeziehung der Vergangenheit in die Gegenwart, die Integrierung der Natur in ihren vielfältigen Erscheinungsformen in die gebaute Stadt und ihre Durchsetzung mit zweckfreien Kunstformen sind die drei Elemente städtischer Umwelt, die die tiefsten emotionalen Schichten der Stadtbewohner berühren. Wenn der Verkehr zusammenbricht, wenn braunes Wasser aus der Leitung fließt, wenn ein handfester Bauskandal an die Öffentlichkeit kommt, so schimpft man zwar darüber, aber man regt sich eigentlich nicht auf. Soll aber ein historisches Gebäude abgerissen, eine Baumreihe gefällt oder eine abstrakte Plastik aufgestellt werden, dann brechen Leidenschaften auf. Hier geht es um Umweltelemente, die viel vitaler erlebt werden als das Funktionieren der technischen Abläufe in der Stadt. Deshalb sollten wir ihnen, wenn auch wohl nicht unbedingt mehr, aber mindestens die gleiche Aufmerksamkeit zuwenden, wie der technischen Perfektion und guten Organisation des Stadtgebildes. Im Zweifel mögen sie sogar den Vorrang haben.
Weiter ist von den Kindern die Rede und von den anderen »Minderheiten«-Gruppen, die in der Stadt von heute zu kurz kommen. Wir müssen mehr an ihre besonderen Bedürfnisse denken.
Ein anderes, die Stadtbewohner stark berührendes und beschäftigendes Problem ist die Sicherheit. Ohne daß das Gefühl der Unsicherheit die Bevölkerung schon beherrschte, wie etwa in den Vereinigten Staaten, hat es doch deutlich zugenommen. Auch diese Sorge wird künftig mehr von unserer Aufmerksamkeit in Anspruch nehmen müssen als bisher.
Schließlich sollen noch einige Bemerkungen zum Selbstverständnis unserer Stadtverwaltungen angefügt werden, die nach beiden Seiten

gerichtet sind, an den Bürger, der sich der Stadt und ihrer Einrichtungen bedient, und an die Verwaltung, die in einer Wandlung steht.

11. Kapitel
Sichtbarmachen der Geschichtlichkeit

Der Stadt ihre historische Dimension zu erhalten, sei es in Bauwerken, sei es in Straßen- und Platzformen oder in anderen Zeichen der Vergangenheit, auf diese Bemühung stoßen wir allerorts. Nicht typisch sind hierfür allerdings Sonderfälle gleichsam rein historischer Städte wie Venedig oder Rothenburg. Dort ist die Erhaltung der aus einer früheren Epoche stammenden Stadt richtigerweise oberster und zentraler Gesichtspunkt der Stadtgestaltung insgesamt. Bei den meisten Städten geht es dagegen um die Bewahrung des alten Bestandes und seine Einfügung in die moderne Stadt von heute, möglichst unter gleichzeitiger Erhaltung der alten oder Zuweisung einer neuen vollwertigen Nutzung. Beispiele dafür lassen sich vielerorts finden, anspruchsvolle und bedeutende ebenso wie bescheidene und wenig bekannte. Beide Formen der historischen Integration sind gleich wichtig.

Dabei spielt das absolute Alter heute nur noch eine Rolle zweiten Ranges: Der Wehrturm aus dem 13. Jahrhundert steht mit einer Jugendstil-Bogenlampe oder einer Bauhaus-Villa fast auf einer Stufe. So machen auch die Nordamerikaner nicht nur aus der Not eine Tugend, wenn sie ihre »alten« Gebäude aus dem 18. und 19. Jahrhundert ebenso engagiert zu retten suchen wie wir ältere bauliche Zeugnisse der Vergangenheit. In ganz Europa gibt es gerade aus den letzten Jahren zahlreiche Beispiele für Auseinandersetzungen auch um neuere Bauwerke. Die Erhaltung und Restaurierung der eklektizistischen wilhelminischen Prunkfassaden gehört ebenso dazu wie die plötzlich einsetzende Begeisterung für neogotische Backsteinkirchen, die noch vor weniger als einer Generation als grausige architektonische Verirrungen galten.

Weniger auf die Relativität aller künstlerischen Maßstäbe sei damit hingewiesen als auf die Tatsache, daß der Kunstwert eines historischen Bauwerks heute nicht mehr entscheidend ist, wenn es um die Einbeziehung der Vergangenheit in die Gegenwart geht. Hohe künstlerische Qualität ist also nicht mehr Voraussetzung für die Erhaltung eines alten Baubestandes, obwohl sie immerhin ins Gewicht fällt, wenn es einmal um eine schwierige Entscheidung geht. Auch die bombastische, im Grunde verlogene Architekturprotzerei höchst fragwürdiger Zeiten stört uns nicht mehr, weil wir sie als Kuriosität, nicht mehr als ernstzunehmenden Anspruch empfinden. Das gilt heute, wie erwähnt, für den wilhelminischen Pomp, sei es der der Frankfurter Oper, sei es der der Rathäuser in Hamburg oder München oder Hannover. Das gilt morgen wahrscheinlich schon für die uns Älteren noch unverdaulichen Repräsentationsbauten des Dritten Reiches mit ihrer weltherrschaftssüchtigen und doch so provinziellen Pseudoklassizistik. Schließlich sind auch viele der von uns fraglos hingenommenen älteren Bauten – vom Kolosseum bis zum Louvre – Schauplätze nicht geringerer menschlicher Torheit und Grausamkeit gewesen – wenn ihre Architektur auch meist besser war.

Bejaht man also die aktive Rolle des Historischen in unseren neuen Städten nicht nur, sondern hält man es für ein lebenswichtiges Ferment, so ergeben sich noch einige Fragen eigener Art; an erster Stelle wohl die nach der Rekonstruktion, der völligen Wiederherstellung von gänzlich zerstörten Bauwerken oder sogar ganzen Stadtteilen. Die im Zweiten Weltkrieg flächenzerstörten europäischen Städte haben sich in dieser Frage sehr unterschiedlich verhalten. Coventry und Rotterdam etwa haben mit völlig neuen, damals modernen Stadtkonzeptionen einen voll der Zukunft zugewandten Anfang gemacht und nur wirklich wertvolles Altes erhalten. In den deutschen Städten hat man in der Regel das nächstliegende getan, indem man schlechte moderne Architektur entlang der alten Straßenlinien zuließ, die sich etwa auch an den alten Maßstab hielten. Die große Bemühung hieß nicht zu Unrecht »Wiederaufbau«, ohne daß damit Historisches gemeint gewesen wäre. Neue Konzeptionen lagen nur in wenigen Fällen vor. Die Ruinen historischer Gebäude wurden meist wieder aufgebaut, manchmal sogar glücklich mit Neuem zusammengefügt. In einigen Fällen – ich denke etwa an Münster oder Nürnberg – hat man nicht ohne Glück neue Bauten in eine historische Maßstäblichkeit und Wirkung hinein entworfen, ohne den modernen Charakter zu verbergen und den überkommenen zu zerstören.

In Polen ist eine Reihe historischer Innenstädte bis ins bauliche und ornamentale Detail hinein getreu, und zwar nicht nur für die Fassaden einzelner Häuser, sondern für ganze Straßen und Plätze, völlig neu wieder aufgebaut worden. Die davon ausstrahlende intensive Wirkung hat nichts vom peinlichen Beigeschmack der Fälschung. Sie beeindruckt vielmehr als elementares Bekenntnis zur eigenen kulturellen Vergangenheit, die dort für das nationale Selbstverständnis in der Gegenwart offensichtlich eine stärkere Bedeutung besitzt als bei uns.

Die unterschiedlichen Reaktionen auf die gleiche Situation der fast totalen Zerstörung lassen die große Spannweite nicht nur der möglichen, sondern auch der glaubwürdigen und überzeugenden Antworten auf die Frage nach der Legitimität von Rekonstruktionen erkennen.

Die historisch genaue Wiederherstellung ganzer Innenstadtbereiche ist heute für uns nicht mehr aktuell. Dagegen wird sich das Problem der Wiederherstellung einzelner historischer Gebäude immer wieder stellen. Wenn der Bezug zur Örtlichkeit hinreichend stark und die Qualität der Rekonstruktion gesichert ist, wenn vor allem der Bau wichtig genug ist, um eine doch immerhin außergewöhnliche Maßnahme von innen her zu begründen, so ist nicht einzusehen, warum wir nicht auch das eine oder andere historische Gebäude wieder neu errichten sollen.

Eine weitere Frage, die sich häufig stellt, ist die der Veränderung alter Bausubstanz, etwa durch Einbeziehung erhaltener, aber für heutige Zwecke nutzloser historischer Bauteile in neue Komplexe. Daß wir hier unter dem Gesichtspunkt, die historische Dimension zu erhalten, großzügig sein können, liegt auf der Hand. Oft werden alte Baureste auf diese Weise erst aktualisiert. Die Grenze, die in der Zerstörung kunsthistorischer Werte liegt, wird angesichts unseres überempfindlich geschärften Gewissens wohl kaum je erreicht werden.

Ganz intensiv und kommunalpolitisch brennend wird schließlich die Frage nach dem Abriß historischer Gebäude dann, wenn sie neuen Entwicklungen im Wege stehen oder wenn sie so ruinös sind, daß sie nur unter Einsatz unverhältnismäßig hoher Mittel erhalten werden können, oft ohne daß eine überzeugende Nutzung sich anböte. Solche Entscheidungen können nur im Einzelfall und müssen daher örtlich ausgetragen werden: Nicht jedes alte Gemäuer ist unantastbar, bloß weil es schon ein paar Jahrzehnte oder auch Jahrhunderte steht. Eine lebende Stadt hat immer die Pflicht, den Bedürfnissen der Gegenwart gerecht zu werden. Nur: zu den Bedürfnissen der Gegenwart gehört es eben auch unabdingbar, die Vergangenheit in ihren Bauwerken in die Welt der Stadt einbezogen zu sehen. Daher wird der Entschluß zur Beseitigung dort leichter fallen, wo die Stadt mit alter Substanz noch reich genug durchsetzt ist. Je weniger davon vorhanden ist, um so mehr wird man zögern, die Reste noch weiter zu vermindern.

Dieses Problem wird Bürger und Kommunalpolitiker, und nicht nur sie, in den kommenden Jahrzehnten noch überaus intensiv beschäftigen. Schon bei einfachen Stadtteilsanierungen, die in den nächsten Jahren und Jahrzehnten immer dringlicher werden, wird zwischen einer kostspieligen Erhaltung und einem Abriß die richtige Entscheidung häufig nicht leicht zu finden sein. Mit Sorge ist jedenfalls eine Aktivität zu beobachten, die an das Inkrafttreten des Städtebauförderungsgesetzes anschließt. Der Eifer kleiner, mittlerer wie großer Städte, nun endlich mit finanzieller Hilfe des Bundes zu modernen Innenstadtquartieren zu kommen, ist nur zu verständlich. Auf die damit verbundenen Probleme wird im einzelnen in den Kapiteln 19 und 20 noch hingewiesen.

Schon hier sei jedoch vor einem bedenkenlosen Abriß alter Bausubstanz gewarnt – und zwar auch dann, wenn sie moderne Nutzungen erschwert. Selbst da, wo man glaubt, alte Gebäude angesichts einer reichen historischen Bausubstanz bedenkenlos opfern zu können, sollte man sich auf jeden Fall um mal vorher vergewissern, daß das Neue genügend Qualität besitzt, um den Abriß des Alten zu rechtfertigen. Funktionelle Überlegenheit und Angepaßtheit an gegenwärtige Nutzungsbedürfnisse allein genügen dazu nicht. In jedem Fall sollte eine architektonische und städtebauliche Qualität hinzukommen, die eine Gleichwertigkeit des Ersatzbaus gewährleistet. Der ohnehin schwere Verzicht auf aus der Vergangenheit stammende Gebäude wird da unerträglich, wo seelenlos-häßliche Nutzbauten an ihre Stelle treten sollen.
Viel schwieriger wird das Problem in der sich vermutlich anschließenden Phase des technischen Städtebaus. Sie wird an die auf die Erhaltung und Integrierung alter Bauwerke gerichtete Phantasie unserer Städtebauer noch ganz andere Anforderungen stellen, als wir heute abschätzen können.

12. Kapitel
Die Einbeziehung der Natur

Ähnlich wie das Historische engagiert den Stadtbewohner die Natur; Bäume und Sträucher, aber auch Rasenflächen und Blumenbeete liegen ihm am Herzen. Auch die Stadtplaner haben viel mit dem »öffentlichen und privaten Grün«, wie sie es in ihrer grausigen aber zweckmäßigen Sprache nennen, im Sinn. Es verschönt, verdeckt und harmonisiert. Hierzu hat es in jüngster Zeit einiges an Kritik gegeben. Betrachtet man aber die Entwürfe der Kritiker, soweit sie Architekten sind, so krabbeln auf ihren futuristischen Kompositionen überall die gleichen kleinen stilisierten Bäumchen herum, die heute in unseren mißglückten neuen Stadtteilen erfreulicherweise beginnen, genau das zu leisten, wofür sie bestimmt waren: zu beleben und verschönern, zu verdecken und zu harmonisieren.
Bahrdt hat die mehrschichtige Beziehung des Städters zur Natur überzeugend gekennzeichnet[1]: »Das Verhältnis zur Natur und Landschaft ist beim modernen Menschen eine vielschichtige Mischung aus elementarem Kontrastbedürfnis zur sonstigen künstlichen Umwelt, aus zu

1 H. P. Bahrdt, Plädoyer für eine Futurologie mittlerer Reichweite, in „Wie werden wir weiterleben?“, Dokumentation zum 42. Bundestag des BDA, o. J., S. 8

kurz gekommenem körperlichen Betätigungsdrang, aus romantischen Leitbildern geschichtlicher Herkunft und allgemeinem Unbehagen an der Kultur.« Wohl nicht zufällig steht in dieser Zusammenfassung das Kontrastbedürfnis zur künstlichen Umwelt an der ersten Stelle, und nicht zufällig wird dieses Bedürfnis als elementar gekennzeichnet. So groß die Rolle der übrigen Stimmungsfaktoren sein mag, so scheint mir doch hier der Schlüssel zum Problembereich Natur in der Stadt zu liegen.

Im Geranientopf, der vor einem Hinterhoffenster dahinkümmert, im letzten Straßenköter wie in der letzten Rose auf den Schlafzimmergardinen manifestierten sich die Sehnsucht nach Natur in einer Welt, die uns so viel davon vorenthält. Der Mensch mag die erstaunlichsten technischen und künstlerischen Leistungen vollbracht und seine Umwelt wahrlich bis zur Unkenntlichkeit verändert haben, er bleibt Kreatur, er kann ohne die Nabelschnur zur vegetativen Schöpfung nicht existieren.

Das Grundbedürfnis nach »Natur« ist allerdings nicht bei allen Menschen in gleicher Intensität vorhanden und äußert sich nicht in gleicher Form. Schon bei der Erörterung der Einzelhausstadtteile war davon die Rede, daß die naturistische Lösung neben der urbanistischen steht, der Versuch zum Ein- und Untertauchen in Natur neben dem, sie als wichtige, aber nicht dominierende Komponente in die gebaute Umwelt einzufügen. Dies war ohne Wertung gemeint, und es liegt auch keine Wertung darin, wenn jetzt festgestellt wird, daß die Stadt als Ganzes nicht in der ersten, sondern nur in der zweiten Form konzipiert werden kann. Die Begriffe Stadt und Künstlichkeit der Umwelt lassen sich nicht voneinander trennen; eine naturistische Stadt ist undenkbar, schon von der schieren Baumasse her. So viel Architektur und Kunstbauten, wie eine Stadt sie braucht, lassen sich gar nicht unter Bäumen verstecken. Es gibt allerdings Versuche, das zu tun. Wohl das berühmteste derartige Experiment ist Helsinkis Trabantenstadt Tapiola, eine mit Hochhäusern, Zeilenbauten und Einfamilienhäusern in die Natur hinein komponierte Großsiedlung westlich der Stadt. Hier ducken sich die niederen Gebäude in den grünen Bewuchs der Landschaft hinein. Hochhausreihen und -gruppen recken sich in respektabler Entfernung voneinander über die Baumwipfel empor und signalisieren weithin, daß hier Menschen wohnen. Die Idee der naturistischen Stadt ist hier in eindrucksvoller Weise realisiert. Aber auch die Grenzen der Realisierbarkeit werden deutlich: die Aufwendigkeit der Erschließung, die Abhängigkeit von topographischen Besonderheiten, der Verzicht auf den begreifbaren und erlebten Zusammenhang städtischer Ordnung, Beschränkungen in der Art, Vielfalt und Intensität der Nutzung, Begrenzung in der möglichen Zahl der Bewohner.

Aber auch das Konzept einer dichter gebauten, »steinernen« Stadt schließt, wie gesagt, nicht aus, daß viele Bäume in dieser Stadt stehen und wichtig für sie sind, daß der Kontrast zur einbezogenen Natur die Künstlichkeit der Stadt erst erträglich macht. Das ist im übrigen um so wichtiger, je schlechter gelungen die von Menschen geformte Kunstwelt ist. Auf einem von geschlossenen Mauern umgebenen schmalen Platz, der Harmonie und Maß hat, auf dem gut gebaute Häuser ringsum sich als gemeinsame Offenheit vereinen, kann ein einzelner Efeustock genügen. Vor die grausen Vierstöcker unserer Wohnungsbaugesellschaften kann man gar nicht genug grünes Zeug pflanzen. In den besten Fällen ergeben sich durch das Gegeneinander von Bauwerk und Pflanzen Steigerungen, die einem den Atem stehlen können. Oft wird die Kunstform der Architektur in ihrer ganzen strengen Großartigkeit, ihrem Maß und ihrer gelungenen Anpassung erst durch die Biegung und Schwellung eines einzigen eigenwüchsigen Astes geoffenbart, der sich vor sie schiebt.

Nun besteht der Alltag in der Stadt nicht aus einer Abfolge von offenbarenden Augenblicken, sondern aus einer Fülle aufmerksamkeitheischender und oft sehr strapaziöser Aktivitäten. Was die Stadt an Natur birgt, wird in der Regel ebenso nur im Vorübergehen wahrgenommen wie ihre Architektur. Aber so oberflächlich oder unbewußt die von beiden ausgehende Wirkung verarbeitet wird, so unzweifelhaft ist sie vorhanden, und viele genießen die aufmerksame Beobachtung der Stadt doch auch als bewußt herbeigeführtes und immer wiederholtes Erlebnis.

Die Formen sind tausendfältig, in denen eine Stadt sich Natur aneignen, in denen sie den Kontrast zwischen Mauern und Bäumen, Wegen und Büschen, Treppen und Ranken spielen lassen kann. Und doch gibt es hier ungelöste Probleme. Ein solches Problem hat die Bezeichnung halböffentliches Grün. Gemeint sind damit die teils mit Büschen oder einzelnen Bäumen, meist aber mit Rasen bepflanzten Flächen zwischen den vorher so unfreundlich kommentierten viergeschossigen Zeilenbauten, aber natürlich auch, und erst recht, zwischen höheren Wohn- und Bürogebäuden. Diese Zonen entstehen zunächst einmal zwangsläufig dadurch, daß unser Bauordnungsrecht die Vorschrift enthält, daß jedes Gebäude Platz zum Umfallen haben muß. Dadurch werden die Abstände um so größer, je höher die Gebäude sind. Soweit man in dem Zwischenraumgelände nicht Autos abstellt, was aus dem genannten Grund eigentlich auch nicht zulässig ist, sät der Grundstückseigentümer sie ein. So entstehen diese manchmal schönen, manchmal weniger schönen Grünzonen. Sie sind nicht öffentlich, weil sie nicht der Stadt gehören und die Stadt nicht darüber verfügen darf.

Sie tragen aber auch nicht eigentlich privaten Charakter. Denn vom Aussehen und von der Zugänglichkeit her unterscheiden sie sich von öffentlichen Grünanlagen nur bedingt, und ein natürlicher, persönlicher Eigentümer, der sie nutzte, ist auch weit und breit nicht zu sehen. Die Kinder wissen nicht, ob sie darauf spielen dürfen oder nicht. Manche Erwachsene ermutigen sie dazu, andere jagen sie wieder herunter. Es sind rechte Verlegenheitsgebilde, diese halböffentlichen Grünflächen.

Eine Lösung könnte gefunden werden, wenn diese Zonen durchweg von den Städten übernommen, gestaltet und unterhalten würden. Die insgesamt erheblichen Mehrkosten könnten durch einen Grundsteuerzuschlag auf die betreffenden Grundstücke gedeckt werden. Der Vorteil bestünde darin, daß je nach Lage und Größe der einzelnen Flächen eindeutige Nutzungen nach städtebaulichen Gesichtspunkten festgelegt und kenntlich gemacht werden könnten. Dabei muß der Grundsatz gelten, daß alles erlaubt ist, was nicht offenkundig unterbunden werden soll. Flächen, die nicht betreten werden sollen, werden mit Feuerdorn und Strauchrosen bepflanzt, wo keine Ballspiele stattfinden sollen, zieht man einen Graben. Nur ausnahmsweise, wenn anders Klarheit nicht zu schaffen ist, müssen Schilder aufgestellt werden. Solange wir eine solche, auf die Dauer sicher einzig praktikable Lösung noch nicht haben, sollten die Bauträger versuchen, von sich aus nach den gleichen Grundsätzen vorzugehen.

Das öffentliche Grün der Anlagen und Parks, von dem nun doch noch konkret die Rede sein soll, hat eine Fülle sehr verschiedenartiger Funktionen zu erfüllen. Von der einen und wichtigsten, einfach da zu sein und das innere Gleichgewicht in der Stadt herzustellen, war schon die Rede. Auf eine wichtige zweite Nutzung weist uns Bahrdt mit seiner Bemerkung von dem zu kurz gekommenen körperlichen Bewegungsdrang hin. Wer schon nicht Sport treibt, um seinen Körper auszulasten, der macht wenigstens vielleicht noch gern einen Spaziergang. Dabei kann der Weg zwar auch in die von Natur sparsamer durchsetzte Innenstadt führen. Oft wird der Spaziergänger aber Garten- und Parkanlagen oder eine Waldumgebung vorziehen. Für alle diese Arten von Anlagen innerhalb der Städte gibt es viele Beispiele, gute wie schlechte. Dem Umfang und der reinen Fläche nach reichen die Grünflächen aber bei der jetzigen Form unseres Stadtwachstums einfach nicht aus; oft liegen sie auch zu weit von den Wohnungen entfernt. Wer einen Spaziergang machen will, möchte in aller Regel nicht erst eine längere Fahrt auf sich nehmen, ehe er sich bewegen kann. Wird die Unternehmung zu umständlich, so unterbleibt sie ganz und man stellt lieber gleich den Fernseher an. Eine Stadt muß dadurch zum Spazierengehen verlocken, daß man möglichst überall damit anfangen kann. Zwar kann nicht jedes Haus am Waldrand liegen. Wohl aber sind Stadtformen, sei es auf einer band-, stern- oder gitterförmigen Struktur denkbar, in denen der Weg von jedem Haus zur nächsten Parkanlage nicht länger als zehn Minuten dauert und in denen ein Netz von Fußgängerwegen solche Anlagen überall untereinander und mit den Wohnquartieren verbindet.

Soweit die Städte in ihrer historischen Form auf die Dauer neben den technischen Stadtteilen der Zukunft weiterbestehen sollen, ist eine radikale Durchplanung notwendig. Zwar wird ein in die Stadt eingeflochtenes System von Grünanlagen aller Art unter Umständen erst im Verlauf einiger Jahrzehnte ganz verwirklicht werden können. Voraussetzung auch dazu ist jedoch, daß ein Plan jetzt erarbeitet und beschlossen und der weiteren Entwicklung zugrundegelegt wird. Im Zuge der Sanierungsplanung wird ein voll entwickelter, flächengliedernder Grünzonenplan eine der wichtigsten Grundlagen der Stadterneuerung sein.

In diesen Zonen sind auch andere Nutzungen unterzubringen als nur zum Durchwandern bestimmte Parks und Gärten, zum Beispiel Kinderspielbereiche, von denen noch die Rede sein wird oder auch Kleingärten.

Der Wandel der Kleingartenanlagen von geschlossenen Vereinskolonien zu offenen, jedermann zugänglichen Gartenbereichen hat schon begonnen. Im gleichen Maße, wie der Gemüse- und Obstanbau zurückgetreten ist gegenüber der Benutzung als Erholungsgarten mit Rasen und Blumenrabatten, sind die Kolonien auch für den Spaziergänger anziehend und reizvoll geworden – vorausgesetzt, daß er nicht ausschließlich zwischen mannshohen Heckenmauern spazieren muß. Eine Art gemeinschaftlicher Benutzung der großen für Kleingärten benötigten Flächen durch die Gartenbesitzer, die nicht jede Privatheit aufgeben sollen, und durch die übrige Bevölkerung, die daran Anteil haben darf, wird es sicher leichter machen, das Kleingartenkonzept auf die Dauer durchzuhalten. Voraussetzung dazu ist allerdings in jedem Fall, daß die Kleingärten »richtig« liegen, das heißt in den Natur- und Erholungsgebieten der Stadt. Bei der Neu- und Umplanung unserer Städte, die noch bevorsteht, wird man auf bestehende Anlagen zwar soweit wie möglich Rücksicht nehmen. Umlegungen größeren Umfangs werden aber auf die Dauer nicht vermeidbar sein.

Ob ein Bedürfnis nach Kleingärten überhaupt auf die Dauer bestehen bleibt, ist nicht leicht vorauszusagen. Daraus, daß das Ende der Kleingartenidee schon mehrfach zu Unrecht prophezeit wurde, folgt noch nicht, daß sie unbegrenzt lebt. Oft ist der Kleingarten eben doch nur der Ersatz für den fehlenden Hausgarten. Die Nachfrage nach Kleingärten könnte auf lange Sicht abnehmen, wenn es gelänge, alle Gartenwünsche im Zusammenhang mit Einzel- und Terrassenhäusern zu befriedigen. Wie weit dabei die Kontaktverluste in Kauf genommen würden, die angesichts der oft sehr engen jetzt bestehenden Verbindungen innerhalb der Kleingartenvereine unvermeidlich wären, bleibt abzuwarten. Ohnehin handelt es sich aber um nur in längeren Zeiträumen denkbare Entwicklungen, von denen die Stadtplaner nicht kurzfristig überrascht werden. Auch in der Kleingartenfrage kann ebenso wie bei den Wohnungen nur gelten, daß es Aufgabe der für die Städte Verantwortlichen ist, den Bedarf, solange er besteht, im Rahmen des nur irgend möglichen zu befriedigen. Dabei stößt man allerdings an Grenzen, die nicht nur in der Knappheit der Flächen begründet sind, sondern auch in der finanziellen Leistungskraft. Neben den Millionenbeträgen, die jährlich für die Unterhaltung, Neuanlage, Umsetzung und Verbesserung der Kleingartenkolonien von manchen Städten aufgebracht werden, treten ökonomisch noch höher zu veranschlagende Verluste durch den Verzicht auf eine auch nur annähernd dem Bodenwert entsprechende Rente. Es ist an der Zeit, die Gesamtkosten der Kleingartenunterhaltung und -förderung sichtbar zu machen — nicht unbedingt um sie abzubauen, aber um sie in bewußte Konkurrenz mit anderen städtischen Aufgaben zu setzen.

Dabei hat sich immer wieder gezeigt, daß den Kleingärtnern die Sicherheit ihres Besitzes um so wichtiger ist, je mehr sie spüren, wie gewaltigen Wandlungen die Städte unterworfen sein werden und wie ihre heutigen Areale zwangsläufig mehr und mehr zur Dispositionsmasse der Neuplanung gehören. Es sollte schon heute alles getan werden, ihnen durch langfristige Pachtverträge Sicherheit zu geben, wo immer das möglich ist, und die Grünplanung im übrigen so vordringlich zu behandeln, wie es irgend geht, um Klarheit über die künftigen Standorte und den Ablauf der Umgestaltung zu gewinnen. Dann können für die Zwischenzeit auch mittel- oder sogar kurzfristige Verträge eine Hilfe sein. Denn den in langen Wachstumsphasen denkenden Gärtner bedrückt die Ungewißheit, ob er im nächsten Jahr noch auf dem gleichen Boden pflanzen und arbeiten wird.

Zum Thema Natur in der Stadt gehört schließlich auch die Tierwelt. Auf die Bedeutung der zoologischen Gärten wird erst im 14. Kapitel hingewiesen werden, obwohl sie für Erwachsene kaum weniger wichtig sind als für Kinder, von denen dort die Rede ist. Aber auch darüber hinaus lassen sich in Parks und Stadtwäldern Wildgehege einrichten, die sogar für Besucher offen zugänglich sein können. Beispiele dafür gibt es nicht nur in Hannover mit seinem Tiergarten. Schließlich sollten auch die Pferde nicht aus der Stadt verschwinden. Dabei denke ich

nicht nur an den Reitsport, für den ein weites Reitwegnetz die Stadt durchziehen sollte, sondern auch an Pferdedroschken. Wenn und wo es Möglichkeiten gibt, sie zu erhalten, sollten sie ausgeschöpft werden – ein bißchen verdeckte Subvention ließe sich hier wohl einmal rechtfertigen.
Mit diesen, auch wieder bei weitem nicht vollständigen, sondern auf einige aktuelle Teilprobleme beschränkten Bemerkungen sei das Thema Natur in der Stadt abgeschlossen. Alle Bemühungen und Anstrengungen der Stadtverwaltungen in diesem Bereich können der breiten und spontanen Zustimmung der Bevölkerung sicher sein, so daß sie besonderer Fürsprache nicht mehr bedürfen. – Ganz anders sieht es in der nun folgenden Sache aus.

13. Kapitel
Die Durchsetzung mit Kunst

Die Ausschmückung der Stadt mit Kunstwerken, die Hervorhebung und Auszeichnung bedeutender öffentlicher und privater Gebäude durch künstlerischen Schmuck haben eine jahrtausendealte Tradition. Je mannigfacher und reicher eine antike Stadt mit Statuen und Reliefs, mit Wandmalereien, Triumphbögen und prunkenden Tempeln angefüllt war, um so weiter reichte und um so länger währte ihr Ruhm. Obwohl diese Tradition nie ganz erloschen ist, war die auf den öffentlichen Stadtraum bezogene Kunst- und Schmuckfreude über die Jahrhunderte hinweg recht unterschiedlich stark ausgeprägt. Autokratisch strukturierte Gesellschaften neigen deutlich zu stärkerer künstlerischer Prachtentfaltung, die zugleich im Dienst ihrer hierarchischen Ordnung steht. Das vergleichsweise demokratische bürgerliche 19. Jahrhundert bescherte uns nur noch eine Heerschar von Goethe- und Schillerstandbildern, daneben Denkmäler für andere Geistesheroen und Landesfürsten. Außerdem sind noch einige zum Teil aufwendige und prächtige Brunnenanlagen entstanden.
Die Gegenwart tut sich mit dem Thema schwer. Das Gefühl dafür, daß künstlerischer Schmuck in die Stadt, zur Stadt gehört, ist nach wie vor lebendig. Doch fehlt eine allen begreifbare Kunst, in der die Bürgerschaft als Ganzes sich wiedererkennen, die sie als Symbol ihres Seins der Welt präsentieren kann. Als die bildende Kunst aufhörte, begreifbare und erklärbare Inhalte darzustellen und mitzuteilen, von dem Augenblick an, in dem sie sich zur autonomen Form, also zur sogenannten abstrakten Kunst fortentwickelte, wurde sie für die Mehrzahl der Menschen fremd und unbegreiflich. Angesichts der Gewohnheit, nach

einer in schöne Form gebrachten literarischen Aussage, nach dem begrifflich formulierbaren Inhalt, der »Bedeutung« eines Kunstwerks zu fragen, stellte sich Ratlosigkeit vor der nichts als sich selbst bedeutenden Form ein. So entstand eine innere Unsicherheit, die durch den doppelten und in sich widersprüchlichen Verdacht genährt wurde, einerseits: man werde vom Künstler zum Narren gehalten, andererseits: es könne doch etwas am Kunstwert der unverständlichen Darstellung daran sein, man vermöge ihn nur nicht zu erkennen, man sei also ungebildet und gezwungen, dies jetzt auch in aller Öffentlichkeit zuzugeben. Nur so lassen sich viele Formen leidenschaftlicher Aggression gegen abstrakte Kunstwerke erklären, jene Bilderstürmereien, Verunglimpfungen, rüden Beschimpfungen und unverständigen Ratsbeschlüsse, die die Behandlung dieses Themas bis in die jüngste Zeit hinein immer wieder begleiten.
Um in dieser Frage die Grundlage für eine der allgemeinen Anerkennung fähige Politik zu gewinnen, soll zunächst der Zweck geprüft werden, der mit der öffentlichen Aufstellung von Kunstwerken verfolgt wird. Offensichtlich liegt er – jedenfalls in demokratisch verfaßten Gesellschaften – nicht darin, den Staat, eine Partei oder einen Führer zu verherrlichen und zur Festigung der bestehenden politischen Ordnung beizutragen. Auch die Befriedigung offizieller Schmuck-, Selbstdarstellungs- und Repräsentationsbedürfnisse scheidet damit, jedenfalls als Primärmotiv, aus. Die Denkmalskunst mit ihren inhaltlichen Mitteilungen lebt fort und behält ihren vergleichsweise allerdings bescheidenen Raum. Ihre Produkte sind von unterschiedlicher, meist minderer Qualität. Es gibt allerdings auch hervorragende Beispiele – etwa die Plastik von Zadkine zur Erinnerung an die Stadtzerstörung und den Menschenmord in Rotterdam oder die von Henry Moore, die in Chicago an der Stelle des früheren Institutsgebäudes steht, in dem die erste Atombombe entwickelt wurde.
Der tragende Gesichtspunkt für die Sichtbarmachung von Kunst in der Stadt, für die Durchsetzung und Durchwachsung der Stadt mit Kunst in jeder Art, ist für mich sehr eng jenem verwandt, der die Durchwachsung der Stadt mit Natur als so notwendig erscheinen läßt. Haben wir bei der Natur von der Befriedigung eines Ausgleichsbedürfnisses zur künstlichen Umwelt gesprochen, so geht es hier um das notwendige Gegengewicht zur zweckhaft determinierten Umwelt. Eine Stadt, in der alles einen Zweck hat: die Straßen, die Häuser, die Lampen, die U-Bahn, die Autos, die Ampeln, die Schilder, die Fabriken, die Läden, sogar die Kinderspielplätze – schlechthin alles, was vorhanden und zu sehen ist, wirkt zu flach, langweilig, vielleicht sogar abstoßend. Denn so soll unser Leben nicht sein: eine Abfolge von nur nützlichen Funk-

tionen. Diese brauchen und sollen wir nicht verneinen und ablehnen. Wir dürfen das nicht einmal, wenn wir ein gutes Leben führen wollen. Aber etwas weniger davon täte es auch und vor allem: es darf nicht bei ihnen bewenden. Für diesen Sachverhalt brauchen und suchen wir eine bestätigende Darstellung in der uns umgebenden Welt. Zum Teil übernehmen dies die gleichfalls nicht zweckgerichteten Naturelemente in der Stadt. Stärker jedoch als die Natur ist das autonome Kunstwerk Inbegriff einer zweckfreien Gegenwelt, stärker deshalb, weil es aus der gleichen Menschenhand kommt, die diese Welt sonst zu lauter Nützlichkeiten umgeformt hat. Umgang mit Kunstwerken, ganz gleich wo und unter welchen Umständen, ist Befreiung in einer nur durch sie dargestellten und überhaupt bestehenden eigenen Dimension der menschlichen Existenz.

Die Einbeziehung von Kunst in das Stadtbild ist so kein Akt der Verschönerung, sondern bedeutet die Ausstattung der Stadt mit der Dimension Kunst, dem materiell unnützen, von Menschen geschaffenen zusätzlichen Stück Welt, das es vor ihm nicht gegeben hat.

Der Stadt diesen Bereich zu integrieren ebenso wie den der Natur, dient allerdings nicht nur der Befriedigung von Ausgleichsbedürfnissen; es geht um noch einiges mehr. Durch unseren öffentlich geförderten und getragenen Kunst- und Museumsbetrieb haben wir längst entschieden, daß »die Kunst« zu den menschlichen Aktivitätsbereichen gehört, die wir als für die Gesellschaft wesentlich ansehen. Und in der Tat wäre es ja wohl nicht recht verständlich, wenn die gleiche Menschheit, die jene großartige Eigenwelt Kunst aus sich heraus schafft, sich dazu als organisierte Gesellschaft nicht bekennen wollte. Die Produktion von Kunst zu erleichtern, sie zu fördern und den Umgang mit ihr jedermann zugänglich zu machen, gehört also fraglos zu den anerkannten politischen, besonders zu den kommunalpolitischen Aufgaben. Gerade hier wird diese Aufgabe allerdings um so unzulänglicher erfüllt, je mehr man sich in den traditionellen Formen des elitären bürgerlichen Kunstbetriebes bewegt. Kunstausstellungen und Museen ziehen nur jene an, die den Zugang zur Kunstwelt schon gefunden haben oder ihn doch bewußt suchen. Das ist eine nach wie vor recht kleine Minderheit. Den Umgang mit Kunst aber zu jedermanns Sache und Möglichkeit zu machen, ist doch offensichtlich Aufgabe einer egalitären Gesellschaft.

Für den Bereich der bildenden Kunst gilt ebenso wie für andere Kunstgattungen, daß das Verständnis eine schlichte Folge der Kenntnis ist. Häufiges, immer wiederholtes Sehen führt bei immer mehr – ich vermute schließlich den meisten – Menschen zum spontanen Verstehen, zum selbstverständlichen Eintritt in die neue Dimension der Kunst. Sicherlich gilt das nicht für alle; es gibt Menschen, die kunstblind sind wie andere farbenblind. Wie hoch ihr Anteil ist, wissen wir nicht, weil bisher niemals der Versuch unternommen worden ist, die gesamte Bevölkerung der ständig wiederholten, intensiven Begegnung mit Kunst auszusetzen. Bei unseren bisherigen Formen des Kunstbetriebs ist das auch nicht möglich. Viele Leute lassen sich durch nichts in der Welt dazu bewegen, eine Ausstellung moderner Kunst anzusehen. Und wer es doch unternimmt, wird sich nach dem ersten Rundgang im Regelfall in allen seinen ablehnenden Vorurteilen bestätigt sehen und nie wiederkommen.

Als wohl einzig praktikabler Weg bietet sich die ständige Zurschaustellung von Kunst auf den öffentlichen Straßen und Plätzen der Stadt an. Hier finden zwangsläufig und von selbst die zwanzig oder fünfzig oder hundert Begegnungen statt, die eines Tages zur ersten »Erkenntnis« führen. Das heißt: es ist notwendig, den öffentlichen Raum unserer Städte mit Kunst, und zwar mit sehr viel und viel verschiedenartiger Kunst dicht anzufüllen. Dabei ist zunächst an Großplastiken zu denken, die sich aus naheliegenden Gründen am ehesten zur ständigen Aufstellung im Freien eignen. Plastik bedeutet dabei sowohl die festgefügte gegossene, gehauene oder geschweißte Form als auch die bewegte, sich bewegende Figur. Als Beispiel für Letzteres sei auf die elektrischen Großtürme von Schöffer hingewiesen, mit ihren kreisenden Flügeln, Scheinwerfern, rotierenden Spiegelseiten, Feuerwerken, farbigen Nebeln und elektro-akustischer Musik oder auf die Geldmacher-Mariotti-»Plastik« auf der 4. Documenta-Ausstellung in Kassel. Ferner: Wasser bietet ungezählte Möglichkeiten der plastischen und spielerischen Form. Daneben kommen große Wandbilder in Betracht, ferner die Ausstellung von Tafelbildern und Objekten in großen Glasvitrinen.

Das alles ist »bildende Kunst« im klassischen Sinne. Daneben drängen heute andere, sich in Ereignissen und Abläufen manifestierende, fast immer auf eine Veränderung der Gesellschaft abzielende, häufig den Betrachter zu aktivieren, in das Geschehen einzubeziehen suchende Formen künstlerischer Äußerung und Gestaltung nach vorn. Solche Ereignis-Kunst zeigt Ablaufspuren, Arbeitsresultate, die wichtig oder banal sein können, häufig Gleichnischarakter besitzen, gelegentlich allerdings auch in autonom schönen Objekten bestehen, die sich von jeder Ideologie ihrer Entstehung emanzipiert haben. Dieser neben den überkommenen Formen von Architektur, Plastik und Malerei neu entstehende Zweig der Ereigniskunst, der den alten bildenden Künsten kaum mehr verwandt ist als dem Theater, drängt vor allem an die Öffentlichkeit und auf den Markt. Ihr unsere Städte zu öffnen, sie auf Straßen und Plätzen geschehen zu lassen, ist eine ebenso gesellschaftlich wichtige wie dankbare Aufgabe. Ärgernis und Provokation

können und sollten dabei in Kauf genommen, ja begrüßt werden, solange nicht grobe Beleidigung Platz greift.
Schließlich sollte auch die angewandte Kunst, die Dekoration innerhalb des Stadtbildes, ganz anders in den Vordergrund treten als bisher. Warum werden Brücken und Hochstraßen nicht leuchtend bunt angemalt, warum tragen die Straßenlaternen alle das gleiche triste Graugrün oder Aluminiumsilber? Dafür, was man mit dem Straßenpflaster alles anstellen kann, gibt es schon ein paar schöne Beispiele. Und warum die Fahrbahnbeläge nicht bunt gefärbt werden, ist auch nicht einzusehen. Bei den Häusern wird es – zugegeben – schwierig, wenn jeder seine Farbe nach Belieben wählt. Hier wird man Einschränkungen verfügen müssen, die aber hinzunehmen sind.
Das Ergebnis wäre eine farbige Stadt, die mit Kunstwerken so vollgestopft ist wie mit Bäumen. Hierin, in der unvergleichlich höheren Dichte und Intensität, läge der entscheidende Unterschied zu dem, was ja jetzt schon geschieht: hier und da an ausgewählten Punkten der Stadt die eine oder andere Plastik aufzustellen, einem U-Bahn-Eingang ein Relief zu geben oder an einer Schulhauswand ein paar Möven fliegen zu lassen. In der Stadt, die ich zu schildern versuchte, wäre Kunst überall präsent, träte sie als zweite, als Gegennatur ständig in Erscheinung. Das wäre auch mehr und anderes als eine große Freiluftausstellung, die über die ganze Stadt verstreut ist. Die Kunstwerke hätten hier ihren festen, den ihnen auf Dauer eigenen Platz, genau wie die Bäume. Das schließt Wechsel im Einzelfall nicht aus. Die Atmosphäre der Stadt wäre aber im ganzen verändert, »mutiert« in eine neue und höhere Qualität.
Hierzu gehört nicht nur eine gute Ankaufspolitik, sondern auch ein intelligentes Management für die Plazierung und öffentliche Raumgestaltung. Die Realisierung des Vorschlags setzt einen mittelfristigen Stadtkunstplan ebenso voraus wie das Engagement gescheiter und begeisterter »Umweltgestalter«. Die gibt es aber.
Ein Einwand ist ernst zu nehmen. Wohl in jeder Stadt würde sich gegen einen solchen Plan eine Opposition bilden, die wahrscheinlich die Mehrzahl der Einwohner hinter sich bringen könnte – aus den Gründen, die bereits erwähnt wurden. Zur Opposition wird auch anreizen, daß die Durchführung des Plans – selbst wenn man sich nicht auf Werke internationaler Geltung mit entsprechenden Spitzenpreisen beschränkte – nicht billig wäre. Man kann den Bürgern leicht vorrechnen und sie damit erschrecken, wieviel Schulen und Kindergärten für das gleiche Geld zu haben wären oder um wieviel Pfennige sich der Straßenbahnfahrpreis senken ließe. Ein Rat, der einen solchen Kunstplan beschließt und die notwendigen Mittel dafür bewilligt, wird dies

zunächst vermutlich gegen den Widerstand der Mehrheit seiner Wähler tun.

Die einschränkende Formulierung »zunächst« halte ich für berechtigt, auch wenn ich nicht beweisen, sondern nur vermuten kann, daß ein massiver Meinungsumschwung nach etwa zwei bis drei Jahren einsetzen wird. Wäre das nicht der Fall, so sollte allerdings in der Tat gegen den anhaltenden Widerwillen der Mehrheit der Bürger ein solches Programm nicht durchgeführt werden. Bleibt moderne Kunst, entgegen meiner Annahme, wirklich nur eine Kunst für Minderheiten, dann darf man sie nicht allen aufdrängen. Aber inzwischen gibt es schon Erfahrungen mit einigen Einzelfällen, die vielleicht symptomatisch sind und die meine Grundannahme zu bestätigen scheinen. Von einem Beispiel sei hier berichtet.

Vor dem Neubau des kommunalen Verwaltungshochhauses in Chicago wurde ein freier Platz angelegt, der mit einer Plastik besetzt werden sollte. Picasso, der davon erfuhr, machte das Modell einer aus Eisenplatten und -stäben konstruierten Figur und schenkte es der Stadt. Die Plastik wurde in der vorgesehenen Größe ausgeführt und aufgestellt. Niemand wußte, was sie darstellen sollte, einen Frauenkopf oder ein Pferd noch am ehesten. Picasso gab keine Auskunft über die Bedeutung. Die meisten Chicagoer fanden die Figur scheußlich, sinnlos und beleidigend. Getröstet wurden sie nur durch den berühmten Namen Picasso und durch den Ruf, den die Stadt plötzlich in der ganzen Welt als Standort eines so bedeutenden und seltenen Kunstwerks bekam. Wer heute nach Chicago kommt, den fragen die Einheimischen eifrig, ob man denn auch die Picasso-Plastik schon gesehen habe. Auf die Gegenfrage, ob sie den Leuten denn jetzt gefalle, kommt die Antwort meist noch etwas verlegen und unsicher, etwa »eigentlich ja nicht, aber man hat sich doch besser dran gewöhnt, als man zuerst dachte«. Ich bin ziemlich sicher, daß es heute einen Volksaufstand in Chicago gäbe, wenn jemand ernsthaft versuchen würde, die verrückte Plastik von Picasso wieder zu entfernen.

Um aber alle mit einem solchen Stadtkunstplan verbundenen Risiken auszuschalten, kann und sollte man ihn bei seiner Einführung auf etwa vier Jahre beschränken. Das läßt Zeit genug, um seine Wirkung in der öffentlichen Meinung zu erproben. Sollte sich dann nach wie vor eine Mehrheit dagegen wenden, so würden sich die inzwischen erworbenen Kunstwerke, wenn gut gekauft wurde, ohne Verlust an Museen, Sammler oder andere Städte, die mehr Spaß an der Sache haben, veräußern lassen.

Die Auswirkungen eines durchgeführten Stadtkunstplans auf das emotionelle Verhalten einer Bevölkerung, die sich nicht in Widerstand versteift, müßte beträchtlich sein. Allerdings sind wir auf Vermutungen angewiesen. Zunächst einmal böte ein solches Programm wahrscheinlich eine schier unbegrenzte Fülle von Gesprächsstoff, mobilisiertes kommunales Engagement im positiven wie im negativen Sinne in selten erreichtem Umfang. Die Chance, wieder »Öffentlichkeit« in unseren Städten herzustellen, würde verbessert. Vielleicht darf man noch mehr erhoffen – und diese Hoffnung allein rechtfertigte den Versuch – daß es mehr Freude gibt in der Stadt, mehr Heiterkeit, mehr das Gefühl, am richtigen Platz in einer richtigen Welt zu sein.

Die aufzuwendenden Mittel müßten am Anfang eines solchen Plans sicher beträchtlich sein, um eine gewisse geschlossene Wirkung zu erreichen, vielleicht ein bis zwei Millionen DM jährlich für eine mittlere Großstadt mit einer halben Million Einwohner; später könnte das Ankaufstempo etwas verlangsamt werden. Sicher würden auch viele Künstler bereit sein, einen solchen Plan mit Leihgaben und in vielen Formen beratender und aktiver Mitarbeit zu fördern. Hier ließen sich ungeahnte Reserven an Begeisterung erschließen. In diesem Zusammenhang ist aber auch wieder einmal an die berühmten mit ein oder zwei Prozent zu veranschlagenden Mittel für »Kunst am Bau« zu erinnern. Im kommunalen Bereich hat sich dieser Grundsatz nie ganz durchgesetzt – wohl zu Recht, da die Bindung bestimmter prozentualer Mittel für Kunstwerke an einzelnen Bauten zu oft recht willkürlichen Ergebnissen führt. Aber der Gedanke ist richtig und sollte nicht aufgegeben werden. Man könnte die Dotierung eines allgemeinen Stadtkunstplans durchaus zur Gesamtsumme der Bauinvestitionen ins Verhältnis setzen. Bei einem Ansatz von zwei Prozent würden die oben genannten Summen schon etwa erreicht werden. Es handelt sich also keineswegs um finanzielle Probleme von unerhörter Größenordnung.

Eine heikle Frage ist noch die nach der Entscheidungskompetenz nicht nur für Anschaffungen im Rahmen eines Stadtkunstplans, sondern für Kunsterwerbe jeder Art, also etwa auch zum Ausbau der öffentlichen Sammlungen. So sehr ich das politische Mandat des gewählten Ratsvertreters für die umfassende Entscheidungslegitimation in grundsätzlich allen Stadtangelegenheiten halte, so bin ich doch der Meinung, daß in diesem Fall die Bevollmächtigung eines besonderen Gremiums notwendig ist, dessen Mitglieder im Umgang mit Kunst erfahren sind und einen Überblick über die mannigfache internationale Kunstproduktion besitzen. Anders kommt bei der Überfülle unzulänglicher Kunsterzeugnisse auf die Dauer keine qualitätvolle Ankaufspolitik zustande. Man kann auch den Weg der Bevollmächtigung einer einzelnen Person, etwa des Galeriedirektors, gehen. Doch auch in der Kunst gilt, daß vier Augen mehr sehen als zwei, und gerade bei einem Stadtkunstplan ist

eine möglichst große Vielfalt der vertretenen Richtungen sicher erwünscht, mag sie die Entscheidung im Einzelfall auch erschweren.
Auch die Futuristen haben die Bereicherung ihrer Städte mit Kunst schon vorgesehen. Von Wasserskulpturen und hydraulischen Monumenten ist die Rede[1], von frei schwebenden Magnetskulpturen und radargesteuerten roboterähnlichen Skulpturen, die auf den Straßen zwischen den Menschen spazierengehen. Und am Himmel sollen verwandelte automatische Helicopter ihre programmierten Luftballette aufführen. Wenn sie bis dahin leise geworden sind, wird man auch darüber reden können. So reizvoll solche Überlegungen sein mögen, sie sind eindeutig ferne Zukunftsmusik. Aber es ist die gleiche Grundidee, und wir sollten das realisieren, was uns heute möglich ist. Es gibt schon so unendlich vieles, daß man in die Fülle nur hineinzugreifen braucht.
Eine Stadt mit Kunst anzufüllen, zu durchsetzen, sie in einer in der Tat abenteuerlichen Weise zu verändern, dazu braucht man nicht auf die technische Stadt der Zukunft zu warten. Die Kunst steht überall bereit – wir können, wenn wir wollen, morgen damit beginnen. Es gehört nur der Mut dazu anzufangen.

14. Kapitel
Die Eignung der Stadt für Kinder

Wenn die Gesellschaft sich noch nicht systematisch mit den Problemen auseinandergesetzt hat, die das Auto aufwirft, so möchte man für Kinder und ihr Leben in der Stadt beinahe das gleiche sagen. Wohl bauen wir Schulen, zwar nicht immer richtig, aber reichlich. Außerdem legen wir in ständig größerer, wenngleich immer noch nicht ausreichender Anzahl Kinderspielplätze an und richten Kindergärten ein. Im ganzen gesehen aber orientieren wir uns im Städtebau in erster Linie an den Bedürfnissen und Fähigkeiten des erwachsenen, berufstätigen Menschen. Wer nicht zu dieser voll leistungsfähigen Gruppe gehört – und das sind nicht allein Kinder – der hat es oft schwer zurechtzukommen.
Kinder sind allerdings Mitmenschen, deren Lebensäußerungen und Bedürfnisse das Zusammenleben mit ihnen nicht immer ganz einfach machen. Vor allem machen sie Lärm, sie neigen von zartester Jugend bis in ein recht fortgeschrittenes Alter dazu, oft und aus vollem Halse zu schreien und zu kreischen. Außerdem machen sie gerne Sachen

---
1 vgl. Ragon, S. 192 f.

kaputt; weder vor öffentlichem noch vor privatem Eigentum haben sie die gebotene Ehrfurcht. Sie haben auch ein besonders inniges Verhältnis zum Dreck und beschmieren gerne Hauswände oder andere Flächen. Sie lieben es, sich heftig zu bewegen, sei es auf ihren Beinen, sei es mit Fahrrädern oder später mit knatternden Mopeds. Kurz, sie sind zuzeiten eine ziemlich unerträgliche Rasse, und Bewunderung dem, der ihnen nicht gelegentlich schon die Pest an den Hals gewünscht hätte.

Trotzdem lieben wir sie innig, tun alles für sie, finden sie sogar oft hinreißend und entzückend, erkennen uns selbst in ihnen wieder, wollen von ihnen bestätigt und schließlich ja auch im Alter von ihnen ernährt werden. Also muß man nach Wegen suchen, ihnen einen Lebensraum und Lebensbedingungen in der Stadt zu schaffen, die ihren Bedürfnissen gerecht werden und sie gleichzeitig nicht zur Plage für die Erwachsenen werden lassen.

Das Problem beginnt beim Wohnen. Je mehr Kinder eine Familie hat, um so schwerer wird es für sie, eine Wohnung zu finden. Einmal gibt es wenig Wohnungen mit mehr als vier Zimmern – schon vier sind nicht allzu häufig –, außerdem haben die Vermieter berechtigte Angst vor Lärm und erhöhter Abnutzung von Haus und Grünanlagen. Andererseits haben natürlich nur die wenigsten kinderreichen Familien genug Geld, um sich ein eigenes, genügend großes Haus zu kaufen oder zu bauen. Dies wird sich, normale Einkommensverhältnisse vorausgesetzt, in den nächsten zwanzig Jahren in Europa allerdings ändern. Bis dahin werden die Einkommen auch in den weniger verdienenden Berufen so angestiegen sein, daß das eigene Haus sogar in der finanziell schwierigsten Familienperiode der heranwachsenden Kinder allgemein erschwinglich wird. Voraussetzung dafür ist, daß die Errichtung geeigneter Familienhäuser in der nötigen Zahl dann noch möglich ist. Dies wurde in Kapitel 6 wohl mit gutem Grund bejaht. So zeichnet sich eine langfristige Lösung des Wohnungsproblems für kinderreiche Familien ab. Für diejenigen, die in sozial schwierigen Verhältnissen leben, muß nach wie vor die Allgemeinheit durch ihre Stadtverwaltungen sorgen. Sie kann es dann hoffentlich besser als heute, wo unsere dürftigen Lagerunterkünfte noch von zahllosen kinderreichen Familien bevölkert sind, die als durchaus sozial intakt anzusehen sind.

In der Zwischenzeit dürfen wir nicht resignieren, sondern müssen alle Anstrengungen unternehmen. Einiges geschieht übrigens schon. Hier ist die Förderung besonderer Wohnungsbauprogramme für kinderreiche Familien zu nennen. Für große Familien ist auch das allerdings keine Lösung. Eltern mit 8, 10, 12 oder mehr Kindern – und das gibt es heute durchaus noch – sind auch in einer größeren Mietwohnung nicht unterzubringen. Hier werden die Stadtverwaltungen Einfamilienhäuser bauen müssen, die an solche Familien solange vermietet werden, bis sich genügend viele Kinder selbständig gemacht haben und ausgezogen sind. Dann kann die Familie wieder in eine normale Wohnung umziehen und das Haus für eine andere sehr große Familie frei machen. Gerade diese Gruppe der sehr großen Familien ist übrigens eine typische Minderheitengruppe, die durch eine kleine Zahl der Fälle, durch mangelnde gesellschaftliche Durchsetzungskraft und durch meist unzureichende wirtschaftliche Leistungsfähigkeit gekennzeichnet ist, so daß sie – trotz Steuerbefreiung und anderen Hilfsmaßnahmen – im freien Spiel der Kräfte nie zu ihrem Recht kommen wird. Hier muß die individuelle Benachteiligung durch ein nachhaltiges Engagement des Staates und der Gemeinden ausgeglichen werden.

Unabhängig davon muß zunächst versucht werden, die Belegung neuer Wohnviertel besser zu mischen und Wohnungen so zu bauen, daß die mit Kindern verbundenen Störungen soweit wie möglich vermieden werden. Gelänge das, so könnte vielen weiteren Familien geholfen werden. Welches Maß an Not, Streit, Demütigungen und Gefährdungen – auch für die Gesellschaft als Ganzes – das Leben in Unterkünften mit sich bringt, braucht wohl nicht noch einmal geschildert zu werden. Es wäre beschämend, wenn wir dies nicht zur Kenntnis nehmen wollten.

Was kann und muß also geschehen, unabhängig von der Frage, wann für jede kinderreiche Familie ein eigenes Haus zur Verfügung steht? Zunächst muß im Wohnungsbau einmal die ganz allgemeine Forderung nach einem besseren inneren und äußeren Schallschutz erfüllt werden. Diese Frage ist schon eingehend behandelt worden, hier mag daher der Hinweis genügen. Es liegt auf der Hand, daß Kinder in einem Haus als sehr viel weniger störend empfunden werden, wenn man ihr Trampeln und Schreien im Treppenhaus und in der Wohnung nicht durch alle Wände und Decken hindurch mit anhören muß. Wesentlich ist dann aber vor allem – und hier liegt auf die Dauer vielleicht das Hauptproblem – wie man die außerhalb des Hauses spielenden Kinder so unterbringt, daß sie die von ihnen benötigte Nähe zum Zuhause behalten und doch nicht übermäßig stören.

Gegenwärtig verfahren wir in der Regel derart, daß wir kurze Häuserzeilen oder Punkthäuser aneinanderreihen, neuerdings durch großmäandrige Strukturen weite geschlossene Platzräume bilden, dazwischen das Netz der grün gesäumten Straßen und Wege ziehen und die verbleibende Fläche mit Rasen ausfüllen. Je nach Großzügigkeit des Bauträgers oder der Stadt wird einer solchen Siedlung dann eine größere oder geringere Zahl von Spiel- und Tummelplätzen »zugeordnet«. Das ist im Prinzip auch wohl richtig, solange die Bebauung einigermaßen niedrig ist. Nur müßten einige Gesichtspunkte stärker beachtet werden als bisher. So sind überall Spielplätze für die kleinen Kinder von drei bis zu sechs Jahren nötig. Außer in Einfamilienhausgebieten, wo die Hausgärten zur Verfügung stehen, müßte jedes Mehrfamilienhaus seinen Kleinkinderspielplatz haben, und zwar in engster Nähe. Wenn wir vorschreiben, daß jedes Haus Garagen für die Autos und Standplätze für die Mülltonnen haben muß, dann sollte sich auch dieser Freiplatz für die kleinen Kinder des Hauses durchsetzen lassen — und zwar auf Kosten und in Pflege des Hauseigentümers. Sind genügend solcher Plätze vorhanden, so daß keiner überlastet ist, so halten sich auch die Störungen in erträglichen Grenzen. Im übrigen ist der Lärm in dieser Altersgruppe von Kindern noch am geringsten. Die Nähe zur Wohnung und die in der Regel wohl herstellbare Blickverbindung mit der Mutter machen einen solchen Spielplatz zu einem ersten sicheren und vertrauten Stück Außenwelt, auf das jedes Kind einen Anspruch haben sollte. Eine ideale Lösung ist auch das freilich noch nicht. Was an Lärm bleibt, kann noch störend genug sein. Und gegen das Einfallen von Horden größerer Kinder ist kein Kraut gewachsen. Ein Ausweichen auf besser abgeschirmte, bewachte Spielplätze wäre auch hier vorzuziehen.

Die etwas aufwendigeren Spielplätze für die sieben- bis zwölfjährigen Kinder lassen sich meist nicht mehr nahe am Haus unterbringen. Hier sind Eltern wie Kindern größere Entfernungen zuzumuten — wenn die Wege nur sicher genug sind, wenn also keine Verkehrsstraßen überquert zu werden brauchen. Die letztere Forderung wird sich künftig sogar noch im Rahmen des konventionellen Städtebaus erfüllen lassen, wenn es sich um intelligent geplante neue Wohnsiedlungen handelt. Im übrigen sei hierzu auf die Vorschläge in den Kapiteln 20 und 21 verwiesen. Der Lärmschutz läßt sich wirksam, nämlich durch bauliche Abschirmungen, nur erreichen, wenn der Spielplatz beaufsichtigt wird. Anderenfalls sind die Risiken zu groß. Beaufsichtigte und nachts verschließbare Spielplätze haben auch andere Vorteile, von denen noch die Rede sein wird. Jedenfalls muß klar sein, daß solche Spielplätze eindeutig nicht unter Wohnungsfenster gehören, sondern genügend weit von ihnen abgesetzt sein müssen. Können große, beaufsichtigte und akustisch besonders abgeschirmte Plätze für viele Kinder nicht geschaffen werden, dann kommt es wohl vor allem darauf an, übermäßige Zusammenballungen von Kindern zu vermeiden; das heißt: dann müssen genügend viele kleinere Plätze geschaffen werden.

Bisher war von Spielplätzen in Stadtteilen mit niedriger Bebauung die Rede. Hier können Kinder, wenn sie »nach unten« oder »rauf« wollen, die Treppe benutzen. Im Hochhaus ist dieser Weg, jedenfalls von einer gewissen Grenze an, nur mit dem Fahrstuhl zurückzulegen. Kleinere Kinder dürfen oder können Fahrstühle aber nicht bedienen. Die Entfernung von der Wohnung zum Kleinkinderspielplatz wird auch zu groß. Die Mutter braucht ein Fernrohr, um nach ihrem Kind zu schauen; das Kind kann die Mutter auch am Fenster nicht mehr finden und erkennen. Man kann hieraus nur zweierlei Folgerungen ziehen. Entweder dürfen Familien mit kleinen Kindern nicht höher als sagen wir im sechsten Stockwerk wohnen. Ein solches Verbot wäre in einer freiheitlichen Gesellschaftsordnung sicher schwer erträglich. Oder Hochhäuser müssen eben eigene Kinderspielplätze einrichten, indem von Zeit zu Zeit ein Stockwerk oder ein Teil davon baulich ausgespart und entsprechend eingerichtet wird. Ich bin sicher, daß Kinder auch im 8., im 16. und im 24. Stockwerk sehr schön »im Freien« spielen können und daß sich alle baulichen und organisatorischen Vorkehrungen treffen lassen, um Gefahren und Belästigungen sowohl von den Kindern als auch von den Erwachsenen abzuwenden. Das gilt nicht nur für die Spielplätze der ganz Kleinen, sondern auch für die der schon etwas Größeren. Es wäre sogar zu überlegen, ob nicht auch wohnungsnahe Spielplätze für Erwachsene sich so einrichten ließen – ein Thema, das im Rahmen des Hochhausbaus sicher beachtet zu werden verdient. Wenn man Schwimmbäder im 40. Stockwerk einrichtet, so müßte das auch für viele andere Möglichkeiten körperlicher Betätigung in gleicher Weise geschehen können.

Kinderspielplätze müssen, wenn sie ihren Zweck erfüllen sollen, nicht nur richtig plaziert und nicht nur zahlreich genug sein, sie müssen auch einen wirklichen Anreiz zum Spielen bieten. Daran fehlt es heute oft noch allzu sehr. Neben einer häufig unzulänglichen Gestaltung liegt das vor allem daran, daß die Spiel- und Klettergeräte in der Regel aus den immer wieder gleichen einfachen Stahlrohrgestellen bestehen, auf denen kleinere Kinder zwar gerne ihr erstes Klettern und Hangeln üben, die größeren Kindern aber keinen Anreiz mehr bieten können. Dabei werden viel interessantere Anlagen von den Geräteherstellern angeboten: große Schaukeln und Wippen, Karussells, mehrgeschossige Blockhäuser, große Holzkonstruktionen in Form von Schiffen mit ragendem Bug und hohen Masten, abenteuerliche Kletterbäume, aber auch ausgediente Lokomotiven und Straßenbahnwagen und vieles andere mehr. Daran kann das Kind seine Kräfte und Geschicklichkeit üben, seiner Phantasie nachgehen und seinen Mut erproben. Gerade dafür bietet die Stadt sonst allzu wenig Möglichkeiten, und man kann die Befriedigung dieser kindlichen Bedürfnisse schließlich nicht auf ein paar Ferienwochen oder Wochenenden im Jahr beschränken, in denen – vielleicht – ein »richtiger« Baum zum Klettern zur Verfügung steht. Es handelt sich um kindliche Bedürfnisse, die nicht nur im Antrieb elementar sind, sondern deren Befriedigung, das Sich-Beweisen, auch für die Persönlichkeitsentwicklung eine wesentliche Rolle spielt. Daß dem bisher nicht stärker Rechnung getragen wird, liegt weniger an den Stadtverwaltungen, die das meist erkannt haben, als an einer besonders strengen Rechtsprechung der Gerichte. Kommt ein Kind auf einem solchen »schönen« abenteuerlichen Spielplatz einmal zu Schaden, so müssen die verantwortlichen Beamten mit Schadensersatzprozessen und möglicherweise sogar mit Strafverfahren rechnen. Und vor solchen Konsequenzen scheuen sie naturgemäß zurück – mit der Folge, daß die Geräteauswahl sich auf die paar Konstruktionen beschränkt, an denen auch der penibelste Richter keine Verletzung der Verkehrssicherungs- und Aufsichtspflicht mehr feststellen kann. Nun ist es zwar sicher richtig, daß man sich bemühen muß, Unfälle zu vermeiden. Und die Empörung von Eltern, deren Kind von einem hohen Klettergerüst gestürzt ist und sich vielleicht schwer verletzt hat, ist nur zu verständlich. Trotzdem handelt es sich hier um einen Bereich, in dem wir gewisse Gefahren für die Kinder wohl bewußt in Kauf nehmen müssen. Es ist die gleiche Entscheidung, die eine angstbleiche Mutter trifft, die ihren Jüngsten – oder Ältesten – bei einem Waldspaziergang plötzlich in den Ästen eines Baumes verschwinden sieht und die sich dazu überwindet, ihn nicht zurückzurufen. Ihre Angst ist sicher weit größer, als der Sachverhalt es rechtfertigt, aber sie ist auch nicht völlig unbegründet. Sie merkt jedoch, daß ihr Junge das Wagnis braucht, und läßt ihn gewähren. Sie entscheidet richtig. Die gleiche Entscheidung müssen wir treffen, wenn es um die Ausgestaltung der Spielplätze geht. Der »sicherste« Spielplatz ist auch der untauglichste. Der beste ist der, der die vielfältigsten Möglichkeiten und Herausforderungen bietet, damit freilich auch die meisten Risiken in sich birgt. Irgendwo wird hier immer ein Kompromiß zu schließen sein. Er wird sich dann eher und leichter zugunsten des guten und »gefährlichen« Spielplatzes treffen lassen, wenn jemand die Kinder beaufsichtigt und dafür sorgt, daß allzu waghalsige Unternehmungen unterbleiben und die Kleinen sich nicht an Geräten versuchen, die den Großen vorbehalten sind. Aber auch wo eine Aufsicht nicht möglich ist, muß der Spiel- und Erlebniswert unserer Spielplätze weit über das gegenwärtig übliche Maß hinaus gesteigert werden, wenn die Kinder einigermaßen zu ihrem Recht kommen sollen.

Bisher war von den Spielplätzen für die Kinder im Alter bis zu etwa zwölf Jahren die Rede. Irgendwo um diese Altersgrenze herum tritt jene geheimnisvolle Veränderung ein, die aus Jungen plötzlich Fußballer macht. Damit werden sie für ihre Mitmenschen noch problematischer, als sie es bisher schon waren. Für diese Altersgruppe sieht der derzeitige Städtebau sogenannte Ballspiel-, Bolz- oder Tummelplätze vor. Bei der Enge des verfügbaren Raums werden diese Plätze oft mit drei bis vier Meter hohen Maschendrahtzäunen eingegittert, damit die Bälle nicht in die Fenster der umliegenden Häuser oder in die Windschutzscheiben der vorbeifahrenden Autos fliegen. Die Jungen gehen nicht sehr gern auf diese Plätze. Sie ziehen ein abgeräumtes Grundstück, einen leeren Parkplatz oder, wo es das noch gibt, eine freie Wiese vor. In den Neubaugebieten zieht es sie vor allem auf die schon erwähnten »halböffentlichen« Rasenflächen, die als kollektiver Gartenersatz zwischen den Wohnblöcken angelegt sind. Diese Rasenflächen sind deswegen so einladend, weil sie nahe an der Wohnung liegen und weil sie sich – so billiger anzulegen und zu pflegen – häufig ohne Unterbrechung über größere Flächen hinziehen. Rasen sollte aber nur da sein, wo man ihn betreten darf, und größere Rasenflächen, die sich zum Fußballspielen eignen, sollten nur da angelegt werden, wo man auch fußballspielen darf.

Dafür geeignete und attraktive Plätze in unseren heutigen Städten zu schaffen, fällt schwer – vor allem, wenn man über die einzig mögliche Benutzung eines Ballfeldes hinaus noch mehr anbieten will. So kann man zwar zum Beispiel an den Nachmittagen und den Wochenenden die Spielplätze der Schulen, manchmal auch ihre Pausenhöfe, zur allgemeinen Benutzung freigeben. Und sicher ist das besser, als durch einen hohen Zaun jedermann fernzuhalten. Schon mit der Einführung der Ganztagsschule wird das aber schwierig. Und auch fußballbegeisterte Jungen wollen nicht immer nur Fußball spielen, sondern sich zwischendurch in die Büsche schlagen, auf Bäume klettern, sich eine Hütte bauen, ein Feuer machen, einen Bach stauen, auf dem Boden liegen, mit Steinen schmeißen und im Winter rodeln. Das alles ist auf einem Schulhof und auf einem Sportplatz nicht möglich, auf einem Bolzplatz nur in sehr begrenztem Umfang. Zwar kann man, bei genügender Größe, dort mehr Möglichkeiten schaffen als nur ein Fußballfeld, aber der Umfang wird doch begrenzt bleiben und die Zahl derartig weitläufiger und abwechslungsreicher Plätze erst recht, wenn sie in der Stadt liegen sollen, wo sie mit vielen anderen, wirtschaftlich stärkeren Anforderungen an den Grund und Boden konkurrieren müssen.

Die Chancen für die Durchsetzung solcher Projekte steigen sofort, wenn sie von diesem Konkurrenzdruck befreit werden, das heißt in einer ohnehin der Erholung vorbehaltenen großräumigen Naturfläche liegen. Wie man großstädtische Wohnsiedlungen und solche Naturflächen richtig zueinanderbringt, gehört ohnehin zu den Grundproblemen des Städtebaus, nicht nur der heranwachsenden Kinder, sondern aller Stadtbewohner wegen. Davon war schon und wird noch weiterhin die Rede sein. Hier soll nur festgehalten werden, daß Spiel- und Tummelplätze der üblichen Art zwar nützlich sind, aber nicht ausreichen. Ältere, selbständiger werdende Kinder brauchen die mannigfachen, ganz untergeordneten, wenn auch vielleicht nicht ganz ungeplanten Möglichkeiten einer abwechslungsreichen Naturlandschaft, in der sie weder durch Zäune noch durch Verbotsschilder in ihrer Aktivität begrenzt werden.

Auch bei einer noch so intelligenten städtebaulichen Planung wird es allerdings nicht zu vermeiden sein, daß zwischen zumindest einem Teil der Wohnungen und solchen Naturflächen ein größerer Abstand liegt, der einen Fußmarsch oder eine Fahrt mit dem Rad oder einem öffentlichen Verkehrsmittel voraussetzt. Kinder in dem hier in Frage stehenden Alter von zwölf bis fünfzehn Jahren, mit Abweichungen nach unten und oben, sind dazu aber durchaus selbständig in der Lage. Sie sind dazu auch bereit, wenn die Anziehungskraft eines solchen Gebietes groß genug ist, um den Weg lohnend erscheinen zu lassen. Und wenn die Verkehrsrisiken erst einmal ausgeschaltet sind, werden die mit solchen Unternehmungen verbundenen Gefahren nicht größer sein, als sie es in früheren Jahrhunderten für Jungen in diesem Alter immer gewesen sind. Ihr Abenteuer in der Natur haben sie stets gesucht.

Das Thema Natur und Stadt ist auch in bezug auf Kinder damit allerdings noch nicht erschöpft. Es gibt einige intensivierte, vom Vorkommen her geradezu »städtische« Formen der Naturbegegnung, die für Kinder überaus anziehend und wichtig sind. Als erstes sei der zoologische Garten genannt. Hier wird eine Fülle von Tieren aller Erdteile und aller Gattungen und Arten an einem Platz vorgeführt. Es kann zu überaus intensiven Begegnungen mit jenen anderen Lebewesen kommen, die sich mit uns zusammen auf der Erde bewegen. Moderne Parks mit großen Freigehegen und angemessenen Tierhäusern verringern die bei alten Zoogärten oft bedrückende Gefängnisatmosphäre. Vorbehalte wird es immer geben – aber wo anders können Menschen, können vor allem heranwachsende Kinder eine solche Vielzahl von Tieren aus unmittelbarer Nähe betrachten, ihr Aussehen, ihre Bewegungen, ihr Verhalten zueinander, ihre Reaktionen auf Reize beobachten und über die unglaubliche Vielfalt der Schöpfung das Staunen lernen? Das ist in dieser Intensität erstmals in den städtischen zoologischen Gärten möglich geworden, die zwar andere, »natürlichere« Begegnungsformen nicht ersetzen, aber sie vorbereiten und ergänzen. Diese Funktion des Zoos in der technisch geprägten Welt dürfen wir vor allem für Kinder hoch einschätzen. Wo es geht, sollte man daher auch von Kindern keine Eintrittsgelder erheben. Sie kommen dann eher auch einmal allein und auf eigene Faust.

In ähnlicher Weise wie für den Tierpark gilt dies für unsere großen Aquarien und Reptilienhäuser. Aber nicht nur mit Tieren, auch mit Pflanzen bietet die Stadt gesteigerte Begegnungsmöglichkeiten. Dem zoologischen entspricht der botanische Garten. In seiner üblichen wissenschaftlich oder auch populär-informierend orientierten Anlage erschließt er sich Kindern allerdings nur begrenzt. Die Sonderentwicklung des botanischen Schulgartens ist dagegen ein weit offenes Tor in die Tiefen der eigengesetzlichen, uns gleichzeitig so fremden und verwandten Welt pflanzlichen Lebens. Was hier an stillen Aufregungen, an fasziniertem Erkennen, an Ehrfurcht vor dem Leben Kindern angeeignet werden kann, davon macht man sich üblicherweise keinen Begriff. Sonst wären diese wunderbaren Einrichtungen, in denen Kinder beobachten, pflanzen, ernten, Unkraut jäten, Baumwolle pflücken, die Mendelschen Gesetze prüfen und tausend andere Dinge tun können, nicht so selten. Sie erfordern allerdings nicht nur Platz und Pflege, sondern auch passionierte Lehrer, die dafür aber zu gewinnen sind.

Jedenfalls muß der Städtebau für Kinder nicht nur Spiel- und Tummelplätze, nicht nur den Zugang zur benutzbaren Naturfläche umfassen, sondern auch jene besonderen Einrichtungen, die nicht Ersatz für verlorene Rohnatur, sondern eigene Zugänge zu einem tieferen Naturverständnis sind. Solche Einrichtungen sind kein Luxus, sondern sie müssen in ausreichendem Maße in das Standardprogramm der Stadtwelt aufgenommen werden, wenn wir Kinder und ihre Bedürfnisse wirklich ernst nehmen.

Die Stadt kann Kindern aber noch viel mehr bieten als »Natur« in welcher Form auch immer, von der bisher die Rede war. Jane Jacobs und andere haben mit Recht darauf hingewiesen, wie wichtig die Teilnahme am Straßenleben für Kinder ist, das Beobachten des Verhaltens und der Beschäftigungen der Erwachsenen. Wir wissen noch nicht, wie sich das Straßenleben, wie sich »Öffentlichkeit« in unseren großen Städten einmal entwickeln wird, wenn wir den Terror des motorisierten Straßenverkehrs erst überwunden haben. Sicher besteht die Chance, daß viel mehr von der Erwachsenen-Welt sich dann in einer wieder bewohnbar gewordenen Stadt-Öffentlichkeit vollzieht als heute. Für Kinder wäre dies ein großer Gewinn, und auch aus diesem Grund sollten wir uns bemühen, möglichst viele und angenehme Möglichkeiten zu öffentlichem Auftreten in der Stadt zu schaffen. Gerade unter dem Gesichtspunkt, daß man Städte auch für Kinder bauen muß, kommt der Abschaffung des Autoverkehrs und dem Schutz vor Kälte und Nässe auf den Straßen besonders hohe Bedeutung zu. Überwindet man die Gefährlichkeit und Unwirtlichkeit unserer derzeitigen Großstädte, so schafft man Kindern den Aufenthaltsraum, auf den sie Anspruch haben.

Anspruch haben sie auch auf eigene Räume in der Stadt. Dabei denke ich jetzt weniger an die sicher wichtigen Kindergärten und Schulen, deren Bedeutung überall anerkannt ist und die auch bereits genügend engagierte Fürsprecher haben. Gemeint sind vielmehr Räume, in denen vor allem heranwachsende Kinder und Jugendliche Möglichkeiten zu eigener Aktivität und Gestaltung finden. Auch dafür gibt es natürlich schon Beispiele: Häuser der Jugend, Häuser der offenen Tür, Jugend- und Freizeitheime. Wichtig ist, daß genügend solcher Einrichtungen wirklich frei zugänglich benutzt werden können. Die Bildung unterschiedlicher Gruppen – vom Alter, vom Interesse, vom Temperament, von der Liebhaberei her gesehen – hängt ab von einem offenen Angebot an Räumen, in denen man sich treffen und etwas veranstalten kann. Solche Räume brauchen nicht in besonderen Jugendeinrichtungen geschaffen zu werden. Gerade das Beispiel der Freizeithäuser zeigt, daß Menschen aller Altersgruppen, von den noch recht Kleinen bis zu den wirklich Alten, sich gut miteinander vertragen können, wenn unter dem gleichen Dach etwas für sie angeboten wird. Zu überlegen bleibt auch, ob in großen Wohnanlagen wie Hochhäusern oder Hannibals nicht solche Gemeinschaftsräume in ähnlicher Weise obligatorisch vorgesehen werden sollten, wie es für Kinderspielplätze schon vorgeschlagen worden ist.

Zu der für Kinder gebauten und eingerichteten Stadt gehört schließlich noch, ihnen die wichtigen Kultureinrichtungen zugänglich zu machen. Das kann teilweise einfach durch besondere Veranstaltungen in den auch für die Erwachsenen geschaffenen Einrichtungen geschehen, wie in Schülerkonzerten und -theatervorstellungen. In anderen Fällen muß aber schon die Planung auf solche Nutzungen Bedacht nehmen. Das gilt zum Beispiel für die Büchereien. Frei zugängliche Kinder- und Jugendbuchabteilungen in den öffentlichen Bibliotheken oder sogar eigene Kinderbüchereien können den kindlichen Lebensraum in neue Erlebnisdimensionen hinein erweitern. Eine besondere Aufgabe kommt hier auch den Museen zu. Sie müssen sich nicht nur für Kinder öffnen, sondern ihnen auch Möglichkeiten der Betätigung bieten. Das fängt bei Kindermal- und -bastelstuben an. Das Prinzip muß sich in die Schausammlungen hinein fortsetzen. Die Formen, in denen das geschehen kann, sind vielfältig.

Der kleine, gut verständliche Erläuterungsfilm gehört dazu, den ein Kind selbst ablaufen lassen kann, dazu gehören die aus dem Magazin heraufgeholten geringerwertigen Sammlungsgegenstände, die man in die Hand nehmen darf, vielleicht sogar für eigene Sammlungen erwerben kann, der Orientierungszettel in jedem Saal. Wenn das für die sehr verschiedenen Arten von Museen auch in unterschiedlicher Intensität gilt, so gilt es doch wohl allgemein: ein Museum ist gut, wenn es voll von Kindern ist, die sich darin wohl und zu Hause fühlen und dem zugewendet sind, was das Haus bietet. Daß ältere Museumsbesucher manchmal lieber unter sich wären, ist verständlich und auch nicht unberechtigt. Hier könnte man helfen, indem Museen zum Beispiel an einem Tag in der Woche nur für Erwachsene geöffnet sind. Aber die Regel muß sein, Museen mit Kindern zu füllen, so viele hineingehen.

Städte für Kinder – *auch* für Kinder – zu bauen, ist, wenn man einmal anfängt, darüber nachzudenken, gar nicht so schwer. Wir sollten uns die Mühe machen, auch wenn Kinder noch keine Wähler sind und daher keine Lobby in unseren kommunalen Parlamenten haben. Bauen wir eine für sie auf!

15. Kapitel
Die Rücksichtnahme auf Minderheiten

Kinder sind die eine, die zahlenmäßig größte Gruppe von Menschen, auf deren besondere, von denen des erwachsenen, im Vollbesitz seiner Kräfte befindlichen Normalbürgers abweichende Bedürfnisse im Städtebau in vielfacher Weise Rücksicht zu nehmen ist. Sie sind aber keineswegs die einzige »Minderheit«. Von einigen anderen soll im folgenden noch die Rede sein, zuerst von den älteren und den alten Menschen.

Auch bei ihnen handelt es sich, was die Statistik Jahr für Jahr krasser in unser Bewußtsein bringt, um eine zahlenmäßig bedeutende Gruppe. Der Anteil der über 65jährigen beträgt heute in der Bundesrepublik ca. 13 v. H.; in den nächsten Jahren wird er auf mehr als 15 v. H. steigen. In einigen Städten liegt der Anteil schon wesentlich höher, am höchsten in Berlin mit 22 v. H. Die Lebenserwartung der heute 65jährigen beträgt rund 14 Jahre. In einer Stadt von 100 000 Einwohnern leben 12 000 bis 18 000, in einer Stadt von 500 000 Einwohnern 60 000 bis 90 000 alte Menschen. Sie stehen fast alle außerhalb einer Berufstätigkeit; auch die Frauen sind nicht mehr im eigentlichen Sinne Hausfrauen.

Der Einfachheit halber sei es gestattet, im folgenden Text diese ganze Gruppe der Menschen, die 65 Jahre alt und älter sind, als »alte Menschen« zu bezeichnen. Das soll nicht bedeuten, daß diese Menschen allesamt nicht mehr leistungsfähig, nicht mehr auf der Höhe ihrer Zeit oder nicht mehr interessant wären. Bei vielen ist das Gegenteil der Fall.

Aber eine summarische Beschreibung braucht nun einmal Gruppenbegriffe, und gerade wenn man die hohen Werte des Alters anerkennt, sollte man das Wort dafür nicht scheuen.
Daß die Menschen länger leben, warum sie älter werden, ist bekannt: vor allem die bessere Ernährung und die größeren medizinischen Kenntnisse und besseren Behandlungsmöglichkeiten. Ob bei dieser Entwicklung zur höheren Lebenserwartung noch weiter große Fortschritte zu erwarten sind, wird unterschiedlich beurteilt. Aber unabhängig davon ist die vollwertige Integration der alten Menschen in die Gesellschaft eine der großen unserer Zeit gestellten Aufgaben. Hier können und sollen nicht alle die vielfältigen Gesichtspunkte behandelt werden, die in diesem Zusammenhang von Bedeutung sind, sondern nur diejenigen, die sich auf den Städtebau unmittelbar auswirken.
Über das Ziel besteht wohl Einigkeit: den alten Menschen in der Gesellschaft eine vollwertige, ihren Erfahrungen und Fähigkeiten entsprechende, auf ihre nachlassende körperliche Rüstigkeit Rücksicht nehmende Rolle in der Gesellschaft zuzugestehen, in der sie an den allgemeinen Dingen aktiv und passiv Anteil nehmen, in der sie außerdem noch ein vielfältiges, reiches und volles Privatleben führen können. Wollen wir das erreichen, so muß nicht nur in unserer Einstellung gegenüber dem Alter ein grundlegender Wandel eintreten und müssen nicht nur die alten Menschen selbst mit mehr Zutrauen und Energie ihre Rolle bejahen – es müssen auch einige ganz elementare Voraussetzungen für eine solche Entwicklung im Rahmen des Städtebaus geschaffen werden. Dazu gehört zunächst einmal, daß alte Menschen sich mühelos, ohne besonderen Aufwand und frei von Angst in der Stadt bewegen und jeden sie interessierenden Ort aufsuchen können. Die Isolation vieler alter Menschen ist heute mit dadurch bedingt, daß sie sich im Straßenverkehr gefährdet fühlen, daß sie nicht sicher sind, ob sie beim Einsteigen in die Straßenbahn oder einen Autobus nicht gedrückt werden und ob sie einen Sitzplatz finden. Wer merkt, daß sein Reaktionsvermögen nachläßt, daß er schlechter hört und sieht als früher, daß die Beine nicht mehr so rasch in Gang zu setzen sind, der fühlt sich in unseren heutigen Städten gehemmt und leicht auch als Außenseiter.
Was in den ersten beiden Kapiteln allgemein über die Notwendigkeit gesagt wurde, den Verkehr ungefährlich zu machen, gilt für alte Menschen in wesentlich verstärktem Maße.
Alle Verkehrssicherungsmaßnahmen im Rahmen des konventionellen Städtebaus können hier nur Teilerfolge bringen. Eine endgültige Lösung kann nur in der konsequenten Zuweisung einer eigenen Betriebsebene an die mechanischen Verkehrsmittel gefunden werden. Wenn die Stadtfläche erst einmal durchgehend aus einem großen Fußgänger-

bereich besteht, werden auch alte Menschen sich dort wirklich wieder hingehörig fühlen. Viele von ihnen sind erstaunlich gute Fußgänger, die noch beträchtliche Entfernungen zurücklegen. Vielleicht werden später auch ohne Risiko zu benutzende Verkehrshilfen wie Laufbänder zur Verfügung stehen. Sogar das Fahrrad kann dann für viele von ihnen ein vollwertiges Gefährt sein. Im übrigen sind die Alten für wirklich weite Strecken ebenso wie alle anderen auf mechanische Transportmittel angewiesen. Solange wir noch das fahrergesteuerte Auto benutzen, wird man alten Menschen mehr dazu raten, sich öffentlicher Verkehrsmittel zu bedienen. Den an den Autofahrer gestellten Anforderungen sind sie jedenfalls im höheren Alter in der Regel nicht mehr gewachsen. Das macht ein besseres Platzangebot und mehr Bequemlichkeit in den Bahnen und Autobussen notwendig, als heute im allgemeinen üblich sind. Selbst wenn das aber erreicht werden kann, bleibt der Verzicht auf das Auto als Individualverkehrsmittel für einen Menschen, der es sein Leben lang benutzt hat, ein bitterer Verlust. Wer an dieser ihm selbstverständlich gewordenen Art der Fortbewegung nur noch ausnahmsweise als Mitfahrer teilhat, der muß sich in der Tat alt und vom täglichen Leben abgeschnitten vorkommen. Auch unter dem Gesichtspunkt einer vollen Integration der alten Menschen in die Gesellschaft muß daher die Entwicklung eines vollautomatischen Individualverkehrssystems gefordert werden. Die Aussicht, auch im Alter nicht auf den eigenen Wagen und seine uneingeschränkte Benutzung verzichten zu müssen, könnte manchem die Meisterung des letzten Lebensabschnitts erleichtern. Bindungen, die auf persönlichem Kontakt beruhen, der auch durch Fernsehtelefone nicht voll ersetzbar ist, brauchten nicht mehr abzureißen. Zurückgezogenheit in ländlicher Stille und Teilnahme am großstädtischen Leben würden miteinander vereinbar.

Zurückgezogenheit in ländlicher Stille – diese Form des Lebens und Wohnens entspricht einer Gruppe von Menschen, die aus den verschiedensten Gründen Einsamkeit suchen. Keineswegs wollen aber alle alten Menschen sich vom äußeren Betrieb der lebhaften, heute noch lärmenden, später einmal hoffentlich weniger lauten Stadt absetzen. Im Gegenteil wünschen und suchen viele von ihnen diesen räumlichen, visuellen und akustischen Kontakt zum Betrieb. Viele sind geradezu darauf angewiesen, und zwar um so mehr, je geringer ihre sachbezogenen Interessen sind und je weniger sie sich darin geübt haben, mit sich selbst zu leben oder eine Liebhaberei zu pflegen. Das heißt auch für die überschaubare Zukunft, daß die meisten alten Menschen sich vermutlich glücklicher fühlen und leichter in die Gesellschaft zu integrieren sind, wenn sie nicht in stiller Zurückgezogenheit im Grünen, sondern in der Stadt wohnen, wo immer etwas los ist, wo man »dabei« ist, wo es immer etwas zu sehen, zu beobachten – und zu bereden gibt. Gewisse Folgerungen werden daraus heute schon gezogen. So geht man zum Beispiel mehr und mehr dazu über, Altersheime nach Möglichkeit in den Innenstädten zu bauen. Und auch eigens für alte Menschen gedachte Wohnungen sondert man nicht mehr ab, sondern legt sie, wenn es geht, mitten in die Wohnquartiere. Für viele alte Menschen ist es auch wichtig, in der Nähe ihrer erwachsenen Kinder wohnen zu können. Ein gemeinsames Wohnen unter dem gleichen Dach wird meist von beiden Generationen nicht mehr gewünscht; wohl aber bietet eine nähere Nachbarschaft viele Vorteile für beide.

Wie weit bedarf es aber überhaupt besonderer Formen des Wohnungsbaues für alte Menschen? Die Altenwohnprogramme, die in den letzten Jahren in zunehmendem Maße entwickelt worden sind, haben den Bau kleiner, in sich abgeschlossener Wohnungen zum Ziel, die den Bedürfnissen alter Menschen angepaßt sind. Man nimmt darauf Rücksicht, daß sie nicht mehr auf Leitern klettern können oder es jedenfalls nicht tun sollten. Auf den Fußböden soll man nicht ausrutschen, über Schwellen nicht stolpern. Die Badezimmereinrichtung kann ebenfalls besonders angepaßt werden, bis zur Sitzbadewanne. Diese und andere Maßnahmen sind kleine Vereinfachungen, Hilfen, Sicherungen im Leben alter Menschen; sie versetzen sie in die Lage, sich auch bei einer gewissen Gebrechlichkeit viel länger selbst zu versorgen und länger ein selbständiges Leben zu führen als in einer normalen Wohnung. Allerdings wird auch die Normalwohnung in den nächsten Jahrzehnten sehr viel stärker automatisiert und leichter zu reinigen und zu »bedienen« sein. Dann mag es mit der ebenfalls angestrebten größeren Flexibilität der Wohnungseinteilung und -größe überflüssig werden, für alte Menschen besondere Wohnungstypen zu entwerfen und zu bauen. Da wir von diesem glücklichen Zustand leider noch weit entfernt sind, sollten Altenwohnungen noch bei allen Wohnungsbauprojekten mit eingeplant werden.

Von den vielen anderen Einrichtungen, die für alte Menschen geschaffen werden müssen, von Alterswohnheimen, Altersheimen, Alterspflegeheimen, Alterskrankenhäusern soll hier im einzelnen nicht die Rede sein. Es genügt der Hinweis, daß die Stadt für eine große Zahl solcher Einrichtungen Platz bieten und sie richtig einordnen muß. Daneben sind andere zu nennen, die nicht für alte Menschen allein geschaffen werden, die aber auch für sie zugänglich sein müssen, zum Beispiel die Freizeit- oder Bürgerhäuser, in denen die unterschiedlichsten Menschengruppen Raum und Gelegenheit für die unterschiedlichsten Tätigkeiten finden. Gelingt es hier, die oft große Scheu alter Menschen zu überwinden, sich unter andere Menschen zu begeben oder gar Kontakte zu suchen, sie also erst einmal zum Eintreten in ein Freizeithaus zu bewegen, dann bieten sich dort gute und vielfältige Möglichkeiten zur Integration. Am Leben und Treiben der vielen Menschen aller Lebensalter in einem solchen Haus hat sogar der noch Anteil, der zunächst vielleicht nur den Lese- oder den Fernsehraum aufsucht. Weitere Schritte zur Teilnahme an Diskussionsgruppen oder Kaffeenachmittagen, an Skatrunden oder Bastellehrgängen, vielleicht sogar bis zur Betreuung von Kindern, Kranken oder anderen Hilfsbedürftigen bahnen sich leichter an. So gewinnt der Begriff der »offenen Tür« hier besonderes Gewicht. Freizeithäuser so einzuordnen und zu bauen, daß ihre Tür wirklich offen steht, auch für alte Menschen, gehört zu unseren nächsten Aufgaben.

Offenheit der Einrichtungen und Bewohnbarkeit der Stadt im ganzen stehen im engen Zusammenhang. Die Bewohnbarkeit, die darin besteht, daß man sich gern, mühelos und frei von Spannung in der Stadt aufhalten und ihre Veranstaltungen benutzen kann und mag, setzt noch ein paar einfache Annehmlichkeiten voraus. Dazu gehört es, daß es in der Stadt eine genügende Anzahl von Sitzplätzen gibt. Hierbei ist nicht nur an die üblichen Parkbänke in den Grünanlagen und rund um die Kinderspielplätze zu denken, sondern an Sitzplätze schlechthin überall: auf Plätzen, in den Einkaufsstraßen und Ladenpassagen, in den Fußgängertunnels (solange wir sie noch brauchen), auf Brücken, an Parkplätzen, in Wohnstraßen, vor öffentlichen Gebäuden, in Industrievierteln und Laubenkolonien, an Wasser- und Flughäfen. Alle solche Punkte sind teils interessant und verleiten aus den verschiedensten Gründen dazu, sich dort aufzuhalten, teils sind sie — besonders, aber keineswegs nur, für alte Menschen — willkommene Stützpunkte auf längeren Wegen oder beim Einkauf. Auch wenn wir in unserem Klima ohne besondere Schutzvorrichtungen nur einen Teil des Jahres im Freien sitzen können, sollte man auf die großzügige Ausstattung unserer Städte mit Sitzgelegenheiten aller Art auch in den reinen Freiräumen keineswegs verzichten. Einmal ist diese Zeit länger als man zunächst annehmen möchte. Es gibt schon im März und es gibt noch im November Sonnentage, an denen man gern für ein paar Minuten oder länger niedersitzt. Zum anderen müssen wir gerade um so mehr Gelegenheit zum angenehmen Verweilen anbieten, je kürzer der dafür geeignete Zeitraum ist. Sitze im Freien, die im allgemeinen keinem besonderen Zweck dienen, können im Einzelfall auch einmal einer besonderen Nutzung vorbehalten sein. Man denke an die Skatecken, die sich in vielen Städten finden, möglichst an Parkrändern oder auf Plätzen, aber nicht ganz versteckt. Sie sind den alten Herren vorbe-

halten, die sie, auch wenn es nur harte Holzsitze sind, ebenso intensiv benutzen wie ihren eigenen Fernsehsessel.
Diese Aufzählungen von Gesichtspunkten, unter denen man Städtebau für alte Menschen betreiben soll, ist sicher nicht vollständig. Es wird andere und es wird neue Ideen geben, wie man den Bedürfnissen der alten Menschen in der Stadt gerecht wird. Worauf es ankommt ist nur, daß wir diese Bedürfnisse und ihre Befriedigung als ein zwingendes städtebauliches Gesetz anerkennen und sie nicht als weniger wichtig einstufen als andere, konkurrierende Bedürfnisse. Es kann nicht oft genug wiederholt werden, daß Städte nicht nur für gesunde, erwachsene, berufstätige Menschen geplant und gebaut werden dürfen, sondern ebenso für alle anderen Gruppen, die diesem Normalfall nicht entsprechen, deren Ansprüche aber die gleiche Geltung haben.
Zu den Gruppen, die man verwaltungstechnisch als Minderheiten bezeichnen würde, gehören nicht nur Kinder und alte Menschen, von denen bisher die Rede war. Dazu gehören Menschen in den verschiedensten Sondersituationen. Dazu gehören zum Beispiel Mütter mit einem Kinderwagen – oder auch Großmütter, Väter, Tanten und ältere Geschwister. Bordstein rauf, Bordstein runter, Bordstein rauf – das geht noch, obwohl es nicht gerade angenehm ist, außer vielleicht für das Baby. Aber nötig ist es auch nicht. Warum kann man, solange wir noch die herkömmlichen Straßen haben, an den Überwegen nicht die Bordsteine absenken? Das käme übrigens nicht nur den Kinderwagenschiebern zugute, sondern zum Beispiel auch den alten Menschen und Gehbehinderten. Ähnliches gilt für Treppen. Treppen sind oft wunderschöne Gebilde in einer Stadt und sind als Elemente des Städtebaus unentbehrlich. Oft sind sie auch nur nützlich, nur zur technischen Überwindung von Höhenunterschieden tauglich. Aber ganz gleich, wie nützlich und wie schön (und wie gesund) sie sind, auch der größte Treppenenthusiasmus verfliegt, wenn man einen Kinderwagen hinauf- oder hinunterstokeln soll. Manchmal ist jemand, der mit anfassen kann und sich dazu erbieten mag, in der Nähe, manchmal auch nicht. Es darf eben nicht nur Treppen geben, sondern es müssen auch Rampen angelegt werden. Wenn es an der gleichen Stelle nicht geht, dann eben in der Nachbarschaft. Weiter: es gibt Rolltreppen und es gibt Plakate, auf denen schicke junge Mütter, den Kinderwagengriff mit einer zierlichen Hand fest umspannt, zwei Räder in der Luft, fröhlich-mühelose Fahrten in die Tiefe unternehmen. Natürlich gibt es auch in Wirklichkeit schicke junge Mütter – und Väter – für die Kinderwagen auf Rolltreppen in der Tat kein Problem sind. Aber die vielleicht nicht mehr ganz so gewandte oder sich etwas unsicher fühlende Großmutter wird die Benutzung entweder vermeiden oder nur mit vielen Ängsten

überstehen. In einem Aufzug würde sie sich sehr viel wohler fühlen. In unseren Straßenbahnen kann man Kinderwagen noch relativ häufig sehen, in U-Bahnen kaum je. Ganz unbenutzbar sind Rolltreppen für Gehbehinderte, die sich nur im Rollstuhl fortbewegen können. Für sie scheidet zum Beispiel die U-Bahn als Fortbewegungsmittel von vornherein aus, wenn nicht Aufzüge in den Stationen eingebaut sind. Zwar hat man ausgerechnet, es sei billiger, für Gehbehinderte ständig einen eigenen Autotransportdienst zu unterhalten, den sie kostenlos in Anspruch nehmen könnten, als Aufzüge in alle U-Bahn-Stationen einzubauen. Aber abgesehen davon, daß in der Praxis solche Beförderungsdienste gar nicht eingerichtet werden, wären sie nie als Ersatz für die Möglichkeit eigener freier Fortbewegung zu bewerten. Schon die Abhängigkeit von einer Einsatzstelle, also einer »Behörde«, die die Fahrten zuteilt, ist unangenehm. Vor allem aber muß man damit rechnen, daß hier, wie bei fast allen Transportaufgaben, Spitzenbelastungen in der Anforderung langen Zeiten gegenüberstehen, in denen von einem solchen Rollstuhltransporter gar kein Gebrauch gemacht würde. Auch das spricht also dafür, als vertikale Transportmittel für die Verbindung mehrerer Ebenen in der Stadt nicht nur Rolltreppen, sondern auch Aufzüge vorzusehen.

Damit sind schon die Probleme der Gehbehinderten angesprochen, einer weiteren großen »Minderheit«, auf deren Bedürfnisse viel stärker Rücksicht zu nehmen ist, als das bisher im allgemeinen geschieht. Der Verkehr, das Sich-Bewegen in der Stadt, ist für viele von ihnen bei der gegenwärtigen Gestalt und Funktion unserer Verkehrswege und -mittel sehr schwierig. Auch hier wird eine durchgreifende Hilfe erst in jener Entwicklungsphase des Städtebaus möglich sein, in der ein vollautomatisches Individualverkehrssystem zur Verfügung steht. Selbst dann wird aber noch besondere Rücksichtnahme und werden besondere Vorkehrungen nötig sein. Dazu gehört zum Beispiel die Hebebühne, mit der ein Rollstuhl in eine Theaterloge gehoben werden kann, dazu gehören Rollstuhlplätze in Konzertsälen und entsprechende Anfahrtswege und Plätze in Stadien. Alles das gibt es vereinzelt schon heute. Aber es hängt mehr vom Zufall des örtlichen Interesses ab, ob überhaupt daran gedacht wird. Diese Sorge muß zur ständigen städtebaulichen Aufgabe werden. Daß künftig hoffentlich immer weniger Menschen in dieser Weise behindert sein werden, vermindert die Verpflichtung, eine Stadt auch für sie einzurichten, durchaus nicht. Im übrigen ist für die Dauer des Autoverkehrs in seiner jetzigen Form kaum mit einer Verminderung, sondern eher mit einer Vermehrung der Zahl der Querschnittsgelähmten und anderer Schwerbehinderter zu rechnen.

Eine andere große und wohl immer bleibende Minderheit sind die

Blinden. In der Bundesrepublik gibt es über 60 000 blinde Menschen, von denen nur 7000 Kriegsblinde sind. Also gehört 1 ‰ der Bevölkerung zu dieser Gruppe, für die die Orientierung im öffentlichen Verkehr der Stadt naturgemäß besonders schwierig ist. Der Blinde konnte sich im Vor-Auto-Zeitalter noch mit Hilfe des Stockes und eines Führhundes ein relativ weites Gebiet zur selbständigen Bewegung aneignen. Das ist angesichts der signalgeregelten Autoströme auf unseren Stadtstraßen heute kaum noch möglich. Auch die Orientierung in dicht begangenen Fußgängerbereichen, die oft in mehreren Ebenen aufgegliedert und nach komplizierten Grundrissen angelegt sind, ist für Blinde zu schwierig geworden. Es fragt sich, ob man für die Großstadt nicht andere Orientierungshilfen entwickeln kann. Bei genügendem Interesse und Kosteneinsatz müßte es möglich sein, Leitsysteme zu entwickeln, die drahtlos arbeiten. Wenn man Flugzeuge an Funkleitstrahlen sicher landen läßt, ist nicht einzusehen, warum einem Blinden nicht ähnliche Information über seinen Weg und die Hindernisfreiheit gegeben werden kann. Sicher wird das nicht ohne einen erheblichen Aufwand möglich sein, und natürlich kann man nicht mit einer kurzfristigen Verwirklichung innerhalb weniger Jahre rechnen. Es muß aber zunächst einmal erreicht werden, daß diese Aufgabe überhaupt erkannt und anerkannt wird. Wir müssen uns endlich dazu entschließen, Städtebau als eine komplexe Aufgabe für Gesunde und Kranke, für Behinderte jeder Art gleichermaßen anzuerkennen und die Hilfsmittel für die einzelnen Minderheitsgruppen zu entwickeln. Hier liegt ein wichtiger Teilbereich im Rahmen der noch zu behandelnden Gesamtaufgabe, die technische Stadt zu entwerfen.

Die Aufzählung der »Minderheiten«, der in ihrer vollen Leistungsfähigkeit und Teilnahme am Leben der Stadt behinderten Menschengruppen, ist damit noch nicht abgeschlossen. Es gibt körperlich weniger Behinderte, denen mit geringerem Aufwand geholfen werden kann. Die Farbblinden gehören dazu, für die man vereinzelt schon verschieden geformte Lichtsignale eingeführt hat. Fast so groß wie der Anteil der Blinden ist die Gruppe der Schwerhörigen und Gehörlosen, die akustische Zeichen und Warnungen ebenso wie Lautsprecherdurchsagen nicht wahrnehmen. Hierauf Rücksicht zu nehmen, ist in der Regel ohne besonderen Aufwand möglich.

Neben allen diesen verschiedenen Gruppen, bei denen vor allem die begrenzte körperliche Leistungsfähigkeit die volle Teilnahme am Leben der Stadt erschwert, gibt es solche, die auf Grund sonstiger Umstände »behindert« sind, die sich in einer besonderen Situation befinden, auf die Bedacht zu nehmen ist. Zum Beispiel sind hier die Ausländer zu nennen. Viele von ihnen wohnen für längere oder kürzere Zeit in der

Stadt, brauchen sie täglich so, wie die einheimischen Bürger auch: als das Stück Welt, in dem sie leben und in dem sie zu Hause sein möchten. Diese Fälle werden vermutlich künftig noch häufiger werden, als sie es jetzt schon sind. Gastarbeiter wird es angesichts der großen Umschichtungen in der Welt künftig immer geben und politische Flüchtlinge und Emigranten leider wohl auch. Aber auch in positiver Hinsicht ist mit einer Steigerung dieser Entwicklung zu rechnen. Immer mehr junge Menschen werden einen Teil ihrer Ausbildungs- und Studienzeit im Ausland verbringen, also in »fremden« Städten. Immer mehr Menschen werden auch in der Lage und dazu bereit sein, eine ihnen besonders zusagende Berufsaufgabe ohne Rücksicht auf nationale Grenzen dort zu übernehmen, wo sie sich gerade stellt.

Daneben muß jede Stadt sich auf eine rasch zunehmende Anzahl vorübergehend bleibender auswärtiger Gäste, Besucher, Touristen einstellen. Das Tagungs- und Kongreßwesen wird sich ebenso rasch in die großen Zahlen hineinentwickeln wie der private Reiseverkehr, der sich nicht nur »unberührten« Naturlandschaften zuwendet, sondern in gleichem Maße den Städten mit ihren mannigfachen Erlebnishöhepunkten.

Städte sollten bewußt und planmäßig so gebaut und eingerichtet werden, daß sie alle diese kürzer oder länger verweilenden Gäste aufnehmen, ihnen die Orientierung und Benutzung ihrer Einrichtungen erleichtern und ihnen das Gefühl des »Zuhauseseins« geben. Hier kommt, das ist zu gestehen, ein Element vielleicht sehr persönlicher Wertung ins Spiel. Städte gehören nicht nur ihren Bürgern, sondern allen, die sie besitzen wollen, sei es auch nur zu einem geringen Teil. Daß Rom nicht nur den Römern gehört, daß Paris, Venedig, New York nicht nur den Parisern, Venezianern und New Yorkern gehören, sondern ebenso denen, die in diesen Städten ein Stück Wurzel geschlagen, Heimat gefunden haben, sie kennen und lieben und deshalb von Zeit zu Zeit dorthin zurückkehren, das leuchtet wohl noch am ehesten ein. Was für die größten und berühmtesten unserer Städte gilt, gilt aber für alle anderen grundsätzlich in gleicher Weise. Der Leser mag sich überlegen, wo überall in der Welt er ein solches Stück Stadtheimat besitzt, und ob solches, möglichst vielfaches Auch-Hingehören ihn nicht reicher und glücklicher macht. Jedenfalls scheint es mir geradezu eines der wesensbestimmenden Merkmale der Stadt auszumachen, daß sie nicht nur jedem gehören kann, sich jedem anbietet, sondern auch in möglichst vielfältiger Weise möglichst vielen gehört. Je mehr »Fremden« eine Stadt etwas bedeutet, um so mehr ist sie Stadt, um so mehr kann sie auch ihren eigenen Bürgern bedeuten.

Nun ist die Forderung, Städte so zu bauen und einzurichten, daß sie möglichst viele Gäste anziehen und daß diese sich heimisch fühlen, natürlich leichter aufgestellt als erfüllt. Die wichtigsten, auch Fremde am unmittelbarsten und stärksten ansprechenden Elemente der Stadt sind, von kleineren Touristenorten abgesehen, kaum je besonders unter diesem Gesichtspunkt geplant und angelegt. Die Anziehungskraft einer Stadt liegt in ihrer Atmosphäre, Eigenart, ihrem reichen Besitz, kurz ihrer Persönlichkeit, nicht in einigen gezielten Bemühungen um Gäste von außerhalb. Also sollte der Gedanke an den Besucher, den Fremden immer mitgedacht werden, wenn Projekte der Stadtentwicklung und -einrichtung zur Erörterung stehen. Unter solchen Gesichtspunkten bekommen manche Stadtelemente ein besonderes Gewicht. Ein paar willkürlich und unsystematisch zusammengetragene Beispiele dafür sind: Straßencafés, öffentliche Information über die Stadt, ihre Einrichtungen, vor allem ihre öffentlichen Verkehrsmittel und die Art ihrer Benutzung, Hinweisschilder aller Art, Jugendherbergen, Campingplätze, öffentliche Lese- und Aufenthaltsräume, Festspiele, ausländische Kulturzentren, deutsch-ausländische Clubs und Gesellschaften. In einem weiteren Sinne sind auch Städtepartnerschaften hier zu nennen. Alles das soll und kann hier nicht zu einem System der »Stadt für Gäste« zusammengestellt und vervollständigt werden. Wichtig erscheint mir nur der Hinweis, daß wir bei allem, was in einer Stadt geschieht, mit im Sinn haben sollten, wie sehr sie nicht nur für ihre eigenen Bürger, sondern auch für alle »Fremden« da sein muß, denen sie so viel verdankt.

Zum Abschluß sei noch auf eine Minderheitengruppe hingewiesen, die in der Regel gar nicht als solche erkannt oder registriert wird: Die neu in eine Stadt gezogenen Bürger. Für sie ist diese Stadt zunächst nicht weniger fremd als für den vorübergehenden Gast, nur müssen sie sich sehr viel ernster mit ihr auseinandersetzen, sich rascher und verläßlicher in ihr zurechtfinden. Die Städte könnten ihren mit wachsender Mobilität immer zahlreicheren Neubürgern manche Hilfe dabei geben, die heute noch nicht üblich ist. Warum bekommt man bei der Anmeldung nicht einen Stadtplan in die Hand gedrückt, dazu ein Heft mit den Anschriften, Öffnungszeiten und Namensangaben aller wichtigen öffentlichen Einrichtungen, Behörden, politischen Parteien, Gewerkschaften und ähnlichem, Theatern, Museen, Spielplänen, Hinweisen, ob, wo und wie man an Eintrittskarten kommt, einer Übersicht über bestehende Vereine und Gesellschaften, Tips für besonders lohnende Unternehmungen und Sehenswürdigkeiten, ein paar Freikarten dazugeheftet? Schon als Geste freundlichen Aufnehmens könnte solch ein Präsent einen ersten Schritt des Heimischwerdens bedeuten. Die auf praktische Nutzung abgestimmte vielfältige Information und die Ermunterung durch kostenlose Angebote, sich mit der Stadt vertraut zu machen, könnten die Periode des Einlebens rasch verkürzen. Je offener und aufnahmebereiter eine Stadt gegenüber ihren neu hinzugezogenen Bürgern ist, je stärker dies vor allem in ihren Ruf eingeht, um so leichter vollzieht sich jene ständige Auffrischung mit neuen Bevölkerungsteilen, die in einer hochmobilen Gesellschaft immer wichtiger wird, wenn der Rang gehalten werden soll. Auch solche eigennützigen Motive können und sollten in den Dienst einer an sich guten Sache gestellt werden.

16. Kapitel
Sicherheit

Das Gefühl der Unsicherheit breitet sich in den Städten aus. Viele Menschen machen Umwege, weil ihnen irgendein Stück Straße, ein Weg, ein Park nicht ganz geheuer ist, namentlich bei Dunkelheit. Frauen, die allein unterwegs sind, hasten von ihrer Straßenbahnhaltestelle nach Hause; sie haben Angst sich umzusehen, wenn sie Schritte hinter sich hören. Spaziergänge im Stadtwald werden auf die Tagesstunden beschränkt, während man früher gerne noch einen abendlichen Bummel unternahm. Wer von ferne eine Rotte Jugendlicher sieht, sucht ihnen unauffällig auszuweichen.

Die Zahlen der Kriminalstatistik[1] bestätigen, daß die Angst nicht unbegründet ist. Die Zahl der bekanntgewordenen Straftaten in der Bundesrepublik ist allein in den fünf Jahren von 1963 bis 1968 von rund 1,7 Millionen auf rund 2,1 Millionen, das heißt um fast 25 Prozent gestiegen. Von den 400 000 zusätzlichen Fällen entfallen allerdings 300 000, also 75 Prozent auf Diebstahlsdelikte, woran wiederum die »harmlosen« Begehungsformen, Diebstähle aus Kraftfahrzeugen, aus Kaufhäusern und Selbstbedienungsläden, einen erheblichen Anteil haben. Das Gefühl der Unsicherheit in der Stadt wird aber vor allem durch die Angst vor Gewaltverbrechen verursacht. Raub, räuberische Erpressung und Auto-Straßenraub sind in dem gleichen Zeitraum um 33 Prozent, Mord- und Totschlagsdelikte (einschließlich Versuche) um fast 50 Prozent gestiegen. Geringfügig zurückgegangen sind dagegen die Sittlichkeitsdelikte und unzüchtigen Handlungen an Kindern.

Nun können gerade Prozentwerte für sich genommen täuschen, wenn man sie nicht zu den absoluten Zahlen in Beziehung setzt. Den 525 vollendeten Mord- und Totschlagsdelikten des Jahres 1968 in der Bundesrepublik stehen zum Beispiel 14 200 Morde in den USA gegen-

1 Polizeiliche Kriminalistik 1968, herausgegeben vom Bundeskriminalamt

über[1]. Das heißt – auf die größere Bevölkerung bezogen – daß die Verbrechensquote in den Vereinigten Staaten für diese Delikte das Siebenfache beträgt. Ähnlich drastisch sind die Unterschiede bei Körperverletzungen, die in den USA dreimal so häufig sind wie in der Bundesrepublik, und bei Raubüberfällen, wo den 9800 Fällen in der Bundesrepublik 261 500 Fälle in den USA entsprechen, das heißt, wieder auf die Bevölkerung bezogen, mehr als achtmal so viel.

Aus diesem Vergleich mit einem Land von notorisch hoher Kriminalität kann man zwei Schlußfolgerungen ziehen: entweder daß es bei uns so schlimm gar nicht sei, oder welche Entwicklungsmöglichkeiten dem Verbrechertum auch bei uns noch innewohnten. Sicher brauchen wir aus mancherlei Gründen vorläufig mit einer amerikanischen Entwicklung nicht zu rechnen. Aber der anhaltende Anstieg der Straftaten in der Bundesrepublik gibt doch zu einiger Besorgnis Anlaß. Das gilt besonders für die Städte, in denen das notwendige Gefühl der Geborgenheit und Sicherheit ja nicht erst entschwindet, wenn wir amerikanische Verbrechensquoten erreicht haben, sondern längst vorher. Dieser Schwelle haben wir uns schon bedenklich genähert. Dazu ist zusätzlich darauf hinzuweisen, daß mehr als die Hälfte aller Straftaten in der Bundesrepublik (1968: 50,4 %) in den Großstädten begangen wurde, in denen nicht einmal ganz ein Drittel aller Einwohner (32,5 %) lebt. Auch in den Mittelstädten liegt der Kriminalitätsanteil (19,6 %) noch etwas über dem Einwohnerstand (18,2 %). Umgekehrt verhält es sich in den Kleinstädten und Landgemeinden. Dies ist für sich genommen kein überraschender Sachverhalt, und an den höheren Kriminalitätsraten der Städte wird sich grundsätzlich auch nie etwas ändern lassen. Die Disparität unterstreicht und verschärft nur die Bedeutung des Sicherheitsproblems in der Stadt.

Die Kriminalität zu bekämpfen ist in erster Linie Sache der Polizei, und zwar sowohl der Schutz- wie der Kriminalpolizei. In beiden Zweigen sind unsere Polizeikräfte zahlenmäßig unzureichend, nicht genügend ausgebildet und ausgerüstet, möglicherweise auch, gerade was die regionale und überregionale Verbrechensbekämpfung angeht, nicht in der wirksamsten Weise organisiert. Um diese Behauptungen zu belegen, sind vielleicht nicht einmal in erster Linie die Aufklärungsziffern bei Straftaten heranzuziehen, obwohl auch sie schon einige Anhaltspunkte geben. Die Quote von 95,5 Prozent bei Mord und Totschlag liegt zwar überraschend hoch. 60,7 Prozent bei Raub, räuberischer Erpressung und Auto-Straßenraub sind dagegen schon eindeutig unbefriedigend,

---

1 Die Zahlen für die USA sind dem Bericht von Kai Hermann „Die Last des Verbrechens“ in „Die Zeit“ vom 27. 12. 1968 entnommen

und 27,8 Prozent für schwere Diebstähle oder ganze 8,3 Prozent für Diebstähle an Kraftfahrzeugen können einigermaßen intelligente Zeitgenossen nur ermuntern, in diesem Bereich ihren Lebensunterhalt zu suchen. Wirklich bedenklich stimmt jedoch der Umstand, daß der Rückhalt, den die Polizei in der Bevölkerung hat, sehr labil ist.

Wenn irgendwo in der Stadt ein paar jugendliche Raufbolde mit Ketten um sich schlagen, wird sofort, und richtigerweise, nach der Polizei gerufen. Die jungen Burschen setzen sich gegen eine Festnahme zur Wehr. Sobald dann die Beamten zur Anwendung von Gewalt übergehen müssen, schlägt die Stimmung in der Zuschauermenge um und richtet sich gegen die Polizei. Viele, wahrscheinlich die meisten derer, die jetzt gegen den Polizeieinsatz murren oder ihn sogar aktiv behindern, wissen gar nicht, worum es geht. Wären sie Zeugen des ursprünglichen Vorfalls gewesen, so würden sie die Polizeibeamten wahrscheinlich sogar unterstützen, mindestens durch Beifallsäußerungen. Aber der moralische »Kredit« der Polizei bei der Bevölkerung reicht nicht weit genug, um bei Unkenntnis des Sachverhalts oder gar gegenteiligem Anschein zunächst einmal an die Richtigkeit und Rechtmäßigkeit der polizeilichen Maßnahmen zu glauben. So erfreulich eine darin sich ausdrückende Skepsis gegen die Unfehlbarkeit obrigkeitlichen Zwangs ist, so bedenklich ist der über das sachlich berechtigte Maß hinausgehende Vertrauensmangel in eine demokratisch sich verstehende Polizei, die sich selbst das Motto vom Freund und Helfer aller gegeben hat, die der Hilfe bedürfen.

Freilich kommt ein solcher Vertrauensschwund nicht von ungefähr. Es sind einfach zu viele Fälle bekannt geworden, in denen Polizeieinsätze über das notwendige und berechtigte Maß hinausgegangen sind: Prügel, wo sich schon keiner mehr wehrte; Festnahmen, wo eine Personalienfeststellung genügt hätte; überforsches Auftreten und rüdes Verhalten, wo ruhig-überlegene Festigkeit am Platz gewesen wäre. In den wenigsten dieser Fälle ist vermutlich uniformiertes Rabaukentum am Werk gewesen – obwohl es auch das gibt – sondern Unreife, Unsicherheit und situationsbedingte Erregung, wie sie bei größeren tumultartigen Auseinandersetzungen von manchen Gruppen psychologisch geschickt mit der einzigen Absicht hervorgerufen wird, polizeiliche Unrechtshandlungen zu provozieren. Aber ob provoziert oder nicht, ob verständlich oder nicht, erklärbar oder nicht – das spontane, sie im Konfliktsfall stützende und unterstützende Vertrauen der Bevölkerung wird nur eine Polizei haben, die als ganzes, auch wenn Ausnahmen nie auszuschließen sind, »über jeden Zweifel erhaben« ist. Eben das fehlt unserer Polizei heute leider oft, ein Zustand, der dringend der Änderung bedarf.

Dabei denke ich nicht in erster Linie an die Meisterung von Tumultsituationen. Auch das wird hier und dort immer wieder notwendig, weil so tiefgreifende Umwälzungen innerhalb der Gesellschaft, wie wir sie erleben und wie sie uns noch bevorstehen, nicht erschütterungsfrei zu verlaufen pflegen. Aber in einem Land, in dem eine überzeugend gute Politik gemacht wird, gehören selbst in solchen Zeiten Tumultszenen nicht zur Tagesordnung; ein Land dagegen, in dem keine überzeugend gute Politik gemacht wird, wird auf die Dauer auch keine gute Polizei haben, deren Funktionen gute Politik ohnehin nicht ersetzen können.
Worauf es mir jetzt in erster Linie anzukommen scheint, ist eine personelle Verstärkung, Schulung und Ausbildung der Polizei, die über das heute übliche Maß wesentlich hinausgeht, damit sie für die Alltagsaufgaben besser gerüstet ist.
Die Polizeistreifen, nicht nur mit dem Kraftwagen, sondern auch zu Fuß und – in den Parkanlagen – zu Pferde, müssen spürbar verstärkt werden, um die Ausbreitung der Straßenkriminalität zu verhindern. Es gibt nun einmal kein so wirksames Mittel – und für den sich unsicher fühlenden Passanten keine so beruhigende Erscheinung – wie einen patrouillierenden Polizisten, dessen Freund-und-Helfer-Rolle damit auch am glaubwürdigsten wird. Sodann muß ein Revierleiter genug Leute haben, um auf einen Telefonanruf hin einen Polizeibeamten zu schicken, ganz gleich, ob der Anlaß »polizeilich« ist oder nicht.
Es kommt nicht darauf an, daß bei jedem solchen Einsatz ein Bußgeldbescheid gegen irgendeinen Störer herauskommt, sondern daß in Konfliktsituationen jemand zur Verfügung steht, der für Ordnung sorgt, in erster Linie gütlich-vermittelnd, notfalls aber auch mit einer klaren Entscheidung. Das ist es, was die Bevölkerung von ihren Polizeibeamten erwartet – und nicht, daß sie von ihnen in Radarfallen gelockt wird.
Wahrscheinlich gibt es kaum Maßnahmen, die die Polizei in der breiten Bevölkerung so viel Sympathie gekostet haben, wie diese oft raffiniert angelegten und getarnten Überwachungen, die natürlich um so wirkungsvoller sind, je weniger die angeordnete Geschwindigkeitsbeschränkung der kraftfahrerischen Vernunft entspricht. Auch der sonstige Einsatz bei der Verkehrsüberwachung ist naturgemäß nicht immer dazu angetan, Sympathie für die Vollzugsorgane der Ordnung zu erwecken. Vielleicht verhilft der Bußgeldkatalog dazu, daß das psychologische Spannungsverhältnis zwischen Bürger und Polizei etwas abgebaut wird. Und immer sollte die Polizei fünfe gerade sein lassen, wenn fünfe gerade sind – was gar nicht so selten vorkommt.
Vorschläge für eine Polizeipolitik insgesamt zu machen, würde nicht

nur das Ziel und den Rahmen dieses Buches sprengen, sondern auch meine Sachkenntnis überfordern. Ob die völlige Befreiung der Polizei von allen verkehrslenkenden und überwachenden Aufgaben und deren Übertragung auf Verkehrsordner zweckmäßig ist, wie die Ausbildung verbessert werden kann, welche Anreize in der Besoldung und Laufbahn gegeben werden müssen, wie die bundeseinheitliche Organisation der Kriminalpolizei vollzogen werden kann, das sind alles Fragen, für deren Beurteilung ich mich nicht zuständig weiß. Daß aber und mit welchen Zielen grundlegende Änderungen notwendig sind, das ist leicht erkennbar. Die Städte jedenfalls, von denen die meisten ja nicht mehr über eigene Polizeikräfte verfügen, müssen eine personelle Stärke, eine Ausbildung und eine Qualität der Polizei fordern, die sie in die Lage versetzt, dem Stadtbewohner das Gefühl der Sicherheit auf den Straßen zu geben — überall und zu jeder Zeit.

Der mögliche eigene Beitrag der Städte zur öffentlichen Sicherheit ist demgegenüber vergleichsweise gering. Über die Verweigerung von Konzessionen oder von Sperrstundenverlängerungen an zweifelhafte Lokale ist angesichts der strengen Nachweispflicht gegenüber den Verwaltungsgerichten wenig auszurichten. Hellere Straßenbeleuchtung kann ein wirksames Mittel gegen lichtscheues Gesindel sein. Wesentlich bleibt, neben dem direkten polizeilichen Einsatz, die Mitwirkung der Einwohner. Dem, der danach ruft, zu Hilfe eilen und nicht rasch das Fenster schließen, um nichts gehört zu haben, der Polizei mitteilen, was man gesehen oder erfahren hat, dem Täter Deckung und Schutz verweigern, solidarisch sein gegen Unrecht — nur so kann der Bürger seiner Verantwortung für den Nächsten gerecht werden. Wo eine Stadtbevölkerung sich so verhält, da schützt sie sich selbst am wirksamsten.

17. Kapitel
Die gute Bedienung der Bürger

Ich habe längere Zeit gezögert, die Ausführungen dieses Kapitels in das Buch aufzunehmen. Sie sind so gar nicht neu. Und sie richten sich auch in erster Linie an die Mitarbeiter in den Stadtverwaltungen; den Bürger betreffen sie nur indirekt — insofern nämlich, als er wissen muß, was er billigerweise im Rathaus und vom Rathaus erwarten kann. Aber so oft schon Grundsätze über eine sachgerechte und höfliche Bedienung bei Behörden formuliert worden sind — immer noch fehlt es an der Einsicht in die ungleichheitliche Grundsituation, aus der die meisten Schwierigkeiten entstehen. Immerhin ist ein deutlicher Wandel zum Besseren offensichtlich in Gang gekommen.

Wer als Beamter oder Angestellter, sei es im Rathaus, sei es in einer anderen Dienststelle sitzt, in vertrauter Umgebung, mit vertrauter Arbeit beschäftigt, der vergißt zu leicht, welche Angst viele Menschen vor Behörden haben. Ich meine hier ganz richtige Angst, die bedeutet, daß der Mensch an Tagen, da er zu einer Behörde muß, mit Beklemmung aufwacht und kein Frühstück herunterbekommt; das Herz schlägt ihm im Hals, wenn er die Stufen zu dem drohenden Gebäude emporsteigt. Das ist kein Regelfall, aber auch kein Extremfall: für ganz so selten halte ich ihn nicht. Und auch weniger ausgeprägte Formen des Unbehagens und der Unsicherheit lassen einige Mühe angebracht erscheinen, ihnen entgegenzuwirken.
Behörden sind und bleiben, wie immer man sie einrichten mag, im Außenverkehr ebenso widerwärtig wie unentbehrlich. An der Grundsituation ist kaum etwas zu ändern: jemand kommt zur Behörde, weil er einen Paß braucht. Der Beamte hat jetzt Prüfungspflichten, die für den Antragsteller Ausübung von Macht bedeuten. Der Beamte muß die ordnungsmäßige Eintragung im Melderegister kontrollieren, sich der Identität vergewissern und beurteilen, ob die Paßbilder die richtige Größe haben und die richtige Zwischenform von Vorder- und Seitenansicht wiedergeben. Das sind lauter an sich völlig harmlose und routinemäßig zu erledigende Einzelverrichtungen; und doch wartet der Antragsteller – seiner Sache in keinem Fall ganz sicher – gespannt auf den Ausgang, denn woher weiß er zum Beispiel, ob das Melderegister ordnungsmäßig geführt ist, woher weiß er, wie weit ein Paßbildkopf gedreht sein muß, und dergleichen mehr?
Dieses harmlose Beispiel ist für die Grundsituation zwischen Behörde und Bürger in weiten Bereichen typisch. Der analoge Fall des Bauantrags etwa, der tausendmal mehr voller Tücken steckt, hat schon manchen künftigen Bauherrn viele Monate der Wut und Verzweiflung gekostet. Auf der einen Seite steht die Entscheidungsmacht, deren Vertreter sie mit dem Ziel der sachlich richtigen Entscheidung ohne gefühlsmäßiges Engagement manchmal fachlich-versiert und überlegen, manchmal unbeholfen und objektiv falsch, hier und da auch ziemlich uninteressiert ausüben. Auf der anderen Seite ist der Bürger angewiesen auf eine nicht nur richtige, sondern für ihn günstige Entscheidung (was nicht immer das gleiche ist). Er ist unsicher über den Ausgang, er zweifelt an der Sachkunde des Bearbeiters, er muß warten und sorgt sich darum, was im Fall der Ablehnung geschehen soll. So entsteht das Gefühl, allen Anforderungen ja doch nie gerecht werden zu können, weil sie unübersehbar sind und eine Spannung, die um so größer ist, je mehr für den Antragenden von der Entscheidung abhängt. Im Fall einer Ablehnung folgt die nächste Phase: soll man sich dagegen wehren,

Rechtsmittel einlegen oder nicht? Lohnt der Einsatz der Kräfte, der Zeit, des Geldes? Ist man seiner Sache wirklich sicher? Und wenn man von seinem Recht überzeugt ist, wird man die Aufsichtsbehörde, das Verwaltungsgericht davon auch überzeugen können? Ist es nicht im eigenen Interesse klüger zu resignieren?

Viele resignieren und leben für immer mit dem Gefühl, daß ihnen Unrecht geschehen sei, manche zutreffender-, manche unzutreffenderweise. Andere nehmen den Kampf auf, wenige gelassen (wenn sie Geld und einen guten Anwalt haben), die meisten voller Sorge und Unruhe, ob es richtig war, ob sie durchhalten werden.

Das sind Grundsituationen zwischen Bürger und Behörde, die nur durch die Abschaffung des Staats zu beseitigen wären. Dieser marxistische Traum ist zerronnen, in kommunistischen Ländern nicht weniger als bei uns. Erkennt man also, daß eine scheußliche Sache wie die geschilderte Antragsbearbeitung nicht aus der Welt gebracht werden kann, so muß man wenigstens alle Kraft darauf verwenden, sie jeweils so human, unaufregend und übersichtlich wie möglich zu gestalten und so rasch wie möglich zu Ende zu bringen. Das stellt hohe Anforderungen an die Freundlichkeit und Geduld, an den Takt, das Einfühlungsvermögen und das psychologische Geschick der sachentscheidenden Behördenbediensteten. Die Ausbildung solcher Fähigkeiten aus eigener Kraft wird nicht gerade dadurch erleichtert, daß zwischendurch auch immer wieder grobe, unverschämte, querulierende Kundschaft zu bedienen ist. Da legt man sich dann leicht ein dickes Fell zu, das nach beiden Seiten abstumpft.

Nun soll nicht der Eindruck erweckt werden, daß alle und jede Behördentätigkeit mit solcher autoritären Problematik belastet wäre. Aber auch wenn erfreulicherweise der Umgang mit Behörden für immer mehr Menschen zu einer Routineangelegenheit wird, die sie mit einem gewissen Gleichmut absolvieren, wenn auch die »Abfertigung« nach und nach von freundlicher Bedienung ersetzt wird – man täusche sich nicht über die nach wie vor große Zahl von Menschen, für die jeder Schritt zur Behörde mit Beklemmungen verbunden ist.

Dem kann man nicht nur mit Freundlichkeit entgegenwirken, sondern auch durch mehr und bessere Information. Je genauer der Bürger darüber Bescheid weiß, wie seine Sache bearbeitet wird, wer sich damit befaßt, nach welchen Gesichtspunkten sie geprüft und entschieden wird, um so eher gewinnt er Vertrauen und eine gewisse Sicherheit. Und wo er selbst Fehler macht, etwa im Ansprechen einer unzuständigen Stelle, kann man ihn leicht und ohne ihn in Verlegenheit zu bringen, dem richtigen Bearbeiter zuführen, ohne daß eine neue Irrwanderung durch das Labyrinth unserer Verwaltungsgebäude notwendig wird.

Besonders unangenehm ist das Wartenmüssen bei der Behörde. Nicht immer lassen sich Wartezeiten ganz vermeiden, vor allem nicht bei Stellen mit starkem Besucherverkehr. Aber wo sich, abgesehen von Sondersituationen, Ansammlungen von wartenden Menschen bilden, da ist eine Dienststelle schlecht organisiert. Und wo Besucher schon einmal warten müssen, mache man ihnen dies wenigstens einigermaßen angenehm mit bequemen Stühlen und unterhaltender Lektüre. Ich habe gefunden, daß Besucher, die eine Viertelstunde mit der Durchsicht einer vergnüglichen Karikaturensammlung wartend verbracht hatten, mit einer heiter-freundlichen Miene in mein Amtszimmer kommen, die den sogleich eingelassenen Besuchern ganz fremd zu sein pflegt.
Warten ist aber auch dann scheußlich, wenn es sich um die schriftliche Beantwortung eines Antrags oder einer Anfrage handelt. Die Gleichgültigkeit, mit der Briefe und Eingaben oft wochenlang unbeantwortet bleiben, ist immer wieder erschreckend. Dabei wird die Sache selbst in der Regel ganz ordentlich und sachgerecht bearbeitet. Eine längere Bearbeitungsdauer ist oft unvermeidlich, wenn mehrere Stellen zusammenwirken oder Auskünfte eingeholt werden müssen. Scheußlich ist nur jenes die Wartesituation des Antragenden so völlig mißachtende überhebliche Schweigen.
Die vorläufige Beantwortung und Eingangsbestätigung ist allerdings wohl inzwischen die Regel geworden. Nur findet man auch da aus Gründen der Rationalisierung eingeführte Antwortformulare, die durch eine unüberbietbare Dürftigkeit ihres Inhalts jeden Empfänger beleidigen. Zwar ergibt der Text, den der Empfänger sich manchmal aus lauter vereinzelten, zwischen durchgestrichenen Alternativformulierungen stehenden Satzbrocken zusammensuchen muß, in der Regel einen gewissen Sinn; aber die Form der Mitteilung ist ein hübsches Knallenlassen der bürokratischen Peitsche.
So könnte man wohl noch eine Weile fortfahren, bürokratische Erbübel darzustellen. Doch nicht darum geht es hier, sondern um die nachdrückliche Feststellung, daß sie zwar ererbt aber keineswegs notwendig sind. Mit einigem Aufwand läßt sich der ganze bürokratische Ablauf so humanisieren, daß alle Beteiligten ein gutes Gefühl dabei haben können. Eine neue schwierige Hürde ist noch einmal mit der Einführung der elektronischen Datenverarbeitung zu nehmen. Aber es zeigt sich schon, daß dies Instrument bei guter Programmierung so geschmeidig ist, daß seine Antworten höflicher und inhaltsreicher ausfallen als die manches schlechten Sachbearbeiters.
Eine weitere Verbesserung des Verwaltungsservice wäre in vielen Großstädten mit einer Dezentralisierung zu erreichen, die allerdings auch zusätzliche Kosten verursacht. Überhaupt läßt sich mit Geld, wie

auf anderen Gebieten, auch hier viel erreichen. Wenn man ein paar zusätzliche gute Leute nur zur »Kundenbetreuung« einsetzen kann, so ergibt das schon einen durchaus spürbaren Effekt. Vorläufig leisten wir uns diesen »Luxus« noch nicht. Für unerläßlich halte ich flexible Öffnungszeiten aller der Behördenstellen, die Publikumsverkehr haben. Es geht nicht an, daß Berufstätige praktisch nur während ihrer Arbeitszeit die Stadtverwaltung aufsuchen können. Durch Austausch in den Arbeitszeiten beim städtischen Personal läßt es sich auch verwirklichen, an ein oder zwei Wochentagen bis in die Abendstunden hinein offen zu halten.

Worauf dies alles hinaus soll: zur guten Stadt gehört auch der gute Service, mit dem es fast überall immer noch im argen liegt. Wir brauchen nicht nur den von Bahrdt zu Recht geforderten humanen Städtebau, sondern auch eine von der Dienstleistungsidee geprägte Stadtverwaltung – wobei ihre Integrität und Fachkunde vorausgesetzt werden. Wohl können nicht alle Beamte so sein wie der sagenhafte aber ganz reale hannoversche Oberinspektor, der den Urlaubern die Pässe Sonntag abends an den Zug brachte, wenn man ihn mittags in der Wohnung anrief. Aber eine Prise davon sollte jeder Beamte im Blut haben.

V. Die Umformung der Stadtgestalt

Die Frage nach den Grenzen der Stadt und nach ihrer Gestaltkonstruktion sind in den beiden Verkehrskapiteln (1, 2) und in den Kapiteln über das mißgebildete Stadtwachstum (3) und über das Einkaufen (9) schon gestellt und teilweise beantwortet worden. In diesem Abschnitt soll das bisher stillschweigend vorausgesetzte Festhalten an der traditionellen Stadtvorstellung näher begründet werden. Davon ausgehend werden die zentralen Fragen der Stadtentwicklung im physischen Sinn erörtert: welches Schicksal können und sollen unsere überkommenen Städte haben, wenn die technische Stadt der Zukunft in einer bewohnbaren Weise baureif durchkonstruiert ist, und welche Zwischenschritte sind in der noch vom Auto beherrschten Übergangsperiode bei der Stadterneuerung ins Auge zu fassen?

18. Kapitel
Die traditionelle und die technische Stadt

Den bisherigen Ausführungen lag die herkömmliche Idee von einer Stadt zugrunde, die von einem großen, multifunktionalen, verdichteten Zentrum geprägt ist, die bei klarer Begrenzung nach außen ihre Ergänzung in zentralen Orten des Außenbereichs der Region finden und die mit diesen zusammen sich im Laufe überschaubarer Zeit in einem Regionalstadtgebilde vereinigen sollte. Diese Vorstellung ist aber nicht selbstverständlich, sie bedarf gegenüber anderen Möglichkeiten der Begründung.

Von ungeordnet-chaotisch verlaufenden Entwicklungen einmal abgesehen, die außer Betracht bleiben, steht als Alternative eine Leitvorstellung der Stadt an, die man als die große Stadtzerstreuung bezeichnen könnte. Ein Beispiel dafür ist Reston, eine vom Beispiel Tapiolas bei Helsinki inspirierte neue Stadtgründung jüngster Zeit in Virginia, nicht sehr weit von Washington gelegen: Am kleinen Hafenbecken eines Sees liegt halbkreisförmig das Stadtzentrum, bestehend aus vorwiegend kleinen Wohnhäusern, von deren Balkonen man ins Wasser oder auf einen vorgelagerten Fußgängerplatz schaut, der von Ladengeschäften umsäumt ist. Das Shopping Center mit seinem großen Parkplatz hat seinen Standort außerhalb. Weit hinaus in die hügelige

Landschaft hinein schließen sich, um kleine verdichtete Kerne gruppiert, locker gebaute Einzelhausgebiete an, von denen viele in Waldbäumen fast verschwinden. Ein Gewerbegebiet, mit Arbeitsplätzen für einen Teil der Einwohner, ist im Aufbau. Vierzig Kilometer nordöstlich von Reston liegt Columbia, eine zum Verwechseln ähnliche, zur gleichen Zeit gebaute neue Stadt. Zwar ist ihr Zentrum, auch am See, noch nicht so weit fertiggestellt, dafür ist ihre Industrieansiedlung weiter fortgeschritten. Beide Städte sind kommerzielle Gründungen, die eine zur Entlastung Washingtons, die andere Baltimores.

Es gibt eine These von den tausend Restons, die dahin geht, daß auf diese Weise in Stadteinheiten von 70 000 bis 120 000 Einwohnern, noch ideales naturnahes Wohnen unter gesunden Bedingungen möglich sei, also das, was die Großstädter in so beträchtlicher Zahl in die Vororte hinaus gezogen habe. Hier aber wohne man nicht im Vorort, mit der Notwendigkeit langer und mühsamer Anfahrtwege in die häßliche, schmutzige Stadt, hier wohne man in der Stadt selbst, die so anziehend sei, wie sonst nur der Wohnvorort. Auf die alten Städte könne man in dem Maße ganz verzichten, in dem genügend neue, kleine gebaut seien. Die Voraussetzungen dazu sind in der Tat fast gegeben, da das, was die großen Städte notwendig gemacht und zusammengehalten hat, ihre enormen Kommunikationsvorteile, teils schon weggefallen ist, teils in absehbarer Zukunft wegfallen wird. Der Geschäftsmann, der mit seinem Bankier, seinem Anwalt, seiner Werbeagentur, seinem Steuerberater verhandeln will, kann in nicht zu ferner Zukunft eine Farbfernsehverbindung mit dem gewünschten Partner herstellen lassen, und es kommt nicht mehr darauf an, ob beide 600 Meter oder 600 Kilometer voneinander entfernt sind. Mit Konferenzschaltungen kann man beliebig viele Partner gleichzeitig miteinander verbinden. Fabriken, Büros, Forschungsinstitute verteilen sich so nach Belieben über das ganze Land. Regionen mit gutem Klima und hohen Freizeitwerten werden bevorzugt. Eine gitterförmig auseinandergezogene Verkehrsstruktur mit Autostraßen und Schienenwegen, später mit vollautomatischen Transportmöglichkeiten für Menschen und Waren, garantiert weit höhere Leistungsfähigkeit als unsere heutigen Verkehrsballungen. Kulturelle Zentren mit Museen, Theatern, Konzerthallen können an fast beliebigen Punkten errichtet werden; sie sind auch auf größere Entfernungen nahezu mühelos zu erreichen. Für den Einkauf braucht das System der Shopping-Centers im Umland der Städte nur konsequent ausgebaut zu werden.

So könnte die Multifunktionalität der alten Städte aufgelöst werden zugunsten eines weiten Systems räumlich kleinerer Standorte mit einer oder nur wenigen Funktionen, zwischen denen körperliche Kommuni-

kation, soweit sie noch erwünscht oder notwendig ist, sich leicht und angenehm vollzieht.
Eine solche gigantische Zerstreuung und Zersiedlung, die große Naturschutzparks durchaus zu verschonen vermag, könnte in absehbarer Zeit wahrscheinlich in funktionsfähiger Weise organisiert werden. Die Antriebe, eine solche Entwicklung ernsthaft ins Auge zu fassen, sind sicher in einem Land wie den Vereinigten Staaten mit seinen ungeheuren Landreserven, dem ziemlich schlimmen, wenn nicht sogar verzweifelten Zustand seiner großen Städte und den schon vielfältigen Ansätzen zur »zerstreuten Konzentration« in den Städtebändern an der Ost- und Westküste, sehr viel größer als bei uns. Aber die grundsätzliche Überlegung, daß die Kommunikationsvorteile der Großstadt in weitem Umfang ersetzbar, wo nicht überflüssig werden, gilt auch für Europa. Trotzdem stehen solche Überlegungen hier nicht ernsthaft zur Debatte. Im Gegenteil weisen alle auf die Zukunft gerichteten Stadtkonzeptionen höhere Stufen der räumlichen Verdichtung und eine intensivere Mischung und Zusammenfassung der Funktionen auf, als sie heute in den alten Städten üblich sind.
Sicher hängt das einmal mit unserem geschärften Bewußtsein für die Knappheit der verfügbaren Landreserven zusammen. Es kommt darin aber auch eine neue Hinwendung zur Idee der Stadt an sich zum Ausdruck. Man hat erkannt, was mit den alten Innenstädten der Vorautozeit, was mit dem intensiveren Zusammenleben der noch nicht ins Grüne hinausgezogenen Großstädter verlorengegangen ist. Man hat die Grenzen erfahren, die in den Vororten dem Lebenszusammenhalt im direkten Kontakt zu Personen und Ereignissen gezogen sind.
Man hat einfach wieder Lust auf die Stadt, auf gute, kommunikationsintensive erlebnisreiche, zu vielfältigsten Aktivitäten ermunternde, anreizende, sie ermöglichende viele Städte. Man hat Lust, es neu zu versuchen, Städte besser zu machen als bisher. Man hat das Gefühl, daß dies, wenn es gelingt, sehr aufregend wäre und die verlorene Einheit zwischen gesellschaftlicher Struktur und gebauter Umwelt wieder herstellen könnte.
Zwar muß zu dieser neuen Willens- und Bewußtseinslage einschränkend hinzugefügt werden, daß die Zahl derer, die sich überhaupt über die Zukunft der Städte ernsthaft Gedanken machen, noch verhältnismäßig klein ist. Es sind Architekten und Sozialwissenschaftler, Wohnungsbaumanager, Journalisten, Kommunalpolitiker, von jeder Sorte nicht allzuviele, ganz wenige Bundes- und Landespolitiker. Aber innerhalb dieser Gruppe ist die skizzierte Tendenz deutlich, während die Zerstreuung der Städte, von der noch bis vor wenigen Jahren unter dem Schlagwort von der »Entballung« häufig die Rede war, nicht mehr

ernsthaft diskutiert wird. Gerade zu dem Zeitpunkt, zu dem die Entballung zum erstenmal ohne große Schäden jedenfalls an Produktionskraft möglich zu werden beginnt, verschwindet sie von der gesellschaftlichen und staatspolitischen Tagesordnung.
Wie die Entwicklung in den Vereinigten Staaten weitergehen wird, ist eine Frage, die hier nicht weiter verfolgt werden soll. Immerhin ist es nicht uninteressant, daß auch dort eine neue Konzentrationsbewegung sichtbar wird. Viele Aussiedler ziehen in die Stadt zurück, und unlängst hat sich ein amerikanischer Riesenkonzern, General Electric, nach dreijährigen intensiven Untersuchungen gegen eine Ausdehnung seiner Geschäftstätigkeit in den Bau neuer Städte entschieden. Für europäische Verhältnisse können wir also bis auf weiteres davon ausgehen, daß die Idee der dichtgebauten Stadt, wie sie durchgängig Thema dieses Buches ist, Grundlage der für die Zukunft zu entwickelnden städtebaulichen Konzeptionen ist. Es stellt sich dann als nächstes die Frage, wie wir uns auf die voraussehbare künftige Phase der »technischen Stadt« einrichten sollen.
Daß diese Phase der »technischen Stadt« kommen wird, ist nur eine Hypothese, die aber doch einige Wahrscheinlichkeit für sich hat. Jedenfalls halte ich sie für wahrscheinlicher als alle anderen und muß sie daher zunächst einmal und bis zum Eintritt besserer Erkenntnisse zum Ausgangspunkt aller auf die Zukunft zielenden Überlegungen machen. Wenn für Zukunftsstädte der Begriff »technische Stadt« verwendet wird, so ist darin eine Charakterisierung unserer jetzigen Städte als untechnisch eingeschlossen. Das ist auch so gemeint. Natürlich sind die heutigen Städte unter Zuhilfenahme vielfacher Techniken entstanden, vor allem solcher des Hoch- und Tiefbaus. Aber diese Techniken sind in ihren Grundlagen uralt. Es läßt sich also in einem ganz strengen Sinn überhaupt keine untechnische Stadt denken. Hier ist etwas anderes gemeint. Mit dem Wort technisch wird an den Begriff des technischen Zeitalters angeknüpft, also an die großen, durch die moderne Industrietechnik bewirkten Veränderungen unseres Lebens. Von dieser Entwicklung sind unsere Städte bisher nur in einem ihr Wesen und ihre Konstruktion wenig berührenden Sinn erfaßt. Straßen, Häuser, Wasserleitungen und Abwässerkanäle unterscheiden sich im Detail, aber nicht grundlegend von den schon im minoischen Reich üblichen Bau- und Konstruktionsweisen. Neu ist die Installation von Strom und Gas und von elektrischen Bahnen. Aber diese Neuerungen tragen vergleichsweise oberflächlichen Charakter im Vergleich zu der gewaltigen traditionellen Struktur der gebauten Stadt. Hier liegt, so scheint mir, der entscheidende Unterschied zur Stadt der Zukunft. Sie wird als technische Stadt bezeichnet, weil sie in ihrer Struktur nicht nur von neuen tech-

nischen Fertigungsmethoden abhängt, sondern weil sie einer neuen technischen Konstruktionslogik folgt und sich vom überkommenen Stadtgefüge – auf jedem Grundstück ein Haus – grundsätzlich unterscheidet.

Im Sinn der hier zugrunde gelegten Hypothese weist die technische Stadt folgende Merkmale auf: An die Stelle der Bebauung einzelner Parzellen mit einzelnen Gebäuden tritt die Überbauung des Stadtgebietes mit Großkonstruktionen, die ihrerseits die Einzelbauten aufnehmen. Die verschiedenen Ebenen dienen durchweg unterschiedlichen Nutzungen. Alle Nutzungsberechtigungen beziehen sich nur auf Parzellen oder Bereiche in den einzelnen Konstruktionsebenen. Das Auto ist durch ein neues Individualverkehrsmittel ersetzt, das zumindest innerhalb der Stadt vollautomatisch verkehrt. Die Ver- und Entsorgung ist in neuen integrierten Systemen zusammengefaßt und umfaßt auch die Warenversorgung. Dies brauchen nicht die einzigen Änderungen zu sein und sie werden es nicht sein. Aber es dürften die wesentlichsten sein und diejenigen, die die stärkste Veränderung im Vergleich zur Gegenwart bedeuten.

Unterstellen wir, die technischen, rechtlichen, sozialen und organisatorischen Voraussetzungen für eine solche Art Städtebau seien eines Tages gegeben, so sind damit zwei Fragen aufgeworfen: Bieten diese Form und Methode des Städtebaus so viele Vorteile gegenüber der jetzigen vortechnischen, daß man von der einen zur anderen übergehen wird? Und wenn das zu bejahen ist, was wird aus unseren jetzigen Städten mit ihrer herkömmlichen Bausubstanz?

Für die Beantwortung der ersten Frage sei zunächst angenommen, daß ein neuer Stadtteil auf der grünen Wiese gebaut werden soll und die Errichtung in konventioneller Art oder als technische Stadt zur Auswahl steht. Für die Wahl der letzteren Alternative spricht die Möglichkeit, dem fließenden und ruhenden Verkehr jeden für eine reibungslose Abwicklung benötigten Raum in den unteren Nutzungsebenen ohne Eingraben in den Untergrund zur Verfügung zu stellen. Für sie spricht ferner, daß einheitliche Versorgungssysteme einschließlich des automatischen Warentransports in die Konstruktion einbezogen werden können. Für sie sprechen die Möglichkeiten intensiverer baulicher Verdichtung, das heißt höherer Flächenausnutzung, wahrscheinlich auch geringerer volkswirtschaftlicher Gesamtkosten, bezogen auf den gebotenen Funktionskomfort. Für sie sprechen schließlich wohl auch die reicheren städtebaulichen Gestaltungsmöglichkeiten. Und was spräche dagegen, außer der Bequemlichkeit, die darin liegt, genauso weiterzumachen wie bisher? Dabei sei nochmals in Erinnerung gerufen, daß ein anwendungsreifes System angenommen wurde, bei dem alle rechtlichen und organisatorischen Probleme gelöst sind und das keine sozialen Bedenken aufwirft. So bleibt nur die Schlußfolgerung, daß man sich zum technischen Städtebau entschließen wird – wobei der Gesichtspunkt, daß neue Möglichkeiten auch einfach um ihrer selbst willen gewagt werden, noch gar nicht berücksichtigt ist.

Auch wenn die Entscheidung zum Bau von neuen Stadtteilen so fällt, so bedeutet das noch nicht, daß die alten, konventionell gebauten Städte insgesamt abgerissen und durch technische Städte ersetzt werden. Zum einen ist der Wert der Bausubstanz vermutlich auch bei stark vermehrter volkswirtschaftlicher Produktivität noch beträchtlich. Vor allem aber wird man gerade in einer Ära noch gesteigerter Technizität und Künstlichkeit der Umwelt auf die historische Dimension, die sich in den alten Städten darstellt, auf keinen Fall verzichten wollen. Zumindest die Stadtkerne, wahrscheinlich auch andere verschiedenartige alte Stadtteile werden konserviert und nur in traditionellen Formen verändert oder erneuert werden.

Weitergehende Vermutungen anzustellen, ist überaus schwierig. Ob ganz neue technische Städte an neuen Standorten entstehen oder nur als Außenstadtteile im Regionalbereich der alten, ob und wie rasch und wie weit sie von außen nach innen auf Kosten der konventionellen Städte vordringen werden, wo der gesellschaftliche Schwerpunkt liegen wird, in den neu konstruierten Bereichen oder in den alten Stadtkernen, ob diese überhaupt eine über museale und Freizeitfunktionen hinausgehende Bedeutung behalten werden – das alles sind Fragen, die offen bleiben müssen und dürfen, die vor allem von der noch nicht abschätzbaren Qualitätsüberlegenheit der technischen Stadt abhängen werden. Aber auch so viele irrationale, emotionale Motive werden die endgültige Entwicklung bestimmen, daß Antworten hier gar nicht erst versucht werden sollen.

Schließt man sich diesen Überlegungen auch nur bis zu dem Punkt an, bis zu dem die Arbeitshypothese oben geführt wurde, so ergibt sich schon daraus für die Stadtentwicklung in der Übergangszeit der nächsten Jahrzehnte eine Reihe von Folgerungen. Davon soll in den folgenden Kapiteln die Rede sein.

Zuvor noch zu der Entwicklungshypothese selbst eine Bemerkung, die an die Ausführungen im Vorwort anknüpft: Die Überlegungen, die mich veranlaßt haben, sie zugrunde zu legen, habe ich dargelegt. Natürlich muß diese wie jede andere Hypothese sofort modifiziert oder ersetzt werden, wenn eine andere plausibler wird. Bei dem geringen Stand, den die Zukunftsforschung bisher erreicht hat, steht weder eine plausiblere zur Verfügung, jedenfalls ist sie mir nicht bekannt, noch ist allerdings die hier dargestellte das Ergebnis sorgfältiger wissenschaftlicher Forschung. Sie ist das Produkt von Überlegungen und Diskussionen, nur in geringem Umfang von wissenschaftlich ernstzunehmenden Prognosen. Jeder mag ihr danach das ihm richtig erscheinende Maß an Wahrscheinlichkeit beimessen. Woran ich jedoch mit völliger Unbedingtheit festhalte, ist folgendes: Wenn wir heute über Maßnahmen der Stadtentwicklung, besonders des Städtebaus, entscheiden – und das müssen wir täglich – dann muß dieser Entscheidung eine wie auch immer geartete Annahme über die weitere Entwicklung der Städte im ganzen zugrunde liegen. Nimmt man an, daß sich gar nichts ändert, daß alles weitergeht wie es ist, so wird man in vielen Fällen zu durchaus anderen Entscheidungen kommen, als wenn man eine grundlegende Veränderung wie die geschilderte für wahrscheinlicher hält.

Die Gewißheit der richtigen Annahme gibt es nie. Die Kenntnis, daß die eigene Annahme in ihren Grundlagen nicht hinlänglich untersucht ist, kann und muß zu der Bemühung führen, Untersuchungen und kritische Überprüfungen in die Wege zu leiten. Diese Kenntnis entbindet aber nicht davon, die Hypothese solange den heute zu treffenden Entscheidungen zugrunde zu legen, wie keine besser fundierte vorliegt. Sie zu verwerfen mit der Begründung, sie sei nicht hinlänglich abgesichert, liefe darauf hinaus, der Entscheidung praktisch eben die andere Hypothese zugrunde zu legen, daß sich nichts verändern werde. Und das wäre, angesichts so vieler auf Veränderung gerichteter Kräfte, allerdings eine recht kühne und schwerlich abzusichernde Hypothese.

19. Kapitel
Die Erneuerung der Innenstadt

Für den inneren Bereich unserer Städte klingt die im vorigen Kapitel skizzierte Entwicklungshypothese zunächst einmal durchaus beruhigend. Wenn es zutrifft, daß die Innenstadt ebenso wie einige andere historische Stadtteile über die Autoepoche hinaus in ihrer jetzigen Erscheinungsform erhalten bleiben soll, so scheint es, daß man sich hier noch auf einigermaßen sicherem Boden, in des Wortes ursprünglicher wie übertragener Bedeutung, befindet. Doch so einfach liegt es leider nicht.

Ausgangspunkt der Überlegungen muß zunächst die gegenwärtige und die geplante Nutzung sein. Die Eigenschaft der Innenstadt als multifunktionaler Standort und Schauplatz des öffentlichen Lebens ist vorgegeben. Das heißt: sie soll das Einkaufszentrum mit dem höchstspezialisierten Angebot bleiben. Die wesentlichen kulturellen Ereignisse sollen hier stattfinden, ebenso die Repräsentation aller die Gesellschaft tragenden Kräfte. Unter anderem ist hier also auch der Sitz des Parlaments – soweit es sich um Hauptstädte handelt – und der leitenden Regierungs- und Verwaltungsbehörden, auch des Rathauses. Hier haben ferner Wirtschaftsorganisationen und Verbände aller Art, Kammern und Gewerkschaften, Banken, Versicherungsgesellschaften und Konzernverwaltungen sowie andere Firmen ihren Hauptstandort. Das Vergnügungsviertel wird vielleicht in gewisser Randlage, aber doch mit enger Beziehung zur Stadtmitte angesiedelt sein, nicht viel weiter draußen der zentrale Sportpark. Ferner befinden sich hier die Geschäftsräume und Praxen zahlloser Dienstleistungsberufe wie Spezialärzte, Rechtsanwälte, Steuerberater, Werbeagenturen, Grundstücksmakler, Effektenhändler, Fotografen und woran immer man denken mag. Schließlich trifft man hier auf gastronomische Betriebe aller Art, auf Zeitungsverkäufer und Straßenhändler. Hierüber wird es kaum Meinungsverschiedenheiten geben. Einigkeit besteht auch darüber, daß die Innenstädte wieder zu wichtigen Wohnbereichen werden. Mit der Zuweisung einer unterirdischen oder überbauten eigenen Ebene an den mechanischen Verkehr werden dafür entscheidende Voraussetzungen geschaffen. Die Ergänzung reiner Wohnbauten durch die Penthausüberbauung, die für die Stadtinnenbereiche besonders wichtig ist, wurde im 6. Kapitel schon eingehend erörtert.

Ungeklärt ist hingegen eine andere wichtige Frage – wieweit nämlich die privaten und öffentlichen Großverwaltungen aller Art weiterhin in vollem Umfang, das heißt mit ihrem gesamten Personal ihren Standort in der Innenstadt haben möchten und haben sollten.

Von den Großverwaltungen, sei es eines Verbandes, eines Konzerns, einer Versicherung, einer Bank oder auch einer Behörde, sind große Teile nicht mit Arbeitsvorgängen beschäftigt, die sie mit Besuchern in Berührung bringen. Hier eine Aufteilung in Stadtbüros zur Publikumsbetreuung und vielleicht für die Verwaltungsspitze mit Stabsabteilung einerseits und in extern gelegene Großbüros für den eigentlichen Dienstleistungsapparat andererseits vorzunehmen, ist ein Gedanke, der schon seit längerer Zeit diskutiert wird. Angesichts der künftig verbesserten Kommunikationsmöglichkeiten brauchten die Nachteile der Trennung nicht groß zu sein, während die Vorteile der günstigeren Grundstückspreise und der besseren Verkehrsverhältnisse für die großen Bürokomplexe ausgenutzt werden könnten. Warum sollen Zehntausende von Angestellten, die während der Arbeitszeit keine Berührung mit Publikum haben und die ihr Büro meist nur verlassen, um die Kantine aufzusuchen oder in der Mittagspause ein paar Schritte im Freien zu machen, jeden Tag zur Zeit des Berufsspitzenverkehrs in

die ohnehin überlasteten Innenstädte fahren? Hinzu kommt, daß die großen Bürohäuser in den Stadtkernen tote Zonen bilden, an denen nichts passiert und die überdies, wenn ihre Straßenfronten weit ausgedehnt sind, den Fluktuationszusammenhang der Fußgängerströme empfindlich stören oder sogar unterbrechen können. Für den Innenstadtbesucher sind nicht nur große, sondern schon kleine Bürofronten an der Straße, ob sie sich nun protzig geben oder geschmackvoll-dezent durch Untertreibung ihr Prestige mehren, immer langweilig und unerwünscht. Interessant sind allenfalls die hochragenden Fassaden.
Für die Planung und Einrichtung sowohl der Innenstadt wie auch außenliegender, für die Aufnahme solcher Verwaltungen in Betracht kommender anderer Stadtteile ist eine möglichst klare Beantwortung der Frage nach dem richtigen Standort der großen Verwaltungen offensichtlich von hoher Bedeutung.
Das Bild, das sich aus der bisherigen Entwicklung gewinnen läßt, ist nicht eindeutig – zumal vollständige systematische Untersuchungen darüber noch nicht vorliegen. Es gibt den Fall der zweiten Hamburger »City«, wo ein großer Büro-Stadtteil neu gebaut wird. Er soll zwar auch über andere Funktionen verfügen, die aber mit denen der »eigentlichen« Hamburger Innenstadt ernsthaft niemals werden konkurrieren können. Immerhin bleibt der Ausgang dieses Experiments mit Interesse abzuwarten. Sodann gibt es vielfach den Fall, daß Großbüros – teils aus rein unternehmerischer Initiative, teils mit kommunaler Ermunterung und Unterstützung – entweder isoliert in städtische Randbereiche gegangen sind oder sich zusammen mit anderen Verwaltungen in Nebenzentren niedergelassen haben. Das Motiv war der Wunsch nach einem dem Auto mühelos zugänglichen Standort, in manchen Fällen allerdings auch die Unmöglichkeit, einen geeigneten und nicht zu kostspieligen Bauplatz in der Innenstadt zu finden, der den gegenwärtigen und künftigen Bedürfnissen entsprochen hätte. In manchen Fällen handelt es sich auch um Umzüge in neue Stadtteile, in deren Zentren Bürogebäude von vornherein mit eingeplant sind, um auch hier Mischnutzungen zu erreichen. Schließlich gibt es große Bürobauten, die schlicht irgendwo zwischen Wald und Heide auf die grüne Wiese gesetzt worden sind, autonom in sich ruhend, mit ihrer Umwelt nur durch technische Medien verbunden. Diese Fälle entsprechen voll dem früher behandelten Konzept der Stadtzerstreuung.
Umgekehrt gibt es zahlreiche Großverwaltungen, die selbst günstige Angebote in außerhalb der Innenstadt gelegenen Standorten abgelehnt und erhebliche Kosten auf sich genommen haben, um sich langfristig am alten Platz zu etablieren. Lediglich die Zentralen für die elektronische Datenverarbeitung sind in diesen Fällen häufiger ausgelagert worden.

Ebenso gibt es ausgewanderte Verwaltungen, die auf die Frage, ob sie mit ihrem jetzigen Standort zufrieden sind, antworten, sie hielten es auf Grund ihrer jetzigen Erfahrungen für richtiger, wenn sie am alten Standort in der Innenstadt geblieben wären.
Die Gründe, die für die Bevorzugung der Innenstadt angegeben werden, sind unterschiedlicher Art. Viele Verwaltungen, deren Leitung ihren richtigen Platz in der Innenstadt sieht, halten die Nachteile einer betrieblichen Teilung für zu groß. Auch gute technische Kommunikation, die im übrigen zur Zeit ja noch gar nicht zur Verfügung steht, könne den mangelnden persönlichen Kontakt, etwa zu den einzelnen Abteilungsleitern, nicht ausgleichen. Für nachteilig hält man ferner, daß jeder periphere Standort bei der gleichmäßigen Streuung der Wohnungen der Angestellten über das Stadtgebiet und im weiteren Umland für einen großen Teil von ihnen mit unzumutbar langen Anfahrtwegen verbunden sei. Vor allem in Städten mit sternförmigem Straßen- und Nahverkehrssystem, bei dem Fahrten über das Zentrum nicht vermieden werden können, spielt das objektiv eine wesentliche Rolle. Bei Standorten ohne günstigen Anschluß an das öffentliche Nahverkehrsnetz wirkt sich ungünstig aus, daß Lehrlinge, Angestellte der unteren Einkommensklassen, ältere Mitarbeiter und Behinderte in großer Zahl nicht über ein eigenes Auto verfügen oder es nicht benutzen können oder dürfen. Hieran wird sich auch nach Eintritt der Vollmotorisierung im Grundsatz nichts ändern. Erst ein vollautomatisches Individualverkehrssystem kann hier einen völligen Wandel schaffen, der aber für heutige Standortentscheidungen noch in zu weiter Ferne liegt. Schließlich hat sich auch gezeigt, daß das im Büro arbeitende Personal innerstädtischen Standorten vielfach deshalb den Vorzug gibt, weil auf dem Berufsweg oder während der Arbeitszeit anderes miterledigt werden kann: Einkäufe, Kinobesuche, ein Behördengang, ein Besuch beim Arzt oder Anwalt, das Treffen mit Freund oder Freundin. Die vielfältigen komplizierten »Besorgungen« des modernen Lebens lassen sich in der Innenstadt leichter mit der Berufsarbeit kombinieren, so daß der Arbeitsplatz in der Innenstadt im Wettbewerb der Unternehmen um gutes Personal gewisse Vorteile bieten kann. Großverwaltungen in isolierten außerstädtischen Standorten, wie man sie in den USA häufiger findet, müssen sich in dieser Hinsicht selbst, so gut es geht, »autark« machen: durch Einrichtungen von Läden, Frisiersalons, Restaurants, Kegelbahnen und vielerlei anderen an sich betriebsfremden Einrichtungen. Diesen Nebenaufwand kann die in der Innenstadt gelegene Verwaltung weitgehend sparen.
Aus dem Abwägen solcher Überlegungen und dem praktischen Verhalten der Betriebe wird deutlich, daß es eine allgemein, für jede Verwal-

tung in jeder Stadt richtige Standortentscheidung für oder gegen die Innenstadt heute nicht gibt. Die Beurteilungsgesichtspunkte sind vielfältig und widerstreiten sich. Oft werden mehr oder weniger zufallsbedingte Vorlieben oder Abneigungen oder auch Vorurteile der Verwaltungsleitungen den Ausschlag geben. Bei der großen Zahl und der sehr unterschiedlichen Struktur der Verwaltungen und bei dem intensiven Wachstum, das diese Form menschlicher Betätigung noch erfährt, wird es künftig also vermutlich sowohl in den Innenstädten wie in den Nebenzentren und zentralen Orten klein- und großräumige Büronutzungen geben — und außerdem noch an den merkwürdigsten anderen Stellen, wenn eine straffe Planung dies nicht verhindert.

Eine andere Situation mag sich eines Tages dann ergeben, wenn die alten Innenstädte mit den neuen technischen Städten und Stadtteilen in Konkurrenz treten. Ob die Stadtkerne sich dann noch als gleichwertige oder sogar überlegene Standorte für Großverwaltungen behaupten können — wenn man diesen Wettbewerb überhaupt zuläßt — erscheint schon zweifelhafter. Eine Prognose ist hier vorläufig zu gewagt.

Eine Nutzung, die aus den Innenstädten in ihrer historischen Form dagegen wohl endgültig verschwinden wird, ist die industrielle Produktion. Ihre flächenextensiven Grundstücksbedürfnisse lassen sich hier nicht mehr befriedigen. Kleinere Betriebe mögen sich noch eine Zeitlang halten, aber auch ihnen sollte man helfen, zukunftssichere Standorte zu finden, die jedenfalls nicht im engeren Innenstadtbereich liegen können. Auch hier kann und wird sich die Situation allerdings mit dem Einsetzen des technischen Städtebaus grundlegend ändern. Geht man davon aus, daß viele Produktionen vom Tageslicht abgeschlossen in vollklimatisierten Räumen und außerdem ohne Lärm oder Schmutz vor sich gehen, so ist nicht einzusehen, warum sie künftig nicht in weitläufigen Untergeschossen von Großstrukturen untergebracht werden sollen. Soweit man die Innenstädte für den technischen Städtebau freigibt, können sie künftig also grundsätzlich auch wieder Produktionsstandorte werden.

So etwa könnte also auch in Zukunft die nach wie vor sehr bunte Palette innerstädtischer Nutzungen aussehen. Für alte Berufe und Aktivitäten, die verschwinden, werden genügend neue entstehen, die an ihre Stelle treten.

Für die Regelung von Nutzungen stellt sich heute schon als wesentliches stadtpolitisches Problem die Frage, wieweit man die Freiheit der Standortwahl für Großverwaltungen dadurch beschneiden soll, daß man die zulässige Bauhöhe und Grundstücksnutzung in der Innenstadt in für sie unzumutbarer Weise begrenzt und sie dadurch praktisch zum Auszug zwingt. Man könnte das unter dem Gesichtspunkt tun, die alten Innenstädte etwa in ihrer jetzigen baulichen Struktur zu erhalten, um ihre Lebensberechtigung und Lebensfähigkeit im folgenden Zeitalter des technischen Städtebaus sicherzustellen. Um dies richtig zu verstehen, muß man einmal überlegen, was geschehen wird, wenn die Entwicklung ohne diesen Zukunftshintergrund »sich selbst überlassen« in den eingeschlagenen Bahnen verläuft.

In den Innenstädten werden wir, um den Wünschen mächtiger Verwaltungen entgegenzukommen, um die »Mitte« zu betonen, um der Forderung nach Verdichtung zu genügen, um zeitgemäß zu handeln, »modern« zu sein, mehr und mehr Hochhausbauten zulassen. Ein Teil von ihnen, wahrscheinlich im Lauf der Jahre immer mehr, wird den Gedanken der Mehrebenen-Nutzung schon realisieren. Elemente modernen, ja sogar technischen Städtebaus werden die Innenstadtbereiche immer stärker durchsetzen, ohne daß das jedoch nach einem einheitlichen Plan oder Konzept geschehen kann. Wir werden kleine, straßenblockgroße Stücke »neuer Stadt« der verschiedensten Systeme miteinander konkurrieren sehen. Zu dem Zeitpunkt, zu dem dann der technische Städtebau wirklich beginnt, zu dem die ersten Großareale im Umland der alten Städte entstehen, wird der historische Gehalt ihrer Stadtkerne drastisch dezimiert sein. Das gilt nicht unbedingt für den Besatz mit alten Gebäuden, die wohl geschützt werden können, aber es gilt für die Maßstäblichkeit und den Gesamtcharakter der alten Innenstädte, die dann zerstört sind. Sie werden dann insgesamt nicht mehr als kostbare Kernstücke der Städte des zweiten, sondern als unzulängliche und nicht erhaltenswerte Vorläufer der Städte des dritten Jahrtausends empfunden werden.

Blicken wir auch hier wieder auf die nordamerikanische Entwicklung. Den großartigen und monströsen Sonderfall Manhattans außer acht gelassen: in allen amerikanischen Großstädten wächst eine neue Generation von Wolkenkratzern in die Höhe. Manche sind häßlich, manche sind sehr schön. Im ganzen ist die Entwicklung durchaus eindrucksvoll und könnte, wenn man sich an die guten Beispiele hält und sie in ein gescheites städtebauliches Konzept einfügt, auch für unsere eigene Entwicklung manche Anregung geben. Nur — denkt man an die technische Stadt, die eines Tages gebaut werden wird, so sind allein vom Maßstäblichen und auch vom baulichen Anspruch her beide Konzepte so nah miteinander verwandt, daß man nicht lange zögern wird, die Wolkenkratzer der sechziger und siebziger Jahre dann ebenso abzureißen wie heute die der zwanziger und dreißiger Jahre. Dann werden die technischen Städte Amerikas genau da gebaut, wo die heutigen stehen. Ein paar Backsteinkirchen und andere historische Gebäude werden hydraulisch auf die +6-Ebene gehievt und in einem »historic precinct for sentimental recreation purposes« zusammengestellt.

Vielleicht entwickelt sich das alles ganz anders, auch in den Vereinigten Staaten, wo das Bewußtsein für die Bedeutung der historischen Dimension ja auch deutlich durchbricht. Darauf kommt es auch nicht an. Für uns ist die Frage wichtig, ob wir sowohl vom Maßstab wie von der Bauidee her nur als Vorformen der technischen Stadt zu verstehende Bauten im Innenstadtbereich der Städte in einem Umfang zulassen sollen, der ihre jetzige, im ganzen noch durchaus traditionelle Maßstäblichkeit und Bauidee zerstört und ihre spätere Erhaltungswürdigkeit überaus fraglich macht.

Das ist, wie so oft bei städtebaulichen Fragen, eine Wertentscheidung. Nur: man muß sie *bewußt* treffen, man muß wissen, *daß* man sie trifft, und zwar heute und nicht in dreißig Jahren.

Ist man bereit, den zuletzt geschilderten Weg zu gehen, so bestehen keine Bedenken, die Innenstädte in den nächsten Jahrzehnten als reizvolles Experimentierfeld für architektonisch-städtebauliche Projekte in beinahe jeder denkbaren Weise freizugeben. Dies kann nicht nur für alle Beteiligten aufregend und interessant sein, sondern einer Stadt auch den Zuzug der einfallsreichsten und unternehmungslustigsten Köpfe sichern.

Will man den Stadtkern in traditioneller Maßstäblichkeit erhalten, so sind damit Verzichte und Schwierigkeiten mannigfacher Art verbunden. Dann muß nämlich eine in sich folgerichtige Entwicklung aufgehalten oder umgeformt und zum Teil in andere Bereiche der Stadt als ihr an sich dafür prädestiniertes Kerngebiet geleitet werden. Zum Beispiel könnten dann manche Großverwaltungen sich in den Innenstädten nicht so entwickeln wie sie möchten, so daß sie zwangsläufig in Nebenzentren oder in andere Städte mit großzügigeren Grundsätzen abwandern müßten.

Nun bedeutet natürlich auch eine etwaige Entscheidung für die Wahrung des überkommenen Charakters der Innenstadt nicht, daß dort alle Erneuerung und Modernisierung völlig aufhört. Zu bewahren ist in erster Linie die Maßstäblichkeit, die Atmosphäre und das Fluidum traditioneller europäischer Städte. Das ist nicht gleichbedeutend mit einer Begrenzung der Bauhöhe auf vier Geschosse. Sechs bis acht Obergeschosse (und zusätzlich das Penthaus, vgl. Kapitel 6) mögen durchaus der Schnitt sein, was einzelne höherragende Gebäude nicht ausschließt. Aber was im Rahmen eines solchen Konzepts nicht möglich ist, ist eine hoch in den Raum vorstoßende Stadtsilhouette, die den Geist der Zukunft atmet und ein Stück von ihr – jedoch fragmentarisch und funktionell unbefriedigend – vorwegnimmt.

Man kann das auch anders entscheiden – je nach dem Gewicht, das man der überkommenen Maßstäblichkeit gibt. Sicher ist in diesem Sinne

nicht jede Stadt gleich erhaltenswert. Sicher geht man auch mit einer solchen »konservativen« Entscheidung ein gewisses Risiko ein, vor allem das der Abschreckung oder sogar Vertreibung junger, zur Neugestaltung entschlossener Kräfte.
Wie diese grundsätzliche Entscheidung in der einzelnen Stadt jeweils fällt, davon wird nun eine Reihe von notwendigen Umgestaltungsaufgaben der Innenstädte entscheidend berührt. Das gilt zunächst grundsätzlich für die Lösung des Verkehrsproblems. Schon die Verkehrsbelastungen werden sich abhängig von der Zulassung oder Nichtzulassung starker Büromassierungen unterschiedlich gestalten. Aber abgesehen vom Umfang geht es auch um die richtige Systementscheidung. Als wichtigste städtebauliche Aufgabe unserer Zeit überhaupt wurde in den ersten Kapiteln die Überwindung des Autos, genauer seiner negativen Begleit- und Folgeerscheinungen gefordert. Solange das Auto nicht durch ein neues Individualverkehrsmittel ersetzt werden kann, muß man ihm seinen eigenen Raum geben, in dem es weder Fußgänger und Radfahrer überfährt, noch mit seinem Lärm und seinen Abgasen andere belästigt als eben unvermeidlicherweise seine Insassen selbst.
Die Möglichkeit, den Kraftfahrzeugverkehr oberirdisch abzuwickeln und die Fußgängerbereiche unterirdisch auszubauen, wurde schon erörtert und verworfen. Zu den genannten Gründen kommt insbesondere hinzu, daß die Lärmbelästigung in den Gebäuden bei allen solchen Lösungen unvermindert stark bleibt. Das Ziel für die Innenstadt kann also nur eine unterirdische Führung des Autoverkehrs mit unterirdischen Abstellmöglichkeiten sein; genauer formuliert: eine Abwicklung des Autoverkehrs unterhalb der Stadtebene. Man kann nämlich das gleiche Ziel sowohl mit der Unterhöhlung der Stadt für Autos als auch mit der Höherlegung der Stadt für Fußgänger erreichen. In der einen wie der anderen Form geht es um eine Teillösung, wie sie auch für die späteren technischen Städte als kennzeichnendes Charakteristikum anzusehen ist.
Der Unterhöhlung für das Auto bedarf es dort, wo traditionelle Stadtbereiche in ihrer überkommenen Form auf die Dauer erhalten bleiben sollen. Den zweiten Weg kann man da gehen, wo eine kontinuierliche Umwandlung des Innenstadtbereichs in Richtung auf eine technische Stadt zugelassen oder angestrebt wird. In beiden Fällen werden unterhalb der für den Fußgänger bestimmten Ebene liegende Verkehrswege und -flächen geschaffen, die zunächst dem Auto, in späterer Zeit seinem automatisierten Nachfolger dienen. Das ist auch für diejenigen Innenstadtbereiche wichtig, die in traditioneller Form auf die Dauer erhalten werden sollen. Funktions- und lebensfähig über eine museale Existenzform hinaus werden sie auf lange Sicht nur dann sein, wenn sie durch

das gleiche Verkehrssystem mit den technischen Städten und Stadtteilen verbunden und wenigstens in der unteren Ebene in der Personenbeförderung gleichwertig sind. Insofern sind auch hier die hohen notwendigen Aufwendungen für das Eingraben des Autoverkehrs uneingeschränkt zukunftssichernde Investitionen.
Freilich stehen die geforderten Autoverkehrsflächen in diesem unteren Bereich zunächst in einer fast hoffnungslos erscheinenden Konkurrenz mit anderen Nutzungen. Die meisten Bereiche gehören als teilweise sehr tiefgehende Keller zu Privatgebäuden, und unterhalb der Straßen zieht sich ein unübersehbares Netz öffentlicher Leitungen entlang, von denen die schwierigsten die Abwässerkanäle sind. Außerdem sind oder werden gerade unter den Hauptverkehrsstraßen die alten und neuen U-Bahn-Tunnels gebaut. Unter solchen Bedingungen ein komplettes unterirdisches Straßenbauprogramm zu fordern, scheint von einem wesentlich geminderten Realitätssinn zu zeugen.
Nun ist die Einschätzung vorgeschlagener Lösungen als Utopie ein Risiko, das ich mit diesem Buch in mehrfacher Hinsicht und auch ganz bewußt eingehe. Wenn jemand bessere Vorschläge hat, so stecke ich gern zurück. Mangels anderer Konzepte wird aber einstweilen die Projektierung und der Bau eines unterirdischen Straßennetzes unter Einschluß von Abstellmöglichkeiten für den kompletten Innenstadtbedarf vorgeschlagen. Natürlich ist das kein von heute auf morgen zu realisierendes Programm. Die Gesichtspunkte, die es trotz aller Schwierigkeiten als durchführbar erscheinen lassen, sind folgende:
Dank der steigenden Produktionskraft der Volkswirtschaft werden künftig größere Mittel für städtebauliche Schwerpunktaufgaben zur Verfügung gestellt werden können als bisher. Daß heute schon mittlere Großstädte wie Nürnberg oder Hannover den Bau eines U-Bahn-Netzes in Angriff nehmen können, das macht deutlich, welche Investitionskraft mobilisiert werden kann, wenn bundes- und landespolitische Entscheidungen in der gleichen Richtung fallen. Auch für den konventionellen oberirdischen Straßenausbau in den Innenstadtbereichen wird in den nächsten Jahrzehnten die Bereitstellung erheblicher Mittel unvermeidlich werden, die für das U-Straßen-Programm mit herangezogen werden können.
Die technischen Schwierigkeiten sind bis auf die Entlüftungsfrage grundsätzlich nicht anderer Art als beim U-Bahn-Bau, auch wenn sie sich bei U-Straßen zum Vielfachen dessen potenzieren. Daran, daß die Anlage eines U-Straßen-Netzes unter den Innenstadtbereichen technisch möglich ist, zweifle ich nicht. Man muß nur genug von den Technikern verlangen, und man muß es hartnäckig genug tun, dann schaffen sie schließlich Ergebnisse, die sie am Anfang selbst für völlig

unmöglich erklärt haben. Eines der schwierigsten Probleme wird in vielen Städten das der Grundwassersicherung sein. Aber was heute für U-Bahn-Tunnel und mehrstöckig in die Erde gebaute Tiefgaragen möglich ist, zeigt die grundsätzliche Lösbarkeit des Problems.
Eine ebenfalls schwierige, aber lösbare Aufgabe ist die Ausbildung von unterirdischen Straßenknotenpunkten, möglicherweise noch in mehreren Ebenen. Eine allgemeine Voraussetzung für dieses Konzept wird es allerdings wohl sein, daß Privatgrundstücke in größerem Umfang mit herangezogen werden müssen als bisher. Auch dafür bieten sich sowohl technische wie rechtliche Lösungen an. Überhaupt werden im »Kellerbereich« erhebliche Umbauten für alle bestehenden Gebäude notwendig werden, da sie ja unterirdische Eingänge zu den tiefergelegten Straßen brauchen. Dies alles klingt noch ein wenig abenteuerlich, aber wir müssen uns nun einmal daran gewöhnen, daß Städte im 3. Jahrtausend anders aussehen werden als wir es seit den Zeiten Babylons bisher gewohnt sind. Ein weiteres günstiges Moment für das U-Straßennetz kann man darin sehen, daß mit dem Bau von Tiefgaragen im Grunde ja schon erste Teile des Systems installiert sind.
Ein Problem, das bei dieser Gelegenheit in einem Zug mit gelöst werden muß, ist das der Ver- und Entsorgungsleitungen der verschiedensten Art, die wir jetzt immer noch fleißig im Erdboden vergraben. Wenn irgendwo ein Schaden ist, werden Straßen aufgerissen, wieder zugeschüttet, ein paar Wochen später wieder aufgerissen. Die im Erdboden verlegten Leitungen und die von ihnen ausgelösten Aktivitäten sind zwar eindrucksvolle Beispiele angewandter land art. Mit den übrigen Richtungen der modernen Kunstproduktion teilen sie jedoch das Schicksal großer Unpopularität – obwohl sie den mannigfaltigsten Eifer kommunaler und staatlicher Behörden unüberbietbar deutlich jedermann vor Augen führen. Hier handelt es sich allerdings um einen Fall, in dem ich die Gewinnung der Sympathie breiter Bevölkerungsschichten für aussichtslos halte. Zusammen mit den U-Straßen oder an ihnen entlang sollten daher endlich auch die großen Leitungstunnel gebaut werden, in denen alle Reparaturarbeiten ebenso wie Änderungen und Ergänzungen der Netze unterirdisch vorgenommen werden können, ohne daß jedesmal die halbe Stadt und die Gemüter ihrer Einwohner aufgewühlt werden. Ich weiß, daß auch das »nicht geht«, weil alle diese Leitungen in einem technischen Sinne miteinander unverträglich sind und Fernheizrohre außerdem noch tropische Temperaturen verbreiten würden. Man sollte es trotzdem von den Technikern verlangen – solange, bis sie aus lauter Überdruß, nur um endlich Ruhe zu haben, doch eine Lösung präsentieren.
Zum U-Straßennetz nur noch ein abschließender Hinweis auf eine sehr

schöne und nützliche unterirdische Straße, die schon seit langem in Gebrauch ist: Wacker Drive in Chicago unterfährt den ganzen Stadtkern. Abgesehen von den Ab- und Auffahrtrampen zum ebenerdigen Straßennetz, die in unserem System durch Aufzüge und Rolltreppen für Fußgänger und Lasten ersetzt würden, entspräche er den gestellten Anforderungen schon recht gut. Rechts und links neben der Fahrbahn finden sich sowohl Zufahrten zu Tiefgaragen als auch Verladeplätze für den Wirtschaftsverkehr. Hier laufen die großen Lastzüge unterirdisch die Rampen der Geschäftshäuser an, die ihre Ware auf dem kürzesten Weg mit dem Aufzug in alle Ebenen verteilen können. Dieses Beispiel zeigt ebenso, daß die Forderung nach einem U-Straßensystem nicht von vornherein utopisch ist, wie der jetzt von der New York City Planning Commission vorgelegte Master Plan, in dem die Anlage eines Tunnelsystems für den gesamten Lastwagenverkehr in Manhattan vorgeschlagen wird.

Der andere Fall, daß man sich unter Verzicht auf die dauernde Erhaltung der traditionellen Innenstädte zu einer Anhebung der Fußgängerebene entschließt, ist technisch einfacher zu lösen. Auch dafür gibt es im Ansatz amerikanische Beispiele: Golden Gateway Center in San Francisco, Constitution Plaza in Hartford und andere. Dort ist man so vorgegangen, daß alle Häuser eines Straßenvierecks abgerissen wurden und auf der ganzen Fläche ein rechteckiger, zwei- oder dreigeschossiger Sockel entstand, der Garagendecks oder Lagerflächen enthält. Die Oberfläche des Sockels ist die neue Fußgängerebene. Auf ihr erheben sich Büro- und Wohnhochhäuser, Ladengeschäfte und Restaurants, aber auch kleine Einfamilienhäuser. Hier gibt es enge Gänge, Arkaden und weite Plätze, malerische Grünanlagen, Brunnen und vielerlei Kunstwerke. Hier gibt es überhaupt keine Autos. Der Eindruck eines friedlichen und harmonischen Stadtraumes ist ziemlich überwältigend. Mit dem benachbarten Häuserblock verfährt man in gleicher Weise. Die Fußgängerebenen werden durch Brücken miteinander verbunden, die die alten, unten liegenden Straßen überspannen. Diese sind zwar noch nicht vollständig überdeckt, was nur eine konsequente Fortsetzung dieser städtebaulichen Idee wäre. Aber auch so sind sie schon recht ferngerückt, und der Lärm und Gestank der Autos wird nur noch sehr gemindert und nicht mehr aufdringlich wahrgenommen. Die Herrschaft des Autos ist auch in diesem Stadium schon gebrochen, der Rest ist Verbesserung und Vervollständigung des neu etablierten Systems. Ob man dabei für den Fahrverkehr immer mit den vorhandenen Straßen auskommen wird, weiß ich nicht. Im übrigen handelt es sich auch bei den amerikanischen Beispielen nur um Inseln im Meer der konventionellen Stadtlandschaft. Bei dem schönsten Beispiel, Golden Gateway

Center, wird dies dadurch besonders unterstrichen, daß sich eine in zwei übereinanderliegenden Ebenen aufgestockte Stadtautobahn halbkreisförmig um das Projekt herumschwingt und die völlig entgegengesetzte Stadtkonzeption der für das Auto hoch in die Luft gebauten Straßen eindrucksvoll demonstriert. An diesem Beispiel wird besonders deutlich, wie dringend die städtebauliche Grundentscheidung hinsichtlich des Systems und die Orientierung aller Einzelmaßnahmen an ihr ist. Das geschilderte Lösungsmodell einer Hochlegung der eigentlichen Stadtebene durch Aufsockelung ist sicher billiger als die Untergrabung. Auch läßt es sich in vielen kleinen, nur blockgroßen Bauabschnitten nach und nach verwirklichen, ohne daß der Gesamtzusammenhang der Stadt und ihrer Funktionen nennenswert gestört wird. Nur hat es den völligen Abriß der vorhandenen Bausubstanz zur Voraussetzung und eignet sich daher eben nicht für historische Stadtbereiche, deren Bauten erhalten bleiben sollen.

Welchen Weg auch immer man einschlagen will, langfristige Planungen und Verbesserungen sind ebenso unerläßlich wie eine durchgreifende Überprüfung und Neugestaltung aller rechtlichen Grundlagen. Einer Änderung bedarf zunächst einmal die Baunutzungsverordnung, die immer noch von der Nutzung eines jeden Grundstücks für nur einen Zweck ausgeht, während wir künftig auf dem gleichen Grundstück die verschiedenartigsten funktionalen Nutzungen übereinander packen müssen und damit natürlich auch weit höhere bauliche Ausnutzungsziffern erreichen werden als bisher üblich und zugelassen. Ein Gesetz zur Förderung der Stadtentwicklung müßte ferner die Planungs- und Durchführungsgrundlagen für beide Verfahren schaffen. Dabei könnten und sollten zwischen den Beschluß der Stadtvertretung über das System und dem Beginn seiner Realisierung, jedenfalls beim U-Straßenbau, Zeiträume von einigen Jahren liegen, um auch den privaten Grundstückseigentümern genügend Dispositionsmöglichkeiten einzuräumen. Die Modalitäten der notwendigen Enteignung unterirdischer Flächen bedürfen genauer Prüfung. Eine volle Mehrwertabschöpfung muß sicher in eine Entschädigungsrechnung eingehen. Eine pauschale, entschädigungslose Enteignung für alle unterirdischen Ebenen und im Fall der Hochlegung der Hauptebene der darunterliegenden Ebenen unter entsprechender Änderung des Art. 14 GG erscheint unerläßlich – und zwar schon vor der auf die Dauer unausweichlichen Kommunalisierung des gesamten innerstädtischen Grundeigentums (vgl. Kapitel 3). Der baulich konstruktive Aufwand der Mehrebenen-Lösungen wäre dagegen wohl in beiden Fällen von der öffentlichen Hand zu tragen.

Die jetzt schon überall eingeleiteten Maßnahmen zur Verbesserung der öffentlichen Verkehrsmittel, einschließlich des U-Bahn-Baus, sollten tatkräftig fortgesetzt werden. Wir werden auf diese Systeme, wenn auch vielleicht nicht für immer, so doch noch auf Jahrzehnte angewiesen bleiben. Und wenn der U-Bahn einmal die letzte Stunde schlägt, dann werden ihre Fahrstrecken über und unter der Erde für vieles genutzt werden können. Allerdings sollte bei der Dimensionierung der U-Bahn-Tunnel bereits jetzt so großzügig wie nur irgend möglich verfahren und auf die Möglichkeit künftiger Ausweitung Bedacht genommen werden.

Neben der langfristigen Modellentscheidung erscheinen alle übrigen Veränderungen in der Innenstadt von vergleichsweise geringer Bedeutung. Trotzdem müssen wir auch ihnen unsere volle Aufmerksamkeit zuwenden. Denn wenn auch durch und durch gute Städte erst in ein bis zwei Generationen zu erwarten sind, so wollen wir deswegen doch heute nicht in schlechteren Verhältnissen leben, als unbedingt notwendig ist. Auch kurzfristige Bemühungen müssen als oberstes Ziel haben, das Zusammenleben mit dem noch nicht wegzuschaffenden Auto so erträglich wie möglich zu machen. Das bedeutet Verhinderung des Durchgangsverkehrs in der Innenstadt, Einengung der Fahrbahnen, Verbreiterung der Gehsteige. Außerdem: Vermehrung der reinen Fußgängerstraßen, Ausstattung der Innenstadt mit allem, was sie wohnlich und angenehm macht, halbüberdeckte Passagen, infrarot geheizte Terrassen und Straßencafés, überall viele Sitzplätze, viel Kunst und zweckfreie Gestaltungen, Bäume auf die Straßen, bunte Farben, abgesenkte Gehsteige und was alles einem noch einfallen mag. Auch mit den Vergnügungsparks sollte bald begonnen und Platz für Losverkäufer und billige Jakobs freigehalten werden. Wo das Vergnügen an der Stadt wieder wächst, da sind wir auf dem richtigen Weg.

20. Kapitel
Die Erneuerung der Stadtteile

Die Stadtteile außerhalb der Innenstadt werden in vielfältiger Weise genutzt: zum Wohnen in Miet- und in Einfamilienhäusern, als Gewerbe- und Industriebezirke, als Hochschulbereiche und für Sport- und Grünanlagen. Sie haben vielfach ihre eigenen ausgeprägten Mittelpunkte mit Läden und Büros oder doch jedenfalls Haupteinkaufsstraßen. Eine konsequente Trennung der verschiedenen Nutzungen wird heute nicht mehr gefordert, eher wird schon wieder eine stärkere Vermischung geduldet und gefördert. Dem wird man zustimmen können, soweit Störungen ausgeschlossen sind und bestimmte Funktionen, wie zum Beispiel das Universitätsleben, nicht darunter leiden.

Der Zustand dieser Stadtteile ist etwa gleichmäßig schlecht, was die nachhaltige Beeinträchtigung durch den Autoverkehr angeht. In der baulichen Substanz findet sich eine weite Spanne zwischen völlig überalterten, unhygienischen Quartieren und ganz neuen Bezirken, die in vieler Hinsicht dem heutigen Standard und den Anforderungen ihrer Bewohner genügen.

Faßt man zunächst einmal wieder die langfristige Entwicklung ins Auge, so stehen Umplanungen und Erweiterungen für alle Grünbereiche (Parks, Kleingärten, Friedhöfe, Waldstücke, Kinderareale, Sportflächen) in mehr oder minder großem Umfang zu erwarten, die aber sicher die Struktur nicht völlig verändern werden. Von der Zusammenfassung dieser Flächen zu einem einheitlichen Verbundsystem war schon die Rede. Das wird vielfach nur auf Kosten bisher anderer Nutzungen möglich sein. Häufig werden sich die Areale ausgewanderter Industriebetriebe dafür anbieten oder auch Freiflächen, die durch Abreißen überalterter Wohnungsbauten entstanden sind. Auch im Zeitalter der technischen Stadt wird sich die Grünflächenstruktur vermutlich nicht grundsätzlich ändern müssen, so daß ihre Ausbreitung und Nutzung als einigermaßen zukunftssicher gelten kann.

Ähnliches gilt im großen und ganzen wohl auch für die größeren Industrie- und Gewerbegebiete. Man kann sich zwar schon vorstellen, daß die großflächigen automatisierten Fertigungsstraßen der modernen Massenproduktion einmal in die unteren Ebenen der Großkonstruktionen der technischen Städte einziehen werden. Bis dahin vergeht jedoch zwangsläufig ein Zeitraum von noch einigen Jahrzehnten. Etwas früher mag eine solche Lösung im Rahmen städtebaulicher Experimente für kleinere und mittlere Gewerbebetriebe nichtstörender Art, wie sie in Zukunft nicht selten sein werden, Wirklichkeit werden. Aber auch hier müssen alle Vermutungen mit Vorbehalten versehen werden.

Für die Wohnviertel und die in sie eingebetteten sonstigen Nutzungen und vielfältigen Einrichtungen lassen sich dagegen begründetere Prognosen machen. Hier kommen die technischen Städte der Zukunft, sobald die Erneuerung einzelner Stadtteile ansteht, als neue und konkurrierende städtebauliche Konstruktionsmodelle in Betracht, die sich vermutlich den alten Konzeptionen als überlegen erweisen werden. Allein das sich immer wieder als Schlüsselproblem erweisende Verkehrswesen wird als starker Motor eine solche Umstellung vorantreiben.

Immer wieder ausgehend von der Annahme, daß die eigentliche, dem Fußgänger gehörende Stadtebene konsequent von der Ebene des mechanischen Verkehrs getrennt und über ihr angeordnet werden soll, so kann man sich doch nur schwer vorstellen, daß auch in den Rand- und Außenstadtteilen ein System unterirdischer Verkehrswege entstehen wird, da das Eingraben auf jeden Fall sehr viel teurer und aufwendiger sein würde als eine Überbauung der Gesamtfläche mit technischen Großkonstruktionen. Ausnahmen hiervon sollte es überall da geben, wo ein erhaltenswerter historischer Baubestand geschont und umgangen werden muß. Aber im Regelfall wird es günstiger sein, die Erdoberfläche voll dem Verkehr zuzuweisen und die Stadtebene darüber zu heben. Dabei sind die weiteren Vorteile des technischen Städtebaus noch außer Betracht gelassen.

Legt man eine solche Hypothese den jetzt und in den kommenden Jahrzehnten der Übergangszeit zu treffenden städtebaulichen Entscheidungen zugrunde, so ergibt sich daraus eine Reihe von Folgerungen.

Das einzige, was heute schon getan werden kann, um die Beeinträchtigung durch das Auto zu mindern, ist eine Blocküberbauung, wie sie für die Innenstadtbereiche an Hand der amerikanischen Beispiele geschildert wurde. Von neu zu bauenden Stadtteilen abgesehen, die im folgenden Kapitel noch eingehender erörtert werden sollen, kommt ein solches Vorgehen nur da in Betracht, wo die Baumasse so schlecht ist, daß der Abriß aller Gebäude einer bestimmten Fläche notwendig und sachgerecht ist. Hier könnte man die notwendigen Neubauten auf niedrigeren, wahrscheinlich nur ein- bis zweigeschossigen Sockeln errichten und so Fahrstraßen und Parkplätze gleichermaßen überbauen. Das wäre eine partielle Flächensanierung, die sich ohne Schwierigkeiten in eine sie umgebende traditionelle städtebauliche Umgebung einfügt. Für den späteren Umbau zur technischen Stadt könnte im günstigsten Fall die Sockelkonstruktion mit herangezogen werden, im ungünstigsten stünde ein noch relativ hoher Zeitwert dem für den Umbau nötigen Abriß verteuernd im Wege. Ob die Notwendigkeit solcher bald durchzuführender Flächensanierungen in einem Umfang, der die Sockelüberbauung sinnvoll erscheinen läßt, in unseren Städten in größerem Umfang gegeben ist, übersehe ich nicht. Bekannt ist nur die Gesamtzahl der erneuerungsbedürftigen Wohnungen in der Bundesrepublik mit ca. 4 bis 4,5 Millionen Einheiten[1], ohne daß der Umfang der nur in Großflächen zu sanierenden Areale erfaßt wäre. Nur: wo man wirklich in dieser Form an die Sanierung herangeht, sollte man auf keinen Fall wieder einfach ebenerdig bauen und Fußgänger und Autos wieder auf den gleichen Straßen ihren Kampf miteinander ausfechten lassen.

Häufiger ist vielleicht der andere Fall, daß überalterte Quartiere keineswegs vollständig abgerissen zu werden brauchen, sondern mit einer Fülle kleinerer Einzelmaßnahmen wieder instandgesetzt werden können – nach jetzigen Maßstäben. Durch Abriß von Schuppen und Werk-

1 Katrin Zapf, Rückständige Viertel, Europäische Verlagsanstalt, Frankfurt/M., 1969, S. 84 ff.

stätten in den Hinterhöfen, durch Abriß auch einzelner wirklich nicht mehr zu gebrauchender Vordergebäude, aber im übrigen durch bauliche Renovierung des vorhandenen Bestandes kann in vielen Fällen ein ganzer alter Stadtteil in seiner Substanz erhalten und so verbessert werden, daß er heutigen Ansprüchen genügt. In den durch Abriß entstandenen Baulücken lassen sich Kinderspielplätze oder kleine Grünanlagen unterbringen, läßt sich gegebenenfalls auch ein im Maßstab passender Neubau einfügen. Eindrucksvolles Beispiel für diese Art der behutsamen Einzelsanierung ist das Wohnviertel Society Hill in Philadelphia, das deswegen auch einige Berühmtheit erlangt hat.

Ein solches Haus für Haus individuell beurteilendes und behandelndes Vorgehen hat den großen Vorteil für sich, daß die Bewohner des Stadtteils nicht samt und sonders zunächst einmal irgendwohin ausziehen müssen, sondern daß die gewachsene soziale Struktur erhalten bleibt. Erhalten bleiben vor allem die örtlich-nachbarschaftlichen Bindungen der oft älteren Einwohner, die ihr ganzes Leben in diesem Teil der Stadt verbracht haben und denen viele Lebensfäden zerreißen, wenn sie in irgendeine moderne, fremde Neubaugegend umgesiedelt werden. Auch unter ökonomischen Gesichtspunkten kann dieses Verfahren einer »Ausbesserungssanierung« günstiger sein – es kommt eben darauf an, wie weit der Verfall fortgeschritten ist und welcher Standard mit der Renovierung erreicht werden soll.

Was auch immer für ein solches Vorgehen in vielen Fällen sprechen mag – man muß deutlich sehen, wie begrenzt die mit dieser Methode zu erzielenden Ergebnisse sind. Auch im Fall der voll geglückten Sanierung haben wir nur einen Stadtteil vor uns, der, abgesehen von der besseren Innenausstattung der Wohnungen, dem städtebaulichen Standard des 19. Jahrhunderts entspricht. Die Straßen bleiben in der Regel eng. Der Autolärm entfaltet sich durchdringend ungehemmt. Die Straßenränder sind mit parkenden Wagen besetzt. Eine Kongruenz zwischen der städtebaulichen Form und der tatsächlichen modernen technischen Nutzung ist nicht hergestellt und läßt sich so auch nicht herstellen.

Stadtteilsanierung aber mit dem Ziel zu betreiben, die offensichtlich überholte Struktur des vergangenen Jahrhunderts wiederherzustellen, ist ein fragwürdiges Unterfangen. Wohl gibt es Menschen – auch außer den Alten, die nicht mehr verpflanzt werden wollen –, die sich genau dies wünschen und die bei freier Wahl zwischen den verschiedensten Wohnformen dieser den Vorzug geben würden. Für sie sollte man sie mit zur Wahl stellen. Auf die Dauer, je überzeugender die Alternativen werden, wird die Zahl dieser Liebhaber aber wohl abnehmen, wenn auch nie ganz verschwinden.

Sieht man in der ausbessernden Einzelsanierung der geschilderten Art keine langfristige befriedigende Lösung, so bleibt nur die Wahl zwischen zwei Wegen. Entweder entschließt man sich auch hier von vornherein zur Flächensanierung mit ihren Vor- und Nachteilen oder versteht die ganze Sanierungsmaßnahme zunächst nur als unter zeitlich begrenzter Zielsetzung stehend und richtet sich im Gesamtaufwand darauf ein. Eine Entscheidung im letzteren Sinne schlösse also etwa die Festlegung ein, daß das im Umfang genau festgelegte Sanierungsgebiet erst in 15 oder 20 oder 30 Jahren Gegenstand einer Flächensanierung sein soll. Inzwischen werden sofort alle diejenigen Verbesserungen durchgeführt, die unter Zugrundelegung dieses Zeitraums sinnvoll und notwendig erscheinen. Dazu würde sicher der Abriß verfallender Schuppen und unbewohnbarer Häuser gehören, die Ausfüllung von Baulücken jedoch höchstens mit Provisorien. Hygienische Installationen wären auch für diesen Aufschub-Zeitraum noch sinnvoll, kostspielige bauliche Grunderneuerungen dagegen nicht. Vielleicht könnte mit einem solchen Verfahren, das natürlich auch seine offensichtlichen Probleme und Nachteile hat, doch ein praktikabler Mittelweg zwischen einer an dieser Stelle noch verfrühten Flächensanierung und einer das 19. Jahrhundert dauerhaft konservierenden Einzelsanierung gefunden werden. Vielleicht läßt sich so für manche unserer älteren Stadtteile der Anschluß an den technischen Städtebau herstellen. Auch dafür bedarf es allerdings entsprechender rechtlicher Handhaben, die heute nicht in genügendem Umfang zur Verfügung stehen.
Da größere Flächensanierungen in unseren Städten nicht allzu häufig sein werden, läuft das hier vorgeschlagene Verfahren insgesamt auf eine gewisse Zurückhaltung bei Sanierungsmaßnahmen hinaus. Das heißt aber nicht, daß die bestehenden Zustände nun im großen und ganzen bis auf weiteres hingenommen werden müßten und nur wenig Raum für Verbesserungen sei. Es ist hier aber eher an ein System vieler kleiner Maßnahmen zu denken, die im Zusammenwirken für das Leben in diesen Stadtteilen eine spürbare Verbesserung bedeuten können. Abgesehen von den Reparatur- und Renovierungsmaßnahmen in den Häusern selbst, die sich auf zwei bis drei Jahrzehnte lohnen, ist es auf jeden Fall richtig und steht dem späteren Neubau des Stadtteils nicht im Wege, alle störenden gewerblichen Betriebe zu verlagern. Vielleicht können die von ihnen geräumten Gebäude noch für eine Zwischenzeit den finanziell schwierigen Start eines jungen Handwerksbetriebes erleichtern. An Stelle früher überbauter Höfe können Gärten angelegt werden. Auch die Verwendung freigewordener Parzellen für Spielplätze und kleine Grünanlagen steht keiner Entwicklung im Wege. Andere wird man mit einer dichten Umpflanzung als Abstellplätze

benutzen können, um die engen Straßen von parkenden Autos zu entlasten. Stehen genügend solcher Flächen zur Verfügung, so kann man vielleicht einseitige Park- und Halteverbote auf den Straßen erlassen und den gewonnenen Raum für eine Verbreiterung der Gehsteige benutzen. Durch verkehrslenkende Maßnahmen sollte versucht werden, die Haupteinkaufsstraße ganz für den Autoverkehr zu schließen und sie zu einer reinen Fußgängerstraße zu machen. Mit ein paar Bäumen in Kübeln und reichlich bemessenen Sitzgelegenheiten, mit Farben und auch mit einer bevorzugten Beteiligung am Kunstprogramm läßt sich ohne unvertretbaren Aufwand eine spürbare Verbesserung der Umweltqualität eines solchen überalterten Quartiermittelpunktes erreichen. Am wichtigsten scheint mir zu sein, für alle Stadtteile verbindlich festzulegen, welcher Nutzung sie langfristig dienen sollen und ob und wann strukturelle Sanierungsmaßnahmen ins Auge gefaßt sind, denen die dort stehenden Gebäude später einmal werden weichen müssen.

Man kann einwenden, daß mit solchen Vorstellungen die Kraft und Fähigkeit der Stadtverwaltungen, in die Zukunft zu blicken und für die Zukunft zu disponieren, weit überfordert seien. Denn weder ist heute zu übersehen, ob zu einem bestimmten Zeitpunkt, nach ein, zwei oder drei Jahrzehnten, die Voraussetzungen für einen technischen Stadtteilumbau gegeben sind, noch weiß man, ob dann die erforderlichen Mittel zur Verfügung stehen, noch ist vorauszusehen, ob bis dahin nicht andere städtische Projekte sich als viel dringlicher erwiesen haben und daher den Vorrang verdienen. Alles dies ist richtig – und trotzdem möchte ich an meinem Vorschlag festhalten. Wenn wir die Notwendigkeit des völligen Umbaus unserer Städte vor Augen sehen und anerkennen, dann muß das auf der Grundlage eines langfristigen Stadterneuerungsplans, der die einzelnen Phasen des Umbaus sinnvoll zueinander ordnet, geschehen. Projekte von solcher Bedeutung und Größenordnung lassen sich nicht von Jahr zu Jahr improvisieren in der Hoffnung, daß schon alles gutgehen werde. Auch hier gilt, daß gute Planung und Vorbereitung die halben Baukosten und dreiviertel des Ärgers sparen. Weiter: die benötigten Mittel für einen Stadtteilumbau werden eher zur Verfügung stehen, wenn der Bedarf rechtzeitig, das heißt Jahre im voraus, bekannt ist. Der Umbau unserer Städte insgesamt ist eine nationale Aufgabe, die mit den anderen öffentlichen Anforderungen auf Bundes- und Landesebene abgestimmt und in Einklang gebracht werden muß. Die Städte werden dem Staat langfristige Erneuerungsprogramme vorlegen, allerdings auch von ihm eine Erklärung darüber erwarten müssen, in welchem Tempo die Stadterneuerungsmaßnahmen insgesamt durchgeführt werden können.

Bei allen Schwierigkeiten der Vorausplanung von Erneuerungsprogrammen für ganze Stadtteile müßte sich auf jeden Fall eines erreichen lassen, daß nämlich die Erneuerungsmaßnahmen in ihrer Reihenfolge festgelegt werden und daß für jede Einzelmaßnahme der früheste in Betracht kommende Zeitpunkt bestimmt wird. Auch wenn sich später eine Hinausschiebung um einige Jahre als notwendig erweisen sollte, so wird mit diesem Verfahren doch zweierlei erreicht. Einmal ist der Stadtverwaltung ein festes Zieldatum vorgegeben, auf das sie sich in jeder Hinsicht so rechtzeitig einstellen und vorbereiten kann, daß überhastete, unbedachte, improvisierende Maßnahmen später vermieden werden können. Zum anderen – und das ist nicht weniger wichtig – kann den Grundstückseigentümern und den Bewohnern in den einzelnen Stadtteilen eindeutig gesagt werden, bis zu welchem Zeitpunkt sie mit Stadterneuerungsmaßnahmen *nicht* zu rechnen brauchen. Damit ist eine sehr viel sicherere Grundlage für persönliche Dispositionen und für Investitionen gegeben, als wenn nur die Tatsache der künftigen Sanierung als solche, ohne zeitliche Eingrenzung bekannt ist. Auch rechtliche Folgen im Zusammenhang mit späteren Entschädigungsfragen können an die Bekanntgabe eines solchen Termins geknüpft werden.

Daß Sanierungszeitpläne für Jahrzehnte im voraus aufgestellt werden, erscheint uns noch ungewohnt und ist sicher manchen Praktikern sogar unheimlich. Sie haben zu oft erlebt, wie es doch immer anders kommt. Dem kann nur entgegengehalten werden, daß bisher weder die personellen noch die politischen und rechtlichen Voraussetzungen für eine langfristige, fundierte Planung gegeben waren. Wenn bisher mehr oder weniger »aus dem Gefühl« heraus entwickelte Planungen der Vergangenheit sich bald als unzulänglich erwiesen haben, so ist das weder erstaunlich noch ein Grund dafür, auf eine einwandfrei fundierte Stadtentwicklungs- und -erneuerungsplanung zu verzichten. Zum anderen müssen natürlich auch bei dem hier vorgeschlagenen System der Sanierungszeitpläne nachträgliche Änderungs- und Anpassungsmechanismen für den Fall eingebaut werden, daß die Planungsgrundlagen und Zielsetzungen sich ändern. Städtebau ist trotz aller für unser Zeitalter typischen Acceleration immer noch ein langfristiges Geschäft. Schon in der Vergangenheit sind viele Entwicklungen generationslang vorausgeplant und später realisiert worden. Wenn wir jetzt unsere Städte erfolgreich in jene technisch ebenso wie historisch bestimmten und geprägten Funktionskonglomerate des 3. Jahrtausends fortentwickeln wollen, die wir bisher erkennen können, dann tun wir gut daran, mit langem Atem ans Werk zu gehen.

21. Kapitel
Der Bau neuer Stadtteile

Ganze Stadtteile zu planen und zu bauen, ist ein neuer Zweig städtischer Aktivität geworden. Je mehr der »Wiederaufbau« die erschlossenen Innenstadtflächen aufgezehrt hatte und neue Bauflächen gewonnen werden mußten, um so mehr drängte sich der Gedanke auf, Rationalisierungserfolge durch großflächige Erschließungen und hohe Wohnungszahlen in einzelnen Bauvorhaben zu erzielen. Vielfach scheiterten solche Pläne zwar an der Zersplitterung sowohl des privaten Grundeigentums wie der kommunalen Zuständigkeiten in den kleinen Randgemeinden der Großstädte. Aber inzwischen sind doch neue Wohnviertel und Stadtteile in beträchtlicher Zahl entstanden – sei es in der Bauherrschaft eines einzigen größeren Trägers, sei es in der Zusammenarbeit zwischen mehreren Grundeigentümern und Baugesellschaften, die sich in einen gemeinsamen, meist auf ihre Bedürfnisse zugeschnittenen kommunalen Plan einfügten.
Das Ergebnis dieser Neubauaktivität wird in der Regel sehr kritisch beurteilt. Der Vorwurf, die neuen Wohnbereiche seien einfallslos-stereotyp, öd, seelenlos und langweilig, architektonisch und städtebaulich mißlungen, wird allerorten und mit zunehmendem Nachdruck erhoben. Daß dieser Vorwurf im wesentlichen begründet ist, darüber gibt es auch ein nachträgliches und stillschweigendes Einverständnis fast aller Beteiligten. Ein gewichtiger Grund für diese Entwicklung lag und liegt bei dem alles beherrschenden Zwang zu billigem Bauen. Niedrige Quadratmetermieten, die eine bestimmte, vorher festgelegte Höchstgrenze nicht überschreiten, bei einer ebenfalls vorgegebenen Mindestausstattung mit Einrichtungen des technischen und hygienischen Wohnkomforts ließen und lassen dem Einfallsreichtum der Architekten nicht allzuviel Spielraum. So entstanden als Früchte unserer bisherigen Wohnungsbaupolitik jene Massensiedlungen, denen man die Massenhaftigkeit schon von weitem ansieht, entstand jener durchgängige Verzicht auf jedes individuelle, auswechselbare Moment, an dem das Auge Halt finden könnte – zur Orientierung und zum Trost in der Eintönigkeit des immer gleichen. Sie sind schon schlimm, die meisten dieser neuen Wohnquartiere, und mit dem Zwang zur Sparsamkeit allein nicht zu entschuldigen. Man könnte vermuten, daß die Bauaufgabe sozialer Wohnungsbau auch wirklich gute Architekten nicht angezogen, sondern hier das angestellte Mittelmaß sein Feld gefunden hätte. Aber auch das stimmt nur begrenzt. Denn gelegentlich zeichnen bekannte Namen für grausige Mietskasernen, während die Architekten sehr passabler Lösungen sozusagen anonym geblieben sind. Es bleibt eben da-

bei, daß gute moderne Architektur besonders schwer ist, schwerer als die wohl jeder anderen Zeit, und daß billige Sachen zu einem größeren Anteil häßlicher sind als teure. Anders formuliert: es ist sehr viel einfacher, seinem guten Geschmack freie Bahn zu lassen, wenn es aufs Geld nicht so ankommt.

Die Schuld liegt – wenn man denn von Schuld in diesem Zusammenhang sprechen will – aber auch in kaum geringerem Maß bei den privaten und öffentlichen Bauherrn. Sie alle haben diese Pläne vorher gebilligt, sie alle haben vorher schon einmal an ähnlichen und allerähnlichsten Projekten gesehen, wie ein solches »Projekt« in Wirklichkeit aussieht, wenn es erst einmal gebaut ist. Und sie haben immer wieder ihr Ja dazu gegeben, weil sie es selber auch nicht besser wußten, weil die Termine drängten, Bereitstellungszinsen anfielen, Finanzierungszusagen abliefen, öffentliche Mittel verfielen, die politischen Gremien Ergebnisse sehen wollten und die Wohnungsnot ja allerorten wirklich so auf den Nägeln brannte, daß es auf nichts anderes anzukommen schien als auf die Zahl der fertiggestellten Wohnungen.

Wir sind jetzt an dem Punkt, wo die kriegsbedingte erste Wohnungsnot im wesentlichen behoben ist. Zahlreiche Entwicklungen werden den Wohnungsbau jedoch weiter auf einem hohen Stand halten: die weitere Verkleinerung der in einem Haushalt lebenden Familien, die steigende Lebenserwartung, die Unterwanderung von Wohnbereichen durch tertiäre Nutzungen, die allgemein steigende Mobilität, die Unvermietbarkeit zu alter, zu unhygienischer, zu lauter Wohnungen und anderes mehr. Für die Bundesrepublik wird die Zahl der jährlich neu zu errichtenden Wohnungen amtlich auf rund 400 000 bis 450 000 geschätzt[1]. Das ist kaum weniger als die 500 000 bis 600 000 Wohnungen, die in der zurückliegenden Zeit Jahr für Jahr entstanden. Hier steht im guten wie im schlechten, architektonisch wie städtebaulich viel auf dem Spiel. Eine Bilanz, die wir nach den nächsten 25 Jahren ziehen, sollte anders aussehen als die für die gerade abgelaufenen zweieinhalb Jahrzehnte.

Von der Art und Auswahl an Wohnungen war schon im 6. Kapitel die Rede. Hier geht es um die städtebauliche Zusammenfügung und um die Komplettierung neuer Stadtteile mit allen jenen Einrichtungen, die zu den Wohnungen noch hinzukommen müssen. Dabei sei um der Klarstellung willen noch einmal ausgesprochen, daß vom Stadtteilbau der Übergangsepoche die Rede ist, also noch nicht von den neuen technischen Städten der Zukunft, sondern von dem, was hier und allerorten heute und morgen geschieht.

---

1 Städtebaubericht '69 des Bundesministers für Wohnungswesen und Städtebau, Bonn, 1969, S. 32

An den Anfang gehört für mich, aus hinlänglich erörterten Gründen, die Forderung nach der konsequenten Trennung von Fußgängerebene und Autoflächen in den neuen Stadtteilen.
Da in Wohnvierteln ein tiefgelegtes U-Straßennetz aus Kostengründen nicht in Betracht kommen wird, muß der andere Weg einer vollen Überbauung aller dem Auto dienenden Flächen gewählt werden. So weit diese Forderung auch zu gehen scheint, irgendwann müssen wir ja einmal anfangen, unsere Städte wieder für die Menschen zurückzuerobern, und je eher wir damit beginnen, um so größer sind die Aussichten auf einen Erfolg, an dem wir selbst noch Anteil haben.
Es gibt in der Praxis auch schon einige Ansatzpunkte, an die sich anknüpfen läßt. In dem vor einigen Jahren gebauten hannoverschen Stadtteil Auf der Horst hat man, wie andernorts auch, wegen des relativ hohen Grundwasserstandes auf Keller verzichtet und das Erdgeschoß der Wohnzeilen für kellerartige Nutzungen wie Waschküchen und Abstellräume vorgesehen. Zwischen den Blocks sind geringfügig vertiefte große Sammelgaragen gebaut, die mit Erde bedeckt und mit Rasen besät sind. Es wäre sicher teuerer gewesen, aber es kann doch nicht als utopisch bezeichnet werden, wenn man sich eine konsequente Fortsetzung dieses Systems vorstellt, die so aussähe: die Fahrstraßen, die Garagen und die (Keller-) Erdgeschosse der Häuser werden in einer einzigen überdachten Konstruktion errichtet und auf der so gebauten künstlichen Ebene setzt man die Wohngeschosse auf und schafft die Fußwegverbindungen. Ob man die verbleibenden »Löcher«, in denen ein Unterbau weder für den Verkehr noch für den Wohnungsbau notwendig gewesen wäre, zugeschüttet oder anders ausgenutzt hätte, sei dahingestellt. Mit Geschick lassen sich derartige Niveaumodulierungen durchaus zum Vorteil des Ganzen verwenden.
Für Einfamilienhausgebiete ist eine entsprechende Lösung spürbar aufwendiger als beim Geschoßwohnungsbau. Trotzdem halte ich sie auch da jedenfalls für alle Bereiche mit urbanistisch-verdichteten Einzelhausformen für möglich und wünschenswert. Dabei müßte in Kauf genommen werden, daß nicht jeder mit seinem Auto unmittelbar bis an (oder gar unter) sein Haus fahren kann, wenn er nicht ein Grundstück in günstiger Randlage gefunden hat. Nimmt man aber Fußwege von hundert bis höchstens zweihundert Metern in Kauf, die schon heute keine Seltenheit mehr sind, so erscheint auch eine solche Lösung nicht als untragbar. Bei den naturistischen, aufgelockerten Einzelhausgebieten mit freistehenden Häusern auf größeren Grundstücken sehe ich allerdings vorerst noch keine Möglichkeit, so zu verfahren. Angesichts der hier sehr lockeren Besiedlung und des damit geringeren Autoverkehrs kann das Problem aber auch zurückgestellt werden.

Zu den Kosten für den Bau der verdeckten Verkehrsflächen kommen die der laufenden Unterhaltung und des Betriebes hinzu. Erstere lassen sich bei richtiger Bauweise gering halten, wenn auch Beleuchtung und Lüftung sowie Reinigung ins Gewicht fallende Kostenfaktoren sind. Für die Einstellplatzflächen handelt es sich allerdings nicht um Zusatzkosten. Bei den Straßen könnten sich auch gewisse Einsparungen gegenüber konventionellen Bauweisen ergeben, zum Beispiel im Winterdienst. Das alles sollte Gegenstand eingehender fachlicher Untersuchungen werden. Wenn die genaue Rechnung zum Schluß präsentiert wird, fällt sie möglicherweise weniger erschreckend aus, als man zunächst vermuten möchte.

Aber ganz gleich, wie sie im einzelnen ausfällt: Ist erst einmal politisch entschieden, daß in neuen Siedlungen nur so und nicht anders gebaut werden darf, dann werden sich Mittel und Wege finden, so und nicht anders zu bauen. Sicher wäre die Finanzierung in dem Augenblick kein Problem mehr, in dem alle auf dem Kraftverkehr ruhenden besonderen Steuern zweckgebunden verwendet würden, wie das jetzt nur mit dem Mineralölsteuerpfennig geschieht. Die Entscheidung hängt aber nicht von der Art der Finanzierung, sondern davon ab, ob man in der Schaffung eigener Verkehrswege für das Auto ein so wichtiges politisches, humanes Ziel sieht, daß man ihm den Vorrang einräumt – sei es vor anderen öffentlichen Aufgaben, sei es vor Wachstumsanteilen im privaten Verbrauch. Daß an der Durchführung solcher Pläne noch ein Rattenschwanz von zu lösenden technischen, organisatorischen und rechtlichen Einzelfragen hängt, liegt auf der Hand, als Beispiel seien die Notfahrbahnen für Feuerwehrfahrzeuge auf den oberirdischen Gehwegen erwähnt. Doch sind sie alle mit einiger Geduld lösbar.

Die Forderung nach überbauten Fahrstraßen für das Auto gilt natürlich auch und erst recht in den Geschäfts- und Versorgungszentren neuer Stadtteile einschließlich der öffentlichen Nahverkehrsanschlüsse. Das bedingt unter anderem auch die Anlage von Tankstellen und Kraftfahrzeugwerkstätten in diesem unter der angehobenen Stadtebene liegenden Bereich.

Was mit diesem ganzen Aufwand gewonnen wird, bedarf kaum noch eingehender Schilderung: Eine vom Auto freie Stadtebene mit Fuß- und Radwegen als Verkehrsflächen, keine überfahrenen Kinder, keine Ampeln, Wegweiser als einzige Schilder; kein Autolärm in der Wohnung oder beim Spazierengehen, Schlafen bei offenem Fenster. So kann »Stadt« sein, wenn wir es wollen. Mit den Abgasen müßten wir allerdings noch so lange leben, bis der Verbrennungsmotor ersetzt werden kann. Mindestens in Gebieten mit hoher Bebauung könnten sie aber in den Gebäuden weit nach oben abgeleitet werden.

Als Gegenbeispiel sei noch einmal das Märkische Viertel in Berlin herangezogen. Hohe, breitgelagerte Häuserfronten, die jeden Autolärm auffangen und zurückwerfen, dazwischen große betonierte Abstellflächen, auf denen jedes Türenklappen, jedes Anlasserjaulen, jedes Hochdrehen des Motors und jedes Schalten jedes einzelnen Autos bei Tag und Nacht in Hunderte von Wohnungen dringt, dazwischen Reihen von Platanen, deren Äste später einmal als flaches Dach über die Parkplätze gezogen werden sollen. Man sieht die Autoherden dann – im Sommer – nicht mehr so; hören wird man immer alles. Wir müssen uns entscheiden, ob wir das eine oder das andere wollen.

Mit einer Entscheidung für verkehrsüberbauende Lösungen wäre ein enormer Fortschritt in der Wohnqualität erzielt, aber es wäre noch nicht garantiert, daß die neuen Wohnviertel jene negativen Eigenschaften verlören, von denen zu Beginn dieses Kapitels die Rede war: Eintönigkeit, Öde, Kasernenhaftigkeit, Uniformität. Hier müssen in gemeinsamer Anstrengung von Planern, Architekten, Bauherren und Bauunternehmern bessere städtebauliche und architektonische Lösungen gefunden werden. Ich bin nicht davon überzeugt, daß das nur geht, wenn die Baukosten um einen ansehnlichen Betrag erhöht werden. Zugegeben, dann wäre es sicher leichter – aber haben wir bei dem jetzt gegebenen Kostenstandard wirklich schon alle Möglichkeiten erschöpft? Gibt die Phantasie und Schöpfungskraft aller für den Stadtteilbau Verantwortlichen im gegebenen Rahmen schlechterdings nichts mehr her? Ich kann es mir nicht vorstellen.

Daß es mit dem Hintereinander-Aufreihen von Zeilen nicht getan ist, selbst wenn diese Zeilen ein bißchen schräg gestellt und gegeneinander versetzt sind, braucht wohl nicht noch einmal betont zu werden. Ziel muß es vielmehr sein, als angenehm empfundene, einmalige, sich nicht wiederholende Erlebnisräume zu schaffen. Ein solcher Raum kann weithin, ja unbegrenzt offen sein, etwa der Umraum um einen hohen, freistehenden Turm, der als schlanker Solitär nur auf sich selbst und auf die Weite um sich herum bezogen ist. Zur heimelig-gemütlichen Art gehört dieses Raumerlebnis nicht. Häufiger werden geschlossenere Wohnformen sein, bei denen kein Maß der Weite oder Enge von vornherein ausscheidet, soweit sich die für jede einzelne Wohnung geltenden Ansprüche an Privatheit damit vereinbaren lassen. Nur muß immer wieder auf die Notwendigkeit der Individualität und Unverwechselbarkeit jedes einzelnen solchen Stadtraums hingewiesen werden. Gewollte Irregularität ist hier eines der wichtigsten Hilfsmittel. Das gilt auch für Einzelhausbereiche. Eine solche Siedlung in Hannover-Marienwerder besteht nur aus drei verschiedenen, sich äußerlich kaum voneinander unterscheidenden Haustypen. Je drei bis fünf solcher atriumähnlichen Häuser sind zu »Zeilen« zusammengefaßt. Je vier rechtwinklig zueinander gestellte Zeilen bilden einen kleinen Platz. Die einzelnen Plätze sind durch schmale Fußgängerwege miteinander verbunden, die alle zwischen gleichartigen hohen, allerdings nicht gleich hohen, Backsteinmauern, sei es der Häuser, sei es der Gärten, sei es außen der Garagenzeilen verlaufen. Hier ist mit einem Mindestmaß an baulichem Aufwand und ohne Verzicht auf Standardisierung vieles von dem erreicht, was ich meine. Vier Häuserzeilen um einen Platz stehen zwar rechtwinklig zueinander; die einzelnen Platzsysteme sind jedoch teilweise gegeneinander verkantet, die Abstände differieren. Die Wege haben mit der Mittelachse keine rechten Winkel, sie verlaufen auch nicht immer zwischen parallelen Mauern. Jeder Platz ist etwas anders gestaltet, hier mit einer freistehenden Sitzmauer, da mit Pflanzbecken, anderswo mit einer Baumgruppe. Für Fremde ist es ziemlich schwierig, sich in diesem sich immer wieder ähnlichen und doch ständig verändernden Gefüge zurechtzufinden, vielleicht ähnlich schwierig wie in einem Gewirr mittelalterlicher Gassen. Aber die vielen Kinder, die dort wohnen, brauchen nicht nach Hausnummern und Hinweisschildern zu suchen; sie wissen immer genau, wo sie sind.

Die hier mit genial einfachen Mitteln erreichte verblüffende Vielfältigkeit von aufeinander folgenden, ineinander übergehenden, miteinander zum System verwobenen öffentlichen Räumen hat gewiß ein hohes Maß erfinderischer und gestaltender Kraft des Architekten erfordert und auch ein Mehr an Arbeit am Zeichentisch. Aber die finanziellen Mehraufwendungen für eine so intelligente Art Stadtteilbau gegenüber einer schematischen sind sicher nur gering. Für wichtig und nützlich halte ich auch den Hinweis von Schwidkowski[1], der eine Unterteilung beim Stadtteilbau in zwei Stufen vorschlägt. Während in der ersten nur die »Mindesteinrichtung« geschaffen werden soll, schlägt er für die zweite eine Auswertung aller gemachten Erfahrungen vor. Dabei soll die Feinarbeit geleistet werden, sollen die vielen Kleinigkeiten Berücksichtigung finden, die sich erst bei der praktischen Benutzung als notwendig oder wünschenswert herausstellen.

Vom Bauherrn wie von der planenden Stadt muß also die Forderung nach Individualisierung bei jedem größeren städtebaulichen Projekt ganz weit nach oben gerückt werden. Man muß auch in einem neuen Stadtteil hinter jeder Ecke wieder etwas anderes finden und überrascht werden — und wenn es nur Kleinigkeiten sind. Um heimisch zu werden, um Wurzeln zu schlagen im eigenen Stadtteil, muß der Bewohner

1 O. A. Schwidkowski, Probleme der Stadtentwicklung und der regionalen Planung in der UdSSR, in Archiv für Kommunalwissenschaften, 1967, S. 235 f.

langsam vertraut werden mit all seinen unvorhersehbaren Einzelheiten, mit seinen des Schemas spottenden Unregelmäßigkeiten und Ordnungswidrigkeiten. Der »Einheimische« muß seinen Weg an Hand von hundert Kleinigkeiten finden, aber nicht mit Hilfe des Nummernschildes. Dabei spielt die Phantasie des Architekten die entscheidende Rolle. Damit, daß man sechs gleiche Häuserscheiben mit sechs verschiedenen Farben anstreicht, ist es noch nicht getan.

Der Stadtteilbau wirft aber auch für die Städte selbst vielfache Probleme auf, für die erst teilweise brauchbare Lösungen gefunden worden sind. Die Idealforderung nach einem vollwertigen Anschluß an das öffentliche Nahverkehrsnetz beim Einzug der ersten Bewohner wird kaum je erfüllt. Meist müssen jahrelange Provisorien mit dürftigen Autobusverbindungen auf Zubringerlinien in Kauf genommen werden. Das führt dann wieder dazu, daß sich alle Bewohner des Neubaugebietes, die es sich irgendwie leisten können, für den Berufsweg ein Auto zulegen. Und wenn später der Straßenbahnanschluß oder die gute Direktverbindung mit dem Bus zur Innenstadt kommt, haben sie sich so an das eigene Auto gewöhnt, daß sie nicht mehr darauf verzichten mögen. Also sollte man mit dem öffentlichen Verkehrsanschluß so früh wie möglich in den neuen Stadtteil gehen, auch wenn die Linie während einiger Jahre noch unrentabler fährt als die anderen.

Daß wenigstens die örtliche Grundschule rechtzeitig fertig sein muß, versteht sich eigentlich von selbst. Hier gibt es die merkwürdigsten Überraschungen, solange nicht einmal unsere Futurologie der kürzeren Reichweite richtig funktioniert. Wir haben Fälle erlebt, wo so viele Familien mit so vielen schulpflichtigen Kindern fast gleichzeitig einen neuen Stadtteil bezogen, daß die rechtzeitig und großzügig geplante Schule von der ersten Woche an unter dem Ansturm geradezu zusammenbrach. Und wir haben, durch solche Erfahrungen gewitzt, in anderen Stadtteilen früher und größer gebaut — und dann tröpfelten nur vereinzelte Kinder in das viel zu große Gemäß. Schuld daran war einmal eine aus konjunkturellen und finanziellen Gründen später erklärbare, aber vorher unerwartete Verlangsamung beim Wohnungsbau. Außerdem zogen lauter junge Ehepaare ein, die entweder noch gar kein Kind hatten oder solche im Kindergartenalter. An so einfachen Beispielen sieht man, wie wichtig eine gut funktionierende Stadtforschung ist, wie sie jetzt erst überall aufgebaut wird.

Am liebsten möchte man einen neuen Stadtteil gleich auch mit allen übrigen öffentlichen Einrichtungen ausstatten, die heute zu einem solchen städtischen Gebiet gehören: Kindergärten, Hallenbad, Freizeitheim und Bücherei sind die aufwendigsten derartigen Bauten. Hier stehen die neuen Stadtteile in Konkurrenz mit vielen älteren, in denen solche Einrichtungen auch noch fehlen, und die verständlicherweise auf ihre längere Anwartschaft pochen. Ohne Kompromisse geht es dabei nicht ab, da der Nachholbedarf für die Gesamtstadt angesichts des sprunghaft gestiegenen Ausstattungsstandards zu groß ist, um das Problem rasch zu lösen. Auf jeden Fall sollte man aber überlegen, dem neuen Stadtteil von vornherein ein Dienstleistungszentrum zu geben, in dem die dezentral zu organisierenden Verwaltungszweige unterkommen: Mütterberatung, Gesundheitsdienst, Fürsorgestelle, Erziehungsberatung, Schwesternstation, aber auch die Meldestelle des Ordnungsamtes, Post und Polizei. Hier gibt es keine Rangordnungsgesichtspunkte im Verhältnis zu anderen Stadtteilen. Und eine Zusammenfassung aller Dienststellen unter einem Dach erleichtert den Benutzern nicht nur die Orientierung, sondern gewährleistet auch eher die Betreuung aus einer Hand, die bei aller Aufsplitterung unserer Verwaltung in Fachbereiche doch nach wie vor ein wesentliches Ziel sein muß.

Als besonders schwierig erweist sich oft die Ausstattung eines Neubaubereichs mit nichtöffentlichen Dienstleistungsangeboten. Das fängt mit dem Kaufmann an. Bei der heutigen hohen Umsatzschwelle für moderne Selbstbedienungsgeschäfte der Lebensmittelbranche können lange Monate oder sogar Jahre des »Anlaufs« vergehen, ehe ein solcher Großraumladen sich rentiert und errichtet wird. Oft bedarf es vieler Verhandlungen und vielen guten Zuredens, um eine Ladenkette oder eine Konsumgenossenschaft zu bewegen, wenigstens erst einmal eine primitive Einkaufsbaracke aufzustellen, wie man sie vielleicht in einer Pionierstadt am Polarkreis, aber nicht in einer mitteleuropäischen Großstadt erwarten würde. Und wenn der Großraumladen dann endlich gebaut wird, ist er meist so groß, daß daneben kein Raum mehr für die Konkurrenz ist. So entsteht ein faktisches Gebietsmonopol für Einkäufe des Tagesbedarfs für die Hausfrau, die keinen Zweitwagen hat, um damit in die Stadtmitte oder ein benachbartes Zentrum zu fahren. Bei gutgeleiteten Geschäften mag das noch hingehen, da ein über die einzelnen Stadtteile hinaus wirkender Konkurrenzdruck natürlich zumindest potentiell besteht, so daß eine zu krasse Ausnutzung im Preis ausgeschlossen wird. Wenn aber das Geschäft auch schlecht geführt wird, wenn das Angebot an frischem Gemüse nicht ausreicht, wenn die kurzfristig haltbaren Lebensmittel verdorben sind, dann ist die Erbitterung der Bevölkerung groß. Womöglich sind für den Stadtteilbau daher doch Größenordnungen anzustreben, die Einkaufszentren mit mehrfacher Ladenbesetzung in den wichtigsten Branchen tragen. Daneben ist immer wieder zu prüfen, ob sich nicht doch wieder eine ökonomische Basis für den kleinen Laden an der Ecke finden läßt, dessen Aussterben kaum zu verschmerzen ist.

Am schwierigsten gestaltet sich oft die ärztliche Versorgung. Selbst wenn vom Bauträger oder von der Stadt Praxisräume mit Wohnung nicht nur eingeplant, sondern bereitgehalten und zu günstigen Bedingungen angeboten werden, bedarf es oft nachhaltiger Bemühungen, um einen Arzt anzusiedeln. Es ist keine Erfindung, sondern entspricht schlicht den Tatsachen, daß es in solchen Fällen schon zu langwierigen Verhandlungen unter persönlicher Beteiligung des fachlich zuständigen Sozialministers gekommen ist, obwohl dessen Aufgaben an sich etwas anderer Art und anderen Zuschnitts sind.

Für das Leben im neuen Stadtteil sind alle diese Probleme von großer praktischer Bedeutung. Ihre Lösung erwarten die Einwohner ganz selbstverständlich »von der Stadt«. Ob behördliche Zuständigkeiten und Möglichkeiten überhaupt bestehen und wie weit sie gehen und von wem sie wahrzunehmen sind, interessiert die Bewohner herzlich wenig. Es gibt einfach – das muß deutlich gesehen werden – unabhängig von allen administrativen Aufgabenabgrenzungen und Zuständigkeitsordnungen eine städtische Gesamtverantwortung für den neuen Stadtteil und die dort herrschenden Lebensbedingungen, die sich grundsätzlich auf alles bezieht. Nach mancherlei Erfahrungen mit Unzulänglichkeiten aller Art gewöhnen sich die Stadtverwaltungen auch langsam daran, daß die in der kommunalrechtlichen Literatur oft erwähnte Universalität des Wirkungskreises hier einen ihrer anschaulichsten Anwendungsfälle hat, und sie entwickeln Verfahren, um diesen Anforderungen gerecht zu werden.

Wenn neue Stadtteile gut geplant und gebaut werden und wenn ihre sachliche und personelle Einrichtung gut vorbereitet ist, dann kann es allerdings auch große Freude machen, das Wachsen eines solchen neuen Stückes der Stadt und das Zusammenwachsen seiner Bewohner zu sehen.

22. Kapitel
Die Rolle des privaten Bauherrn

Wo so viel vom Umbau der Stadt die Rede ist, erscheint ein Wort zur Rolle, zur Position des privaten Bauherrn angebracht, der als Gestalter ebenso wie als Ausgelieferter an dem großen Gesamtvorgang der Stadtveränderung seinen unerläßlichen Anteil hat. Soweit es sich um die großen Wohnungsbaugesellschaften und andere »hauptberufliche« Bauträger handelt, kann davon ausgegangen werden, daß sie ihre Probleme lösen können. Sie haben Einblick in die städtebauliche Entwicklungsplanung, sie kennen ihren rechtlichen und faktischen Bewegungsrahmen. Sie fühlen sich im allgemeinen selbst bis zu einem gewissen

Grade mitverantwortlich, sind zur Einfügung in ein großes Konzept bereit und vielfach in der Lage, eigene konstruktive Beiträge zu leisten. Aber die Stadt hat viele Bauherren, und die meisten sehen verständlicherweise nicht zuerst die Stadt, sondern ihr eigenes Bauprojekt mit seiner für sie überragenden Bedeutung.

Die Stadt wächst und entwickelt sich zwar – günstigstenfalls – nach nur einem Plan, aber dafür, wie dieser Plan ausgeführt und ausgefüllt wird, gibt es mannigfache Möglichkeiten. Die beste städtebauliche Planung kann mißglückte Einzelbauten ebensowenig verhindern, wie sie gutes Bauen erzwingen kann. Durch Festlegung von zulässiger Nutzung, Baulinien, Geschoßzahl läßt sich der dem einzelnen Bauherrn verbliebene Spielraum nicht so einengen, wie es unerläßlich wäre, um eine bestimmte städtebauliche Idee mit Sicherheit zu verwirklichen: etwa einen harmonischen Platzraum zu schaffen, eine Fassadenfront anziehend statt abweisend zu gestalten oder Zwischenräume zu bilden, die stimmig in sich ruhen. Jeder Bauherr und sein Architekt haben es in der Hand, durch oft geringfügig erscheinende Details, durch falsche Proportionen und Formen, durch die Wahl ungünstiger Baustoffe oder Farben den Gesamterfolg zu verhindern. So ist es nur folgerichtig und jedenfalls verständlich, wenn die städtischen Bau- und Planungsverwaltungen nach zusätzlichen Einflußmöglichkeiten suchen. Die Skala solcher Möglichkeiten ist breit. Sie reicht von baugestalterischen Ermessensentscheidungen und Auflagen über fachlich-beratende Einwirkung bis in den Bereich dessen, was ich zurückhaltend behördliche Oppression nennen möchte.

Für den Bauherrn ist die Vielfalt der Zwänge und Einengungen, die der Verwirklichung seiner subjektiven Pläne entgegenstehen, zunächst einmal beklemmend. Von unbeschränkter Gestaltungsfreiheit und Verfügungsgewalt, wie wir sie mit dem Begriff des Eigentums üblicherweise verbinden, kann offensichtlich keine Rede sein.

Die Verwirklichung ausgeprägter eigener Bauwünsche ist in der Regel nur im Kompromiß zu erreichen und erfordert oft aufreibend langwierige und zähe Verhandlungen zwischen Architekt und Bauverwaltung. Der Bauherr setzt sich, so gut er kann, gegen als übermäßig empfundene behördliche Einengungen zur Wehr. Auch hier erstrecken sich die Methoden der Selbstbehauptung über eine breite Skala. Von der zaghaften, rasch verstummenden Gegenvorstellung reicht sie bis zur aller Zimperlichkeiten baren Erpressung bei wirtschaftlich potenten Bauherrn. Wie auch immer: Schon mancher Bauwunsch, mancher Plan ist in Resignation vor unüberwindbar erscheinenden Behördenschwierigkeiten aufgegeben worden. Mancher Bau entspricht in seiner endgültigen Ausführung nur noch so wenig der ursprünglichen Bauidee, daß beim enttäuschten Bauherrn Unzufriedenheit und unterdrückter Groll auf lange Zeit vorherrschen.

Die Baubehörde der Stadt verfolgt bei den Beschränkungen, die sie dem einzelnen Bauherrn auferlegen muß oder aufzuerlegen sucht, verschiedene Ziele. Einmal ist es ihre Aufgabe, dafür zu sorgen, daß niemand durch die Art der Ausnutzung und Benutzung seines Grundstücks andere mehr beeinträchtigt, als diesen auf Grund eigener gleichartiger Nutzung zuzumuten ist. Dazu gehören also alle öffentlich-rechtlichen Regelungen des Nachbarrechts, wie genügender Bauabstand von der Grundstücksgrenze, keine Fenster über dem Nachbargrundstück, Schornsteinhöhe und ähnliche vorgeschriebene Rücksichtnahmen. Dazu gehören auch die Nutzungsbeschränkungen, die verhindern, daß in einem Wohngebiet ein Sägewerk oder eine Hundedressuranstalt errichtet wird.

Zum anderen muß die Baubehörde das Ziel im Auge haben, die Stadt insgesamt funktionsfähig zu erhalten. Hier ist zum Beispiel hinzuweisen auf alle Baubegrenzungen, die das Bauvolumen und damit die Zahl der an einem bestimmten städtischen Standort zulässigen Wohnungen oder Arbeitsplätze beschränken, soweit das nicht aus den in Kapitel 19 erörterten Gründen geschieht. Der Verkehr ebenso wie die Versorgung mit Wasser oder Fernwärme oder die Ableitung von gebrauchtem Wasser und Regenwasser können nur in großen Netzen geplant und durchgeführt werden, deren Kapazität weder zu gering sein darf noch sich beliebig erweitern läßt. Daraus ergeben sich für jeden Standort innerhalb der Stadt unterschiedliche Nutzungsmöglichkeiten. In diesen Rahmen muß der einzelne Bauherr sich wohl oder übel einfügen.

Eine dritte Gruppe von Beschränkungen bezieht sich auf die Ausführung der Bauten im Interesse ihrer Benutzer. Hierunter fallen Vorschriften über die Sicherheit der Konstruktion, über Größe, Beleuchtung und Belüftung der Räume, über die Notwendigkeit von Treppengeländern, die Größe von Fahrstühlen in Hochhäusern und über die Offenhaltung der Baukörper für Rettungsmaßnahmen der Feuerwehr.

Diesen drei Gruppen von baurechtlichen Beschränkungen ist gemeinsam, daß man sie weitgehend durch allgemeine Rechtsvorschriften regeln kann. Die Einzelentscheidung läßt sich fast immer aus einer inhaltlich eindeutig gefaßten Vorschrift einer Bauordnung oder eines Bebauungsplans ableiten. Der Bauherr kann die Berechtigung einer solchen Entscheidung, wenn er sich erst einmal in die fremdartige und künstliche aber eben doch in hohem Maße logische Juristensprache eingelesen hat, selbst nachprüfen. Außerdem sieht er den Grund solcher Beschränkungen, wenn man ihn richtig erläutert, in der Regel ein, da

es sich um Probleme handelt, die der vernünftigen Diskussion zugänglich sind. Der Bauherr wird zwar vielleicht finden, daß die Verwaltung übertriebene Anforderungen an die Ausstattung seines Gebäudes mit Sicherheitsvorkehrungen stellt, oder daß sie besser eine U-Bahn-Station in die Nähe seines Grundstücks hätte legen und damit eine höhere Ausnutzung hätte ermöglichen sollen. Aber er wird sich, wenn ihm der Gesamtzusammenhang erklärt und die städtebauliche Zielsetzung verständlich gemacht worden ist, meist einsichtig, wenn auch nicht ganz zufrieden mit den Beschränkungen abfinden.
Ganz anders sieht es oft mit jenen Auflagen aus, die die Stadt um der Erzielung eines möglichst geschlossenen, harmonischen, einheitlichen, eindrucksvollen, großartigen, humanen, historischen, modernen, abwechslungsreichen oder wie auch immer gekennzeichneten Stadtbildes willen, also aus ästhetischen und ideologischen Gründen verhängt. Hier sind beide Seiten rasch an dem Punkt angelangt, da sich über Geschmack wohl streiten aber nicht mit Vernunftgründen diskutieren läßt. Und die besondere Schwierigkeit bei der Lösung derartiger Konflikte liegt darin, daß im Grunde beide Parteien recht haben können.
Ob man die Durchsetzung einer nicht nur funktionalen, sondern auch »gestalterischen« städtebaulichen Konzeption gegenüber den individuellen Gestaltungswünschen der einzelnen Bauherren für legitim hält, ist eine Frage der politischen Wertung. Ich möchte sie mit einem eindeutigen Ja beantworten. Städte sind für ihre Bürger der Erlebnisraum, in dem sie den größten Teil ihres Lebens verbringen. Mißgestaltete, häßliche, abweisende Städte können die Lebensfreude entscheidend mindern – ganz gleich ob diese Wirkung nun bewußt erfahren wird oder nicht. Gut gebaute Städte erzeugen Freude, bestätigen den Menschen in seiner Welt, zu der er gerne Ja sagen möchte, machen ihn einverstanden auch mit der Gesellschaft, die diese Stadt hervorgebracht hat, geben ihm Sicherheit und – mit allem Vorbehalt gegen große Worte sei es ausgesprochen – Würde. Die negativen und die positiven Wirkungen guten oder schlechten Städtebaus werden in Zukunft noch stärker werden, als sie es jetzt schon sind. Mit der ständigen Ausdehnung der städtebaulich genutzten Flächen und der vielfältigeren und umfassenderen Nutzung der Stadt durch ihre Bürger wächst die Abhängigkeit des einzelnen von einer nicht nur funktionierenden, sondern von ihm auch als gut, als angemessen, als richtig und »schön« empfundenen gebauten Umwelt. Was zu der geradezu lebenswichtigen Bedeutung dieser Frage im Bereich des Wohnens in Kapitel 6 ausgeführt wurde, soll hier nicht wiederholt, aber doch in Erinnerung gerufen werden.
Nun ist es ein Ding, ein gutes gestalterisches Konzept für den Städtebau

als notwendig anzuerkennen und zu fordern, und ein anderes, es den immanenten Bedürfnissen unserer Gesellschaft gemäß zu entwickeln und glaubhaft darzustellen. Wir haben gerade in den letzten Jahrzehnten zu oft die Auswirkungen falscher Baukonzepte erlebt und den Starrsinn von bürokratischen Kleingeistern, die auf problematische Leitbilder ideologisch eingeschworen sind. Noch heute gibt es Bauordnungen, die über obligatorische Spitzdächer und Fenstersprossen, über Traufenhöhenregelungen und Kunststoffverbote guten Städtebau erzwingen wollen. Mancher architektonisch mutige, unkonventionelle, im Geist unserer Zeit schöne Bau ist nicht verwirklicht worden, weil er in das rückwärts orientierte, neuer Formensprache noch unerschlossene Vorstellungsschema eifriger aber verständnisloser Bauverwaltungsbeamter oder Bauausschußmitglieder nicht hineinpaßte.
Indessen bleibt bei allem Ärger über solche Fälle und bei allen sich immer wieder meldenden Zweifeln an der Tauglichkeit behördlicher Reglementierung offensichtlich doch nichts anderes übrig, als dieses System im Prinzip zu bejahen. Allerdings muß man es mit so viel Freiräumen für individuelles Bauen wie möglich ausstatten. Ferner läßt sich jede Bauaufsicht verbessern und erträglich machen, wenn der Leiter der Bauverwaltung auf die Beurteilungsmaßstäbe derer, die sie handhaben müssen, erzieherisch einwirkt.
Dabei ist es mit der Beherrschung von Rechtsvorschriften nicht getan. Wir brauchen vielmehr eine aus der Anthropologie und den Sozialwissenschaften heraus entwickelte Städtebaulehre, die über die Wirkungen von Bauten, Stadträumen und Stadtlandschaften, von städtischen Funktionsordnungen und »environments« Auskunft gibt. Hierzu liegt inzwischen eine Reihe von Einzeluntersuchungen und -erkenntnissen vor, deren zusammenfassende Darstellung erst auf wenigen Lehrstühlen praktiziert wird. Soweit ich es übersehe, ist allerdings auch noch ein großes Maß an gezielter Forschungsarbeit notwendig, ehe eine gesicherte Grundlegung für den Gesamtkomplex möglich ist.
Voraussetzung ist weiter, daß alle an städtebaulichen Entscheidungen dieser Art Beteiligten, also in erster Linie Architekten, Baubeamte und Ratsherren, aber auch Verwaltungsrichter und Politiker aller Ebenen, sich in viel umfassenderer Weise und gründlicher als bisher durch Anschauung und Diskussionen weiterbilden. Nur wer immer wieder gute, durchschnittliche und schlechte städtebauliche Beispiele nebeneinander sieht, begeht, prüft, sie anfaßt und ihre Atmosphäre in sich aufnimmt, wer mit Fachleuten aller Disziplinen darüber diskutiert, insbesondere aber mit den Menschen, die ein solches Stück Stadt Tag für Tag benutzen, mit ihm leben und umgehen – nur der wird auf die Dauer die nötige Sicherheit und Liberalität des Urteils gewinnen können, die sich

durch gelegentliche Urlaubsreisen und durch Lesen von Fachzeitschriften nicht einstellen kann. Wir können es uns heute aus finanziellen und auch aus personellen Gründen noch nicht leisten, die Menschen, auf die es hier ankommt, in jedem Jahr drei bis vier Monate auf Studienreisen, Fachkongresse und Diskussionstagungen zu schicken, was ich prinzipiell für nötig halte. Aber wir könnten in dieser Hinsicht doch schon weit mehr tun als heute üblich ist. Die Nähe solcher Veranstaltungen zum »Tagungstourismus«, der Neid der nicht daran Beteiligten und die natürliche Vermischung der fachlichen Motive der Beteiligten mit Lustgefühlen stehen solchen Studienreisen noch als oft kaum überwindbares psychologisches Hemmnis im Wege. Aber nur eine Überwindung dieser Bund-der-Steuerzahler-Mentalität macht den Weg dafür frei, daß sich von der Gesamtgesellschaft als richtig und verbindlich anerkannte Maßstäbe herausbilden, die ein Höchstmaß an städtebaulicher Einordnung und individueller Freiheit des Bauens miteinander vereinigen.

Die Schwierigkeiten in diesem Bereich werden in den nächsten Jahrzehnten dadurch weiter zunehmen, daß neue Baumaterialien und mit ihnen neue Bauformen vordringen. Es ist keineswegs sicher, auf längere Sicht sogar höchst unwahrscheinlich, daß die Stadt künftig aus einer Addition von rechtwinkligen Gebäuden besteht, wie das jedenfalls bei unseren Stadtkernen heute der Fall ist. Immer häufiger entstehen jetzt schon einzelstehende Gebäude, die sich im Grundriß vom rechteckigen Raster lösen. Auch Dachkonstruktionen lösen sich von horizontalen Geraden ab und in vielfältige Schwingungen und Wölbungen auf. Schräge Winkel und kreis- oder eiförmige, ellipsoide Rundungen dringen vor – begünstigt vor allem durch die schier unbegrenzte Formbarkeit des neuen Materials Beton und Spannbeton. Daneben tauchen zeltartige Hängekonstruktionen auf, die nur Vorläufer zu noch anderen Bauformen sein mögen. Obwohl immer wieder Baustile herausgebildet werden, die als besonders modern, zeitgemäß empfunden werden, wie etwa seit einigen Jahren jene geschlossenen, rohen, irregulären Betonkonstruktionen des Brutalismus, entwickelt sich kein ausschließlicher, die Bauepoche beherrschender Zeitstil. Nebeneinander entstehen heute geometrisch-kristallene Konstruktionen des späten Bauhauses, schwer gegliederte Rasterbauten, stählerne Fachwerkkonstruktionen, Aluminium-, Glas-, Ziegel-, Naturstein-, Kunststofffassaden. Eine Jahr für Jahr bereicherte Pluralität der Formen, Stile und Materialien macht die Aufgabe der städtebaulichen Zusammenfassung, der Einordnung in ein als gültig und glücklich empfundenes Stadtbild immer schwieriger. Zu überlegen bleibt, ob man nicht in gewissen Stadtteilen auf eine gestalterische Gesamtkonzeption ver-

zichtet und hier jedermann bauen läßt, was und wie er will. Solche Freibaugebiete können nicht nur in Einzelfällen eine unerläßliche Hilfe sein, sondern auch zur Ausbildung neuer Bauformen beitragen. Wer sich dort ansiedelt, kennt seine Risiken, aber hat auch seine Chancen. Ein anderer Entwicklungszug wird die allgemeinen Schwierigkeiten noch vergrößern. Wohl mit Recht wird gefordert, daß Bauten flexibler, vielleicht sogar provisorischer errichtet werden sollen als bisher. Die an Gebäude jeder Art gestellten Nutzungsanforderungen und ihr jeweils neuestes mögliches technisches Leistungsniveau ändern sich rasch. Wir sind bereits an montierbare Schulen gewöhnt, die mit steigender oder sinkender Kinderzahl in ihrem Stadtteil wachsen oder schrumpfen oder sogar ganz verlegt werden. Große Leichtbauhallen, komfortable Barackenkonstruktionen, unter Druckluft stehende Ballonzelte erscheinen uns nicht mehr ungewöhnlich. Als mehr oder weniger dauerhafte Provisorien nehmen sie Ausstellungen auf oder dienen als Ausweichquartiere für Geschäfte, Lager und Produktionsbetriebe, wenn gerade wieder ein Stück Stadt umgebaut wird. Möglicherweise werden solche rasch auf- und abbaubaren Konstruktionen, die neuen Nutzungen leicht anzupassen sind, künftig eine noch größere Rolle im Funktionsablauf und im Erscheinungsbild unserer Städte spielen. Freilich sehen wir in ihnen zur Zeit noch Übergangsbehelfe, während das fest gebaute, zwar vielleicht innen schon variable, in der äußeren Erscheinung aber unveränderte Gebäude noch die Regel ist und vermutlich auch während der Übergangsepoche noch bleiben wird.
Immerhin gewinnt das Moment der Veränderung unverkennbar an Bedeutung. Auch was heute stabil und mit einer mehrere Generationen währenden technischen Lebensdauer gebaut wird, muß möglicherweise schon in wenigen Jahrzehnten neuen Konstruktionen weichen. Die Rolle des einzelnen Bauherrn wird nicht einfacher, je mehr wir uns der technischen Stadt nähern. Vielleicht ist aber gerade darin dann eine neue Freiheit zu gewinnen, die auch den einzelnen wieder zu seinem Recht kommen läßt.

23. Kapitel
Utopische Entwürfe zur technischen Stadt

Die bisher vorgetragenen Überlegungen gehen von einer Hypothese aus, die hier noch einmal wiederholt sei: Es erscheint sinnvoll anzunehmen, daß es Städte geben wird, die die technischen Möglichkeiten unserer Zivilisation konstruktiv in weit höherem Maße integrieren und damit der Erfüllung ihrer Funktion wirksamer dienstbar machen werden als das heute der Fall ist. Ein langfristiges städtebauliches Konzept läßt sich zur Zeit aber noch nicht entwickeln, da die auf Veränderungen hinwirkenden Kräfte zu stark und vielfältig sind. Wir stehen vor einer Fülle ganz verschiedenartiger Vorschläge und Ideen, die weder auf ihre technische Anwendbarkeit noch auf ihre soziale Qualität hin erprobt sind. In wichtigen städtebaulichen Schlüsselbereichen, vor allem beim Verkehr, fehlt ein System, das unseren Anforderungen genügt, obwohl unsere technischen Fertigkeiten seine Entwicklung sicher erlauben. Wir haben die »technischen Städte« der Zukunft in einigen charakteristischen Merkmalen zu erfassen versucht (S. 162). Bis zu ihrer Baureife, die die Voraussetzung für eine politische Entscheidung über ihren Bau ist, haben wir eine vorsichtige, fast konversative Städtebaupolitik empfohlen, die nur hinsichtlich der Schaffung eigener Verkehrsebenen für das Auto eine neue Konstruktionsstufe zum Inhalt hat.

Eine solche vorsichtige Politik ist untrennbar mit der Verpflichtung verbunden, uns mit den städtebaulichen Möglichkeiten der Zukunft auseinanderzusetzen, die vorgelegten Vorschläge auf ihre Experimentierwürdigkeit zu untersuchen und solche Experimente zu unternehmen. Sie enthält ferner die Pflicht, für die Schließung offensichtlicher Erkenntnis- und Entwicklungslücken durch Forschungs- und Systementwicklungsaufträge zu sorgen.

Die bisher vorgelegten Entwürfe für qualitativ neue technische Stadtformen sind in der allgemeinen Diskussion ziemlich pauschal als utopisch oder futuristisch klassifiziert worden, und weder die städtebauliche Praxis noch die Stadtpolitik haben sich ernsthaft mit ihnen auseinandergesetzt. Auf diese Weise sind Projekte und Konstruktionsideen sehr unterschiedlicher Art als Utopien zu einer Gattung zusammengefaßt und abgewertet worden, obwohl neben Entwürfen, die wohl immer schöne oder grausige Phantasien bleiben werden, andere stehen, die einen zur Erprobung drängenden Grad der Realisierungsreife erlangt haben. So ist es auch kein Zufall, daß solche »futuristischen« Stadtentwürfe neuerdings auch als ernstgemeinte und zu ernsthafter Auseinandersetzung zwingende Beiträge bei städtebaulichen Wettbewerben auftauchen, wie etwa bei der Ausschreibung für München-Perlach. Das ist nachdrücklich zu begrüßen, weil damit endlich die völlige und unterschiedslose Isolierung der »Utopisten« gegenüber der gesellschaftlichen Wirklichkeit durchbrochen wird. Darin liegt der Ansatz dafür, daß die Utopien nicht länger auf dem geduldigen Zeichenpapier immer utopischer werden, sondern daß ihre Verfasser sich nach und nach immer mehr an zwangsläufig harten und ihnen oft feindlichen Bedingungen der Realität orientieren und sie zu meistern lernen.

Für jemanden, der besser in diesem Metier Bescheid weiß als ich, wäre es sicher eine lohnende Aufgabe, an dieser Stelle einen Überblick über die utopischen Stadt- und Konstruktionsentwürfe zu geben, von denen mancherlei Faszination ausgeht. Es gibt einige »Klassiker« der Utopie, so widersprüchlich das auch zunächst klingen mag. Die Japaner Kenzo Tange und Kitatake gehören dazu mit ihren Vorschlägen für die Überbauung der Bucht von Tokio und für Marine City, die riesigen Rundtürme auf künstlichen Inseln. Yona Friedmann ist mit seinen Raumgitter-Überbauungen und Brückenstadt-Entwürfen hier zu nennen, Nicolas Schöffer mit seinem Raumstadt-Entwurf und Frank Lloyd Wright mit seinem 1600-Meter-Turm mit 320 Stockwerken. Auch die Archigram-Gruppe mit ihren Vorschlägen für die Plug-in-City und die Metabolisten haben im Kosmos der utopischen Stadtentwürfe ihren festen Platz. Das gleiche gilt für eine Reihe anderer, ohne daß ich mich jedoch sicher genug fühle, weitere hier zu nennen und andere wegzulassen.

Auch für den nur oberflächlichen Kenner utopisch-futuristischer Stadtmodelle springen einige durchgängige Konstruktionsmerkmale ins Auge, die den meisten der in der äußeren Gestalt oft ganz gegensätzlichen Entwürfe zu eigen sind. Das ist vor allem die Kombination einer festen, dauerhaft gedachten baulichen Großkonstruktion, in der die gesamte technische Versorgung fest installiert ist, mit auswechselbaren verschiedenartigen Nutzeinheiten, die individuell gestaltet oder vorgefertigt ein- und ausgebaut werden können. In einem Entwurf der Archigram-Gruppe wird das auch optisch einzigartig deutlich: Krönung der Stadt sind die über den Gerüsten und Türmen der Tragekonstruktion hochragenden, weit ausladenden Kräne, deren Zugriff jeder Teil ausgesetzt ist. Sie bewirken alle gewünschten Veränderungen, und sie sorgen für den ständigen Austausch der verbrauchten Einheiten, deren unterschiedliche Lebensdauer zwischen drei und vierzig Jahren liegt[1]. Ein weiteres, beinahe schon selbstverständliches Merkmal der utopischen Stadtentwürfe ist das automatisierte Transportsystem, wobei allerdings so alptraumhafte Ideen wie Hubschrauberverbindungen (Wright) und Flugautos (Schöffer) neben realistisch-vernünftigen Vorschlägen für elektronisch gesteuerte, allerdings noch an feste Schienennetze gebundene öffentliche Fahrkabinen (Kramer u. a.) stehen.

Nun kann es trotz solcher einfließender Apostrophierungen nicht meine Aufgabe sein, die einzelnen technischen Stadtkonzepte zu bewerten und davon ausgehend zu bestimmten Vorschlägen zu kommen. Selbst bei einem guten Gesamtüberblick wäre die Aufgabe der Bewertung zu

1 vgl. Bauen und Wohnen, 1967, S. 168 ff.

komplex, als daß ein einzelner sie übernehmen könnte. Ein Verfahren tut not, das es gestattet, alle in Betracht kommenden Modellkonzeptionen nach einheitlichen Gesichtspunkten zu überprüfen und eine Vorentscheidung darüber zu treffen, welche zunächst der weiteren Durcharbeitung und später vielleicht des praktischen Versuchs wert erscheinen. Das sollte sich verhältnismäßig leicht und rasch in die Wege leiten lassen. Der Bundesminister für Wohnungswesen und Städtebau oder der Deutsche Städtetag oder beide gemeinsam schreiben einen gut dotierten internationalen Wettbewerb für technische Stadtstrukturen aus. Die Ausschreibungsbedingungen, das heißt vor allem die an die Lösungsvorschläge zu stellenden Anforderungen, werden von einer interdisziplinär zusammengesetzten Arbeitsgruppe formuliert, die in sich möglichst viel vom vorhandenen Sachverstand zusammenfassen sollte. Die gleiche Gruppe kann später als »jury« fungieren. Dabei kommt es nicht darauf an, erste, zweite und dritte Preise zu vergeben, sondern in einer ersten Bewertungsstufe zu einer kritischen Gesamtwürdigung jedes Entwurfs zu kommen. Erst in einer zweiten oder sogar dritten Begutachtungsstufe wären Prädikate zu verteilen, die nur lauten sollten »zum Versuch empfohlen« oder »nicht zum Versuch empfohlen«. Allerdings bin ich nicht der Ansicht, daß diese Gruppe sich aus hauptamtlich bestellten Mitarbeitern zusammensetzen sollte, die hier ihrem Beruf nachgehen. Der ständige Erfahrungszusammenhang mit wissenschaftlicher und praktischer Berufsarbeit in anderen Lebensbereichen dürfte für die Arbeitsgruppe ebenso wichtig sein wie ein langsamer aber kontinuierlicher Wechsel der Mitglieder. Die Gruppe soll ja auch nicht forschen, sondern beurteilen und Forschung anregen und veranlassen.

Darüber, daß eine endgültige Bewertung eines Systems erst nach der praktischen Erprobung möglich ist, besteht wohl allgemein Einvernehmen. Dabei handelt es sich nicht nur und nicht einmal in erster Linie um die Probleme des technischen Funktionierens und der Wirtschaftlichkeit als vielmehr um die der Bewohnbarkeit für Menschen. Viele der technisch-utopischen Stadtentwürfe erwecken im Betrachter ernsthafte Zweifel daran, ob er selbst oder ob auch andere, anders veranlagte Menschen sich darin auf die Dauer wohl fühlen würden. Bei manchen Entwürfen werden die Zweifel so stark sein, daß man sie, angesichts der enormen Kosten, für eine praktische Erprobung gar nicht erst in Erwägung ziehen wird. Bei anderen wird man, angesichts der Verschiedenartigkeit, aber auch der großen Anpassungsfähigkeit der Menschen schlechterdings nur durch das Experiment entscheiden können, wie bewohnbar ganz neuartige Lebensumwelten sind. Das ist so offenkundig, daß städtebauliche Großexperimente in letzter Zeit wiederholt gefordert worden sind. Jungk hat für eine solche Versuchsstadt den Namen Experimenta vorgeschlagen und das Projekt ausführlich und überzeugend begründet[1].

Allerdings habe ich Zweifel, ob sein Plan, eine einzelne große Versuchsstadt für 250 000 Einwohner zu bauen, durchführbar oder jedenfalls zweckmäßig ist. Es scheint mir näher zu liegen, diese Experimente da zu machen, wo ohnehin Städtebau im Großen betrieben wird, also in den neuen Stadtteilen der alten Städte. Eine Stadt, die einen neuen Stadtteil plant und sich bereitfindet, eines der im oben geschilderten Verfahren als versuchsgeeignet bezeichneten Modelle zugrunde zu legen, müßte damit automatisch in ein Förderungsprogramm des Städtebauministers aufgenommen werden, das die Zusatzkosten gegenüber einem konventionellen Stadtteilbau abdecken würde. Die Sicherung müßte sogar noch weiter gehen und die Gesamtlasten einschließlich der Räumungskosten für den Fall umfassen, daß später ein Abriß notwendig wird, weil das System sich aus irgendeinem Grund nicht bewährt. Denn ein Experiment, dessen Ausgang wegen der hohen Investitionskosten auf jeden Fall in dem Sinne als gelungen anerkannt werden muß, daß der Stadtteil in Benutzung bleibt, ist offensichtlich kein Experiment mehr. Der Gedanke schließt in etwa an das bisherige Demonstrativbauprogramm des Bundes beim Wohnungsbau an. Nur geht es hier sowohl um weit höhere Kostenbeträge als auch um weit höhere Risiken. Voraussetzung solcher Überlegungen ist, daß der überragende politische Rang des künftigen technischen Städtebaus erkannt und seine Vorbereitung in der Theorie und im Experiment als aktuelle gesellschaftliche Aufgabe anerkannt wird. Die einzelnen Städte sind wirtschaftlich zu schwach, um Zusatzkosten und Risiken städtebaulicher Großversuche zu tragen. Überließe man sie in dieser Hinsicht sich selbst, so wären sie geradezu gezwungen, jeden Versuch zu vermeiden, der ernsthaft mißlingen könnte. Das heißt: sie würden auf leicht fortentwickelte Formen konventionellen Städtebaus beschränkt bleiben. Das gleiche gilt selbst für die größten und potentesten Wohnungsbaugesellschaften.

Andererseits spricht vieles dafür, die utopisch-futuristischen Stadtkonstrukteure sich nicht nur an einer »künstlichen« Versuchsstadt mit einer avantgardistisch eingestimmten Versuchsbevölkerung versuchen zu lassen, sondern an einer konkreten ohnehin anstehenden städtebaulichen Aufgabe. Dabei ist hier noch dringender als sonst auf der völligen Freiwilligkeit des Zuzuges in solche Stadtteile zu bestehen. Auch die mannigfachen Probleme der Verknüpfung bestehender mit den neuen Stadtstrukturen, die in der Praxis später ja eine große Rolle spielen werden,

---

1 Robert Jungk, Wohnen zur Probe in „Experimenta", Zeit 1968, Nr. 42, S. 68

können so gleich miterprobt werden. Schließlich sollte auch nicht ganz außer acht gelassen werden, daß in den städtischen Verwaltungen eine Menge, wenn auch konventioneller, so doch nützlicher Erfahrungen gespeichert ist. Verzichtet man darauf, sie nutzbar zu machen, so würden vermutlich viele elementare Fehler gemacht, die dem Experiment selbst nur schaden könnten. Schließlich müssen, wenn brauchbare Ergebnisse erzielt werden sollen, auch konservative Stadtverwaltungen, denen keineswegs jegliche Bereitschaft zum Neuen abgeht, einerseits, und in der städtischen Bau- und Verwaltungspraxis nur begrenzt erfahrene Architekten und Konstrukteure der neuen Systeme andererseits zur Zusammenarbeit im Geiste guter Partnerschaft gebracht werden. Dabei sei den Systemkonstrukteuren zugestanden und zugesichert, daß die tragenden Ideen ihres Modells nicht durch städtische Reglementierungen entwertet werden dürfen. Welches diese tragenden Ideen sind, auf deren Realisierung sie Anspruch haben, müßte vor der endgültigen Auftragsvergabe zwischen den Beteiligten ausgehandelt und eindeutig formuliert werden. Das verhindert nicht nur manchen sonst möglichen Streit, sondern auch nachträgliche Verschiebungen oder Anmaßungen von Verantwortlichkeit, sei es im Falle des Erfolges oder des Mißerfolges.

Die Höhe der für das Großexperiment aufzuwendenden Kosten läßt sich im voraus gar nicht abschätzen. Sie hängt von der Art der Konstruktion, dem Umfang des Objekts und vielem anderen ab. Immerhin ist bei einem ernsthaft beabsichtigten Stadtteilbau eine wesentliche Grundfinanzierung ohnehin gegeben. Gewarnt werden muß vielleicht vor einem aus Kostengründen zu klein gewählten Versuchsrahmen. Ein Stück neuer Stadt kann man nicht erproben, indem man – übertragen gesprochen – ein Stück neuer Straße baut. Gerade Großstrukturen bewähren sich, zeigen aber auch die ihnen möglicherweise innewohnende Unmenschlichkeit erst, wenn sie ohne Abstrich, das heißt in ihrem vollen gewollten Umfang und in voller Lebensgröße in der Landschaft stehen. Das steigert das Risiko mißlungener Versuche in die Größenordnung von Hunderten von Millionen. Wir müssen wissen und entscheiden, ob der Versuch uns ein solches Risiko wert ist. Vielleicht fällt uns die Zustimmung leichter, wenn wir an unsere Kinder denken. Wir selbst kommen ohnehin nicht in den Genuß der Ergebnisse; wir haben nur die Freude daran, etwas Neues zu schaffen.

Es ist an sich selbstverständlich, sei der Vollständigkeit halber aber noch ausdrücklich bemerkt, daß parallel zur Prüfung der neuen Stadtsysteme technische und sozialwissenschaftliche Forschungs- und Entwicklungsarbeiten an Detailfragen der einzelnen Systemmodelle durchgeführt werden müssen. Hier ergeben sich Verknüpfungen und

Überschneidungen mit dem theoretischen Großforschungsprogramm zur Stadtentwicklung, das im 25. Kapitel behandelt wird. Die praktische und die theoretische Arbeit bedürfen der planmäßigen Koordination. Nur so werden einerseits die richtigen – von der Praxis gestellten – Fragen zum Gegenstand wissenschaftlicher Untersuchungen gemacht und andererseits die von der Wissenschaft als relevant befundenen Probleme und die zugehörigen Lösungsentwürfe der praktisch-experimentellen Behandlung zugänglich gemacht. Die Kosten bestimmter notwendiger Einzeluntersuchungen werden vielfach nicht von den Entwurfsverfassern getragen werden können. Hierfür müssen zusätzliche Forschungsmittel bereitgestellt und im Rahmen des Großforschungsprogramms an geeignete Bearbeiter – seien es Institute oder kommerziell arbeitende Büros – vergeben werden. Soweit die Industrie und die Wohnungsbauträger sich an Systementwicklungen beteiligen, sollten sie staatliche Förderung in ähnlicher Weise erfahren wie die Rüstungsindustrie. Über die Vergabe der Forschungs- und Entwicklungsmittel könnte das Institut entscheiden, das auch das Großforschungsprojekt zur Stadtentwicklung leitet.
Am Anfang der ganzen Entwicklung steht also auch hier eine politische Entscheidung: die zur nachdrücklichen Förderung städtebaulicher Großexperimente. Dabei werden die ins Gewicht fallenden großen Ausgaben der praktischen Bauausführung wahrscheinlich nicht viel früher als 1980 anfallen. Alles was vorhergeht, läßt sich vermutlich mit dreistelligen Millionensummen jährlich finanzieren. Eine internationale, mindestens europäische Zusammenarbeit wäre wünschenswert, nicht nur, um die Last solcher immerhin noch beträchtlicher Aufgaben zu erleichtern, sondern auch um bessere Arbeitsergebnisse und ihre rationellere Ausnutzung zu erzielen. Wenn dies aber nicht gleich zu erreichen ist, so sollte die Bundesregierung rasch und entschieden den ersten Schritt allein tun. Die Städte dürfen nicht ablassen, ihn mit aller Dringlichkeit zu fordern.

VI. Die Steuerung der Stadtentwicklung

Die Entwicklung unserer Städte stellt uns vor zwei parallel zu vollbringende schwierige Aufgaben. Einmal muß die so problematische Übergangsepoche des Autozeitalters gemeistert werden, so gut es die Umstände zulassen, aber jedenfalls besser als heute. Zum anderen muß der Bau der technischen Städte mit aller denkbaren Umsicht vorbereitet und erprobt werden. Noch verfügen wir nicht über die geeigneten Verfahren und Organisationen, um beides zu vollbringen. Anfänge und Ansätze sowohl zu neuen Methoden wie zur Schaffung der nötigen Forschungs- und Entwicklungskapazitäten sind aber vielfach zu erkennen. Sie müssen systematisch und rasch ausgebaut und zu voller Wirksamkeit gebracht werden.
Einen Teil dieser Aufgabe können nur die Städte selbst leisten. Um ihren Beitrag geht es im anschließenden Kapitel. Aber die Städte bedürfen auch vielfacher Hilfe: des Staates, der Wissenschaft, der großen Bauträger, der fachlich interessierten und engagierten Öffentlichkeit und nicht zuletzt der Industrie, von der die Produktion der technischen Städte ja schließlich einmal geleistet werden soll. Davon ist dann im zweiten Kapitel dieses Abschnitts über die Organisation der Stadtforschung die Rede.

24. Kapitel
Der eigene Beitrag der Städte

Was unternehmen die Städte heute schon, um ihre Entwicklungsprobleme besser kennen und beherrschen zu lernen? Was können und müssen sie darüber hinaus noch leisten? Die Fragen wollen schon deshalb beantwortet werden, weil es zwar zutrifft, daß die richtige Entwicklung der Städte eine gesamtgesellschaftliche Aufgabe ist, unter deren Scheitern wir alle bitter zu leiden hätten. Aber schließlich will und muß man auch die Leistungs- und Entwicklungsfähigkeit des Gebildes selbst kennen, um dessen Zukunft es dabei geht. Offensichtlich sind die Chancen eines Erfolges um so größer, je gewichtiger der eigene Beitrag der Städte selbst sein kann. Umgekehrt müßten erhebliche zusätzliche Anstrengungen politischer Art unternommen werden, wenn sich herausstellen sollte, daß die Leistungskraft der städtischen Selbstverwaltung nicht ausreicht, um den notwendigen Eigenbeitrag der Städte zu erbringen.

Um ein Teilergebnis vorwegzunehmen: Grundlegende Änderungen des Verfassungs- und Verwaltungssystems der Städte scheinen mir nicht notwendig zu sein. Zwar ist ihre politische Verfassung in den einzelnen Bundesländern etwas buntscheckig gediehen, aber wesentliche Unterschiede in der Leistungskraft der kommunalen Selbstverwaltung sind dabei weder im politischen noch im verwaltungsmäßigen Bereich festzustellen. Gewiß ist das nordrhein-westfälische und niedersächsische System der sogenannten Zweigleisigkeit von ehrenamtlichem Oberbürgermeister als Ratsvorsitzer und hauptamtlichem Oberstadtdirektor als Verwaltungschef für die Bürger nicht immer ganz verständlich, und seine Handhabung erfordert von den Beteiligten gelegentlich etwas mehr Takt und Rücksichtnahme als in »monistischen« Systemen, wo der Oberbürgermeister selbst der Verwaltungschef ist, notwendig sind. Es hat jedoch auch den deutlichen Vorteil, daß nicht die ganze Last der in einer Großstadt nicht geringen politischen Repräsentation und der verantwortlichen Verwaltungsleitung von einem allein zu tragen ist. Funktionsfähig sind offensichtlich alle Systemvarianten städtischer Selbstverwaltung. Generell verfügen die Städte im administrativen Bereich, der für den gesamten Verwaltungsvollzug ebenso zuständig ist wie für die sachgerechte Vorbereitung der politischen Entscheidungen, über eine lange und gute Tradition solider bürger- und problemnaher Verwaltungspraxis.

Weitgehend ungelöst ist dagegen bis heute die Frage, wie ein stärkerer Grad der Beteiligung an kommunalpolitischen Entscheidungen für die davon betroffenen Bürger erreicht werden kann. Es geht dabei einmal um die Aufgabe, das gerade im »persönlichen« Bereich der Stadt als unbefriedigend empfundene rein repräsentative Demokratieverfahren durch neue Identifikationsmöglichkeiten zu ergänzen. Zum anderen müssen die in direkten Beteiligungsvorgängen liegenden Chancen einer Verbesserung der Sachentscheidung genützt werden.

Die bisherigen Ansätze zu Direktbeteiligungen der Bürger an städtischen Entscheidungen sind bescheiden. Zwar läuft der, oft propagandistisch eingefärbte, Informationsfluß vom Rathaus zur Bürgerschaft in Städten mit guten Presseämtern und guten Ortszeitungen ganz befriedigend. Die Artikulation der Bürgermeinung ist jedoch, von Zufälligkeiten der lokalen Berichterstattung und der meist unzulänglichen Intensität städtischer Kommunikationsbemühungen abhängig, nur in seltenen Fällen befriedigend. Das gilt tendenziell um so mehr, je größer die einzelne Stadt ist.

Die traditionellen »Bürgervereine« können hier nicht helfen. Sie sind in der Regel alles andere als ein repräsentativer Querschnitt der Stadtbevölkerung. Ausgehend von einer liberalen Honoratiorentradition stellen sie sich heute meist als kleine Zirkel vorwiegend Hauseigentümerinteressen vertretender Stadtteilbürger dar. Ihre Belange sind legitim aber intern gruppenspezifisch und müssen als solche erkannt werden — auch wo sie sich allgemeine Forderungen zur Stadtverbesserung erfreulicherweise zu eigen machen. Andere Interessengruppen der verschiedensten Art, die sich zum Teil offen als solche deklarieren, sollten zu aktiver Verfolgung und möglichst deutlicher Formulierung ihrer Ziele ebenfalls durchaus ermuntert werden. Das Gemeinwohl schlechthin jedoch vertreten neben einzelnen selbstlos-idealistischen und meist wenig wirksamen Gruppen in erster Linie die politischen Parteien — wenngleich in recht unterschiedlicher Weise und Akzentuierung.

Gerade den Parteien fällt es nun allerdings schwer, neben den etablierten Formen der Repräsentativdemokratie, in denen sie sich zu Hause fühlen, andere und neue Wege der Bürgerbeteiligung zu eröffnen. Daß dies aber aus den vorher genannten Gründen nicht nur wünschenswert, sondern dringend notwendig ist, kann ernsthaft kaum bestritten werden. Die keineswegs üblichen Bürgerversammlungen, Informationsveranstaltungen, Tage der offenen Tür, öffentlichen Anhörungen, Gruppenempfänge, Jungbürgerveranstaltungen und die Mitwirkung von Nichtratsmitgliedern in städtischen Ausschüssen und Collegien sind wichtige Ansatzpunkte in dieser Richtung. Aber solche Beteiligungsformen allein genügen auch dann nicht, wenn sie allgemein verbreitet und zu größtmöglicher Wirksamkeit ausgeformt werden. Neuer und zusätzlicher Verfahren bedarf es vor allem in den Bereichen der Stadtplanung und der Stadtsanierung, deren Maßnahmen auf die jeweils Betroffenen in besonders intensiver, in ihr persönliches Schicksal eingreifender Weise wirken. Die bisher üblichen Verfahren der öffentlichen Auslegung von Plänen, die kaum einer unter tausend zu lesen versteht und auf die mit ein paar unverständlichen, kleingedruckten Zeilen in den Anzeigenplantagen der Tageszeitungen hingewiesen wird, sind geradezu darauf angelegt, städtische Planungsprojekte nicht bekannt werden zu lassen, sondern unter dem Alibi einer Scheinpublizität zu verschleiern. Das ist nicht so gewollt, aber es läuft in der Praxis darauf hinaus und wird von den zuständigen Behörden oft genug auch dankbar hingenommen.

Demgegenüber muß strikt gefordert werden, daß alle städtischen Planungen in ortsteilmäßigen Bürgerversammlungen, zu denen die direkt Betroffenen einzeln einzuladen sind, öffentlich vorgetragen, erläutert und diskutiert werden. Ich bin sicher, daß sich damit nicht nur das beim

späteren – zu späten – Bekanntwerden der Maßnahmen sich einstellende verbitterte Gefühl objekthafter Ohnmacht vermeiden läßt, sondern auch, daß diese Erörterungen zu wesentlichen Verbesserungen in der Planung führen können.
Der Grundgedanke einer Ergänzung repräsentativ-demokratischer Formen durch Direktbeteiligungen – die die ausschließliche Entscheidungskompetenz der gewählten Ratsmitglieder allerdings nie antasten dürfen – gilt auch in anderen Bereichen. Die Heranziehung von zur Mitarbeit bereiten, engagierten, oft zusätzlich sachkundigen Bürgern in Beraterkreisen, die eigene Problemlösungen erarbeiten und sie als Empfehlungen vorlegen, ist ein solcher Weg, auf dem mancher sich sinnvoll und wirkungsvoll an kommunalpolitischen Gestaltungen beteiligen kann, dem andere Wege verschlossen sind oder nicht zusagen.
In der Planung wie in anderen Bereichen städtischer Aktivität setzt die breite Praktizierung solcher öffentlicher Erörterungsverfahren allerdings voraus, daß der damit verbundene zeitliche und personelle Aufwand bewußt in Kauf genommen wird. Ohne den Preis einer längerdauernden Vorbereitung geplanter Maßnahmen und neu einzustellender, sehr qualifizierter städtischer Mitarbeiter läßt sich dieser – notwendige – Aufwand an zusätzlicher Demokratie nicht betreiben. Insbesondere die leitenden kommunalen Politiker und Verwaltungsbeamten sind schon heute in so übermäßiger Weise mit den komplizierten Vorgängen der Entscheidungsvorbereitung und der Koordination überlastet, daß einer weiteren Ausdehnung ihrer Aktivitäten rein physische Grenzen gezogen sind.
Die mit kleinräumig-begrenzten Verwaltungen an sich verbundenen Nachteile in der Fortentwicklung administrativer Techniken oder Verfahren haben die Städte frühzeitig über die Kommunale Gemeinschaftsstelle für Verwaltungsvereinfachung (KGSt) überraschend gut ausgleichen können. Sie leistet mit einem apparativ sehr geringen Aufwand höchst wirksame Arbeit. Durch ihre vermittelnde und koordinierende Wirkung macht die KGSt an einer Stelle entwickelte fortschrittliche Einzelverfahren einer kritischen Überprüfung und Verbesserung zugänglich und sorgt für ihre rasche Verbreitung. Gleiches leisten in stadtpolitischen Fragen die Fachausschüsse des Deutschen Städtetages. So wird die an sich strukturbedingte Abschließung der einzelnen Stadtverwaltungen voneinander durchbrochen und ein nützlicher Informationsfluß für Neuentwicklungen erzielt.
Die Zukunft zwingt allerdings die Stadtverwaltungen dazu, sich immer mehr auf die neuen Aufgaben der Stadtentwicklung auszurichten; zum Teil ist das schon in beachtlichem Umfang geschehen. Der erste längst vollzogene Schritt in dieser Richtung war der Aufbau der Planungs-

ämter in den städtischen Baudezernaten. Mit der eigentlichen Aufgabe der Flächennutzungsplanung betraut, sahen sie sich rasch allen raumbeanspruchenden Aufgaben und Entwicklungsproblemen einer Stadt – und das ist die große Mehrzahl überhaupt – gegenübergestellt. Viele der als Architekten oder Ingenieure ausgebildeten Stadtplaner entwickelten sich im Verlauf einer aufgabenbedingten Evolution zu kommunalpolitischen Allround-Beamten. Hierzu brachten und bringen sie in der Regel sogar noch bessere Voraussetzungen mit als die leitenden Verwaltungsbeamten. Deren im allgemeinen heute noch juristische Ausbildung ist insofern nützlich, als sie zu logischem und distanziert-abwägendem Urteilen und zum Verständnis der Gesetzessprache beiträgt. Im übrigen ist sie in grotesker Weise unzulänglich. Es sollte viel mehr als außergewöhnlich bewundernswerte Leistung gewürdigt werden, wenn aus einem Juristen ein guter Kommunalbeamter wird, da dies ein der Urzeugung durchaus verwandter Vorgang ist. Die Einrichtung eines umfassenden interdisziplinären Ausbildungsweges für Verwaltungsbeamte mit dem Schwerpunkt im Bereich der Sozialwissenschaften steht als dringende politische Aufgabe, nicht nur für die Kommunen, sondern für die gesamte öffentliche Verwaltung überhaupt an. Hierauf habe ich an anderer Stelle schon mit einigem Nachdruck hingewiesen[1]. Die Beamten des mittleren und vor allem des gehobenen Dienstes, denen in einer Stadtverwaltung erhebliche eigene Verantwortungsbereiche anvertraut sind, stellen das zweite größere Reservoir für die Besetzung der leitenden Verwaltungsstellen dar. Ihre Ausbildung ist praxisnäher und günstiger als die der Juristen, bedarf aber auch noch mannigfacher Verbesserungen.

In den letzten Jahren hat schließlich auch die Einbeziehung von sozialwissenschaftlich vorgebildeten Mitarbeitern in die städtischen Verwaltungsapparate begonnen und sich rasch durchgesetzt. Das gilt für Volks- und Betriebswirte ebenso wie für Soziologen und Politologen. Dieser Prozeß ist noch keineswegs abgeschlossen. Sein wahrscheinlicher oder wünschenswerter Verlauf soll hier nicht im einzelnen dargestellt werden. Für die Beurteilung der städtischen Leistungskraft im Hinblick auf die Zukunftsaufgaben genügt es festzustellen, daß hier und dort heute schon die notwendige Offenheit für den Einbau von Fachkräften aller Art vorhanden ist und daß allmählich integrierende Formen der interdisziplinären Zusammenarbeit gefunden werden.

Als erfreulich kann allgemein gewertet werden, daß die Anziehungskraft der Stadtverwaltungen auf gute Nachwuchskräfte aller Fachrichtungen erheblich ist. Die Konkretheit der Aufgabenstellungen und die

1 vgl. Neuffer, Fortbildung für kommunale Führungskräfte, Der Städtetag, 1965, S. 161

Ausführungsnähe der Arbeit, aber auch der schrittweise Abbau hierarchischer Ordnungen tragen dazu sicher bei. Von dieser Seite her sind die Stadtverwaltungen langfristig wahrscheinlich in einer vergleichsweise günstigen Lage.

Auch für neue Formen interdisziplinärer Gruppenarbeit gibt es eine ganze Reihe von Beispielen. Einzelne Städte haben zu diesem Zweck voll funktionsfähige Stabsämter gebildet, andere versuchen dezentral organisierte Formen der Integration durch Bildung institutionalisierter Arbeitsgruppen für Stadtentwicklung, deren einzelne Mitglieder in den verschiedenen Fachämtern verankert bleiben. Auf Einzelheiten einzugehen, würde hier sicher zu weit führen. Die endgültig beste Organisationsform ist auch noch nicht gefunden oder als solche allgemein anerkannt. Städte der verschiedensten Größenordnungen sind jedoch auf dem Weg, wissenschaftlich qualifizierte, fachlich vielfältig zusammengesetzte Stabsstellen aufzubauen. Hierin brauchen sie den Vergleich mit den Verwaltungen des Bundes und der Länder qualitativ nicht zu scheuen.

Ähnliches gilt für die Nutzbarmachung der elektronischen Datenverarbeitung (EDV). Für die Erledigung der massenhaft anfallenden, routinemäßig zu erledigenden Verwaltungsvorfälle ist die EDV heute schon weit verbreitet. In verhältnismäßig wenigen Jahren wird sie diese Aufgabe voll übernommen haben. Dabei sind nicht nur die nachweisbaren Personaleinsparungen beträchtlich. Interessanter und noch wichtiger ist die Entwicklung integrierter Informationssysteme und davon abhängig der Einsatz der elektronischen Datenverarbeitung für Planungszwecke und zur vorbereitenden Entscheidungshilfe in allen Fragen der Stadtentwicklung. Hier gibt es einen der wenigen Fälle der Zusammenarbeit von Bund, Ländern und Gemeinden, die das Forschungs- und Entwicklungsinstitut DATUM in Bonn für diese Aufgaben finanzieren. Der erste Großversuch der Stadt Köln ist angelaufen. Auf seinen Ausgang wird mit einiger Spannung gewartet, da die mögliche Rolle der EDV im Rahmen der Stadtentwicklungsplanung noch durchaus umstritten ist.

Die ferner notwendige und vielfach geforderte Übertragung von Führungsmethoden des wirtschaftlichen Managements auf die Städte stößt insofern auf Schwierigkeiten, als es in der öffentlichen Verwaltung immer wieder an der Kontrolle durch bezifferbare Erträge fehlt. Kommunale Leistungen sind in der Regel immaterieller Art. Die wohltätige Wirkung einer guten Platz- und Gartenanlage läßt sich nun einmal nicht in einen quantitativen Erfolgsvergleich mit der Beschäftigung eines zusätzlichen Jugendpflegers setzen, ebensowenig der Bau eines Schwimmbades mit dem Belegungsrecht an hundert geförderten Wohnungen, obgleich beide Objekte je sechs Millionen DM Investitionsgelder kosten. Indessen finden sich weite Bereiche, in denen Kosten-Nutzen-Analysen sinnvoll sind und zunehmend ebenso angewandt werden wie andere Formen der Investitionskontrolle. Die Folgekostenrechnungen für neue Vorhaben und Einrichtungen werden langsam selbstverständlich, und wirtschaftliche Betrachtungsweisen setzen sich gegenüber den kameralistischen immer stärker durch. Der relativ große Umfang der wirtschaftlichen Betätigung der Städte ist dabei eine spürbare Hilfe.

Der vielleicht wichtigste Schritt, der die eben kurz geschilderten Teilentwicklungen allerdings zur Voraussetzung hat, steht in den nächsten Jahren bevor: die Einführung eines neuen mittelfristigen integrierten Planungsverfahrens, das als zentrales Steuerungsinstrument die gesamte Stadtentwicklung in den Zielen festlegt und in der Durchführung optimal lenkt. Ausgangspunkt für diese Form der Stadtentwicklungsplanung ist eine Gesamtanalyse der Struktur und der auf Veränderung wirkenden Kräfte in der Stadt, künftig der Stadtregion oder sogar der Regionalstadt. Ziel der Analyse ist die Ermittlung des Entscheidungs- und Beeinflussungsspielraums, der der Stadtpolitik zur Verfügung steht, ferner die Herausarbeitung der strukturbedingten Entwicklungschancen und der besonderen Schwächen oder sogar Gefahrenbereiche. Im Anschluß an die Festlegung der Ziele der Stadtentwicklung, die durch politische Entscheidung zu treffen ist, werden sämtliche Investitionen und sonstigen Maßnahmen der Stadt an ihrer Wirksamkeit für die Erreichung der Stadtentwicklungsziele gemessen und danach in ihrer Reihenfolge und Dringlichkeit ebenso wie in ihrer gegenseitigen Abhängigkeit festgelegt. Damit werden die bisher nur ressortmäßig üblichen Fachplanungen wie Schulplan, Generalverkehrsplan, Krankenhausplan, Wohnungsbauprogramm, Erholungsplan, ebenso integrale Bestandteile des Stadtentwicklungsplans wie die »Querschnittsplanungen«, der Flächennutzungsplan und die mittelfristigen Finanz- und Investitionspläne.

Das alles klingt in dieser knappen Zusammenfassung sehr viel einfacher als es in Wirklichkeit ist. Denn hier geht es um eine im Grunde sehr ehrgeizige Zielsetzung für die Ausbildung eines einheitlichen politischen Planungs- und Steuerungsverfahrens, das den vielschichtigen und komplexen Gesamtzusammenhang politischen und verwaltungsmäßigen Handelns in einem fest umrissenen Aufgaben- und Kompetenzraum durchsichtig und der politischen Wertentscheidung und Kontrolle uneingeschränkt zugänglich machen soll. Es ist der Versuch, die faktische Herrschaft über die Stadtentwicklung so weit auszudehnen, wie der potentielle Entscheidungsspielraum reicht und auf diese Weise mit den gegebenen Mitteln optimale Ergebnisse zu erzielen.

In mehreren größeren Städten arbeiten die erwähnten Stabsgruppen mit Nachdruck an solchen Verfahren. Die ersten, sicher noch nicht vollkommenen aber doch in der Anlage schon diesem neuen Typ zuzurechnenden integrierten Planungen dürften in den nächsten Jahren in einer wachsenden Zahl von Städten den politischen Gremien zur Beratung und Beschlußfassung vorgelegt werden. Der hiervon auf die Stadtverwaltungen und ihren Arbeitsstil ausgehende Einfluß muß sehr hoch eingeschätzt werden.

Eine nicht zu unterschätzende Antriebskraft für alle diese Bemühungen ist auch die faktisch zwischen den großen Städten des Bundesgebietes, auf längere Sicht ganz Europas, bestehende Wettbewerbslage. Sie ist mit der zwischen großen Wirtschaftsunternehmen bestehenden zwar nur bedingt vergleichbar. Aber hier wie da sind bestimmte »Marktanteile« nur auf Kosten des Konkurrenten zu erreichen. Sicher soll gute Stadtpolitik nicht in erster Linie gemacht werden, um andere Städte auszustechen, sondern um dem politischen Auftrag für eine gute Ordnung der öffentlichen Angelegenheiten gerecht zu werden und die der Bürgerschaft wichtigen Anliegen zu besorgen. Aber der Blick auf den Nachbarn, der es möglicherweise besser macht und um einige Längen davonzieht, weckt doch manche zusätzlichen Kräfte und Ideen, die sonst vielleicht nicht mobilisiert würden. Städterivalitäten sind ein uraltes historisches Thema. In der friedlichen Form, in der sie heute ausgetragen werden, kann man sie durchaus für nützlich halten.

Die geschilderten Bemühungen der Städte um eine Anpassung ihres Apparates an neue und steigende Anforderungen dürften sie instandsetzen, den praktischen Aufgaben der Stadtentwicklung während der Übergangsepoche gerecht zu werden, ja sogar ihre allgemeine Verwaltungseffizienz nicht unwesentlich zu steigern.

Die apparative Verbesserung wird auch einige Voraussetzungen dafür schaffen, daß die Entscheidungsgrundlagen für in die Zukunft wirkende Maßnahmen verbessert werden. In den interdisziplinären Arbeitsgruppen werden Fragen erörtert, untersucht und geklärt, auf die man früher nur mit statistischen Erfahrungswerten antworten konnte oder die man einfach »im Gefühl« hatte. Einzelfragen der Stadtforschung können hier mit eigenen Mitteln geklärt werden. Aber es muß auch deutlich gesehen werden, daß verwaltungseigene Arbeitsgruppen nicht in der Lage und auch nicht dazu bestimmt sind, städtische Grundlagenforschung in größerem Umfang zu betreiben. Die von Bahrdt geforderte Futurologie mittlerer Reichweite[1] kann in einer Stadt nicht erarbeitet werden und erst recht nicht die Grundlage für den techni-

1 In: „Wie werden wir weiterleben?" BDA-Dokumentation (1967). S. 5

schen Städtebau der Zukunft. Hierfür bedarf es anderer, für wissenschaftliche Großforschung geeigneter Einrichtungen, von denen das folgende Kapitel handelt.

Wenn hier von den Städten und ihrem Leistungsbeitrag die Rede ist, so muß abschließend auch noch ein Wort zum Deutschen Städtetag als ihrer gemeinsamen Einrichtung gesagt werden. Bewußt habe ich an dieser Stelle das Wort »Verband« vermieden, obwohl der Städtetag natürlich auch ein Verband ist. Er hat keine körperschaftlichen Befugnisse gegenüber seinen Mitgliedern und in der formalen Ordnung unseres staatlichen Verfassungslebens als einer der kommunalen Spitzenverbände nur eine ganz schwach ausgeprägte Rolle. Aber für die Städte erfüllt er die unerläßliche Funktion, das zu sein und darzustellen, was sie alle sind, was aber keine von ihnen allein ist. Wenn es stimmt, daß die Städte eine überaus kritische Entwicklungsphase durchlaufen und vor einem ihre Grundlagen berührenden Gestaltungswandel stehen, wenn es weiter stimmt, daß das Gelingen der damit angesprochenen Aufgaben für die Gesellschaft insgesamt eine ihrer Lebensfragen ist, dann muß einer Einrichtung wie dem Deutschen Städtetag eine eminente politische Bedeutung zukommen. Dieser vereinigten Repräsentanz der Städte in der Bundesrepublik obliegt es, die Tragweite dessen deutlich und sichtbar zu machen, was in den Städten für unser aller Leben gelingt oder mißlingt. Der Deutsche Städtetag muß den Stadtentwicklungsproblemen in der Rangordnung unserer politischen Dringlichkeitsskala jenen Platz erkämpfen, der ihnen zukommt. Das einzige Mittel, das dafür zur Verfügung steht, ist die Kraft des richtigen Arguments, ist der Vorgang des unwiderstehlichen Überzeugens.

Der Städtetag hat in den letzten Jahren eine Reihe gut angelegter Versuche unternommen, die Öffentlichkeit auf die Stadtentwicklungsprobleme, insbesondere die des mißgebildeten Wachstums innerhalb und außerhalb der Stadtgrenzen hinzuweisen. Er hat nachdrücklich auf die Not der ungelösten Verkehrsprobleme, der unzureichenden Möglichkeiten für den Schul- und Krankenhausbau, den ungewöhnlichen Nachholbedarf an öffentlichen Versorgungsinvestitionen aller Art aufmerksam gemacht. Er hat dabei Erfolge erzielen können und Niederlagen hinnehmen müssen. Zu den Erfolgen zählt es sicher, daß die ungelösten Probleme der Städte der Öffentlichkeit und auch unserer politischen Führungsschicht bewußter geworden sind, als sie es waren. Zu den Erfolgen zählt es auch, daß Mineralölsteuermittel für den Verkehrsausbau in den Gemeinden vom Bund zur Verfügung gestellt wurden. Auch andere, weniger spektakuläre Erfolge nicht unwichtiger Art könnten genannt werden. Nicht gelungen ist es dagegen, eine grundsätzliche Wende in der Mittelverteilung zwischen Bund, Ländern und

Gemeinden herbeizuführen. Die große Gelegenheit der Finanzreform ist vorübergegangen, ohne daß allen intensiven Bemühungen der Städte ein wirklich durchgreifender Erfolg beschieden gewesen wäre.
Es wird in Zukunft mehr noch als bisher Aufgabe des Städtetages sein müssen, nicht nur auf die Not und die ungelösten Probleme der Städte hinzuweisen, sondern überzeugendere Lösungskonzeptionen anzubieten. Mit Klagen wirbt man nicht. Das untergründige Gefühl muß ausgeräumt werden, die Städte seien ein Faß ohne Boden. Ja, es gibt die ebenso unsinnige wie hartnäckige gefühlsmäßige Reaktion, mehr Geld für Städte sei gleichbedeutend mit immer mehr schlechtgebauten Stadtteilen, größerem Verkehrschaos, mehr Lärm und Luftverschmutzung – also es entstünden immer mehr ungelöste Stadtprobleme durch ein Mehr an städtischer Substanz. Die Städte müssen glaubhaft machen, daß eine handgreifliche, jedermann nützliche Verbesserung der städtischen Struktur erreicht werden kann, daß sie »mehr Geld« so ausgeben können, daß nicht nur »mehr Stadt«, sondern daß spürbar »bessere Stadt« daraus entsteht. Dann und nur dann werden sie die Resonanz in der Öffentlichkeit und bei Politikern finden, die sie brauchen. Das schließt eine schonungslose Kritik an der gegenwärtigen Situation nicht aus, sondern setzt sie voraus. Aber dann muß auch die überzeugende Antwort auf die Frage kommen, wie wir diese Lage und die großen Veränderungen der Zukunft meistern wollen. Diese Antwort zu geben, ist die überragende Aufgabe des Deutschen Städtetages, dessen Rang sich hieran entscheiden wird.
Auf die Dauer wird es allerdings bei einer nur auf nationaler Ebene stattfindenden Behandlung aller Fragen der Stadtentwicklung nicht bewenden können. Eine wesentliche Intensivierung der internationalen Zusammenarbeit zu erreichen, muß ebenfalls Aufgabe des Städtetages sein. Dabei kommt es nicht darauf an, von Zeit zu Zeit einen großen internationalen Gemeindekongreß unter dem Zeichen der Völkerverständigung und der kommunalen Solidarität zu veranstalten, sondern Arbeitsgremien zu schaffen, in denen ein intensiver Gedanken- und Erfahrungsaustausch stattfindet. So viele gute Ideen gibt es gar nicht auf der Welt, als daß auf eine möglichst rasche und vollständige Verbreitung verzichtet werden könnte.

25. Kapitel
Die Organisation der Stadtforschung

Weder für die Futurologie der mittleren Reichweite noch für die Grundlagenarbeit an den technischen Städten der Zukunft reicht die Forschungskapazität der Städte aus, die in vielen einzelnen Stadtverwaltungen zersplittert und mit aktuellen, auf Entscheidung gerichteten Fragestellungen ausgelastet ist. Das gilt auch dann, wenn sie erwartungsgemäß in den nächsten Jahren noch stärker ausgebaut wird. Von dieser Seite sind wichtige Einzelbeiträge zu erwarten, aber es würde ihre Leistungsmöglichkeit überschreiten, wenn sie ein einheitlich und umfassend entworfenes Forschungskonzept aufstellen sollte.

Ein solches Konzept zu entwickeln und seine Ausführung zu koordinieren kann angesichts sowohl des Ranges wie des Umfangs der Aufgabe nur Sache des Bundes sein. Wie Städtebauministerium, Verkehrsministerium und Forschungsministerium ihre Kompetenzen in dieser Frage gegeneinander abgrenzen, muß der Bundesregierung überlassen bleiben. Daß aber *ein* Bundesminister die volle Verantwortung für den gesamten Bereich der Stadtforschung trägt, muß mit Nachdruck gefordert werden. Dabei kann und soll in der Stadtforschung nur ein Teil der Umweltforschung mit mannigfachen Verknüpfungen zu anderen fachlichen Teilbereichen wie der Verhaltensforschung, der Geohygiene und vielen anderen gesehen werden. Von der konkreten Aufgabe her, die technischen Städte der Zukunft vorzubereiten, ergibt sich jedoch eine so scharf zielgerichtete Bündelung verschiedener einzelner Forschungsaufgaben, daß Stadtforschung als eigenständiger Aufgabenbereich gesehen und betrieben werden muß.

Daher liegt es auch nahe, der gesamten Forschungstätigkeit mit einer noch zu erwähnenden Ausnahme sofort das technische Stadtsystem der Zukunft als Aufgabe vorzugeben. Diese denkbar umfassendste Fragestellung gibt allein die Garantie dafür, daß alle für die Stadt überhaupt relevanten Probleme auf die Tagesordnung kommen. Dabei wird sich wahrscheinlich herausstellen, daß manche Vor- und Teilergebnisse schon in der Übergangsepoche zur Verbesserung der gegenwärtigen städtischen Lebensbedingungen genutzt werden können. Die erwähnte Ausnahme gilt für den U-Straßenbau und Straßenüberbauungen. Wenn mit diesen »vorgezogenen« Maßnahmen zur Schaffung der eigenen mechanischen Verkehrsebene schon – wie vorgeschlagen – sehr bald, das heißt noch mitten im Autozeitalter, begonnen werden soll, dann müssen die damit zusammenhängenden Spezialprobleme vorweg behandelt werden, insbesondere die der möglichst wirtschaftlichen Belüftung und der Ableitung von Abgasen. Hiervon also einmal abgesehen, muß aber zunächst das Gesamtforschungsprogramm aufgestellt und in geeigneten Teilstücken auf geeignete Träger verteilt werden. Zwischen den einzelnen Trägern muß mit Rücksicht auf die zahllosen Wechselwirkungen auch wieder gegenseitige Information und Zusammenarbeit garantiert sein. Aller Voraussicht nach wird sich das For-

schungsprogramm, wenn es erst einmal komplett ausgearbeitet und formuliert vorliegt, als umfangreicher und komplizierter darstellen als irgendeine andere bisher unternommene Großforschungsaufgabe.
Schon die Ausarbeitung des Forschungsprogramms ist eine wissenschaftliche Aufgabe von erheblichem Ausmaß. Weder die Beamten der beteiligten Ministerien noch z. B. die in Kapitel 23 für die städtebaulichen Großversuche geforderte interdisziplinäre Arbeitsgruppe werden sie bewältigen können. Vielmehr muß schon zur Programmerarbeitung ein aufgabenteiliger Arbeitsablauf vorgeschaltet werden, der weitgehend von denselben Forschungseinrichtungen zu leisten sein wird wie die Durchführung des Programms selbst. Die ins Fachliche hinein spezifizierte politische Aufgabenstellung muß allerdings von der Bundesregierung kommen, die sich dazu der Beratung des Städtetages in allen Stadien der Planung und Durchführung wohl bedienen sollte.
Eine Reihe von Einrichtungen, die an der Erarbeitung und Ausführung des Forschungsprogramms für die technischen Städte der Zukunft mitarbeiten können, ist schon vorhanden. Das gilt vor allem für die Hochschulen mit ihren zahlreichen Instituten und Abteilungen von den naturwissenschaftlich-technischen Disziplinen bis zu den sozialwissenschaftlichen und speziell städtebaulichen Forschungseinheiten. Allerdings werden nur diejenigen von ihnen in das Großforschungsprogramm einbezogen werden können, die über eine hinreichende Kapazität und personelle Stabilität verfügen. Da das jedenfalls bisher nur ausnahmsweise der Fall ist, stellt sich die Frage, ob für die Hauptbearbeitung und Steuerung der Stadtentwicklung und -forschung nicht eine eigene Einrichtung nach dem Muster der amerikanischen Denkfabriken geschaffen werden sollte. Der Umfang und die Bedeutung der Aufgabe würden das wohl rechtfertigen. Und es könnte durchaus als eine hohe zivilisatorische Leistung angesehen werden, eine solche Organisation mit einer uneingeschränkt friedlichen Zielsetzung ins Leben zu rufen. Soweit die Bundesrepublik in Betracht kommt, ist an die Gründung eines Max-Planck-Instituts für Stadtforschung zu denken. Besser wäre noch eine entsprechende internationale Einrichtung im Rahmen der EWG.
Daneben bleibt zu überlegen, ob nicht notfalls die Städte selbst die Initiative ergreifen und eine Entwicklung in die Wege leiten sollten, die ihre eigene Gesetzmäßigkeit haben wird. Als Ansatzpunkt für solche Überlegungen bietet sich das vom Deutschen Städtetag getragene Institut für Kommunalwissenschaften in Berlin an. Aus bescheidenen, zunächst eher historisch als futuristisch orientierten Anfängen hat sich das Institut in den letzten Jahren immer mehr den Zukunftsaufgaben der Stadtentwicklung zugewandt und ist zu einem Treffpunkt von

Wissenschaftlern und Praktikern geworden. Zwar reicht die jetzige Ausstattung bei weitem nicht aus, um Großforschung im hier zur Rede stehenden Umfang zu treiben. Aber wenn die Städte sich – mangels einer Initiative des Bundes und der EWG – etwa zur Gründung eines wirklich leistungsfähigen Forschungsinstituts entschließen sollten, dann wäre hier ein ausbaufähiger Ansatzpunkt gegeben. Zur Finanzierung müßten dann allerdings schon bald zusätzliche Mittel in einem Umfang bereitgestellt werden, der für jede der Mitgliedsstädte des Deutschen Städtetages einen fühlbaren Betrag ausmacht. Umsonst ist die Zukunft nicht zu haben.

Einen nicht unwesentlichen Part im Zusammenspiel der Forschungsträger könnten die großen Bauträger, vor allem die gemeinnützigen Gesellschaften übernehmen. Sie verfügen nicht nur über erhebliches Vermögen und ebenso erhebliche Finanzierungsmöglichkeiten – sie sind es ja auch vor allem, die als Träger des technischen Städtebaus in Betracht kommen, und sie sollten sich frühzeitig auf diese ihre Zukunft einrichten. Allerdings dürfte ihr Feld weniger die theoretische Erforschung von einzelnen Fragenbereichen als die experimentelle Entwicklung und Erprobung sein. Das Thema des städtebaulichen Großexperiments wurde in Kapitel 23 behandelt. Es stellt die dringend notwendige Ergänzung der theoretischen Forschung dar. Aus ihm können nicht nur Erprobungsresultate, sondern kann auch ein wesentlicher schöpferischer Beitrag zur Entwicklung der neuen Stadtsysteme erwartet werden. Die in dem früher geschilderten Verfahren entwickelten und bis zur Erprobungs-Baureife durchgeführten Modelle sind schon als Stadtteilentwürfe und später als gebaute experimentelle Stadtteile das Arbeitsfeld der theoretischen Forschungsinstitute. Hier kann sich eine überaus fruchtbare Zusammenarbeit ergeben, von der praktisch brauchbare Ergebnisse erwartet werden dürfen.

Von der Industrie werden neue Konstruktionsleistungen in vier Hauptbereichen erbracht werden müssen: Trage-Großkonstruktionen, integrierte Ver- und Entsorgungsnetze, Verkehrssysteme und vorfabrizierte Einbaueinheiten. Die ohne Frage in vieler Hinsicht kostspielige und risikoreiche Entwicklung umfangreicher neuer technischer Systeme muß sicher in das Förderungsprogramm eingeschlossen sein; die Parallele zur Förderung militärtechnischer Entwicklungen wurde schon gezogen. Ob Industrieunternehmen, deren Umsatz aus solchen öffentlichen Förderungen und Produktionsaufträgen eine gewisse Grenze überschritten hat, selbst in einem kapitalistischen System noch als privatwirtschaftliche Betriebe angesehen und geführt werden sollten, steht auf einem anderen Blatt und ist nicht Thema dieses Buches.

Zweckorientierte Großforschung im Dienst bestimmter, durch politische

Wertentscheidung festgelegter gesellschaftlicher Ziele bedarf der ständigen politischen Kontrolle. Dieser Satz kann leicht mißverstanden werden. Er ist gewiß nicht so gemeint, daß politisch unerwünschte Forschungsergebnisse unterdrückt und gewünschte »produziert« werden sollten. Gemeint und gewollt ist aber, daß die hier erarbeiteten Forschungsergebnisse auf ihre politische Wertigkeit und damit auf ihre gesellschaftliche Anwendungswürdigkeit von politisch legitimierten Gremien geprüft und daß bei Bedarf neue Forschungsziele und Entwicklungsaufgaben durch politische Entscheidung festgelegt werden. Im vorliegenden Fall müssen sich in diese politische Verantwortung die Bundesregierung, der Bundestag und der Deutsche Städtetag je im Rahmen ihrer Aufgaben teilen. Dafür, daß das Projekt Stadtentwicklungsforschung in Gang gesetzt und damit die nächste Stufe eines »humanen Städtebaus« vorbereitet wird, dafür sind wir freilich alle verantwortlich, die wir in diesem Staat Bürgerrechte besitzen.
Vergessen wir die Vergangenheit nicht, aber sehen wir in ihrer »Bewältigung« auch nicht unsere Lebensaufgabe. Stellen wir uns den Forderungen der Gegenwart, aber lassen wir uns nicht von ihnen verzehren. Wenden wir unseren Blick und die Hauptrichtung unserer Kraft der Zukunft zu, die rascher über uns hereinbrechen wird, als es je eine »Zukunft« tat. Der Größe der Herausforderung, der wir uns gegenübersehen, muß die Entschiedenheit unserer Hinwendung zu den gesellschaftlichen Gestaltungsaufgaben entsprechen. Die Städte – der Raum, in dem wir unser Leben verbringen – sind eine dieser ganz großen uns gestellten Aufgaben – und eine der schwierigsten.

VII. Programm einer Politik für Städte

In den vorausgegangenen Abschnitten ist der Versuch unternommen worden, die kritische, die zu kurz kommenden und die grundsätzlich neuen und zukunftsbezogenen Einzelprobleme der Stadtentwicklung in knapper Form darzustellen. Im Zusammenhang damit sind jeweils gewisse Vorstellungen darüber entwickelt worden, in welcher Weise oder doch jedenfalls mit welchen Verfahren Lösungen vielleicht gefunden werden könnten. Ich möchte zunächst noch einmal wiederholen, daß selbstverständlich keiner dieser Vorschläge seinen Zweck in sich selbst trägt. Vielmehr ist jeder nur ein Mittel, um bestimmte stadtpolitische Ziele zu erreichen. Ich werde mir auch künftig jeden anderen Vorschlag zu eigen machen, der besser erscheint, dem mehr Überzeugungskraft innewohnt als einem der hier vorgetragenen. Allein wenn zu solchen besseren Lösungen der Anstoß gegeben würde, könnte dieses Buch schon als nützlich gelten.

Was nun die Verwirklichung solcher Vorschläge angeht – sei es der hier gemachten, sei es neuer und besserer – so sind mir die im gegenwärtigen Zustand unserer Gesellschaft inbegriffenen Grenzen, die allen politischen Veränderungen gesetzt sind, durchaus gegenwärtig. Diese Grenzen will ich nicht überschreiten, und ich habe mich bemüht, sie zu respektieren und dabei gleichzeitig jedoch in Richtung auf konstruktive »Utopien« so weit vorzustoßen, daß diese Grenzen etwas nachgeben und das Feld möglicher Gestaltungen ausgedehnt wird.

Um deutlich zu machen, daß alle in diesem Buch enthaltenen Vorschläge für eine Lösung der Stadtprobleme realistisch sind und die Möglichkeit zu sofortiger politischer Aktion in sich schließen, werden sie im folgenden noch einmal thesenartig und in einer Form zusammengefaßt, die den Adressaten des Vorschlags und die ihm mögliche Art des Vorgehens deutlich machen soll. Zuvor ist allerdings noch ein politisches Instrument zu erläutern, dessen Anwendung wiederholt vorgeschlagen wird.

Eine der Schwierigkeiten für die Entwicklung einer langfristigen Politik besteht darin, daß alle Akte der Rechtsetzung, sei es durch Gesetze, sei es durch Verordnungen, in starkem Maße aktualitätsbedingt sind. Soll eine bestimmte Entwicklung dadurch eingeleitet werden, daß eine erst in fernerer Zukunft liegende Entscheidung schon jetzt getroffen wird, so versagt die Gesetzgebungsform in der Regel. Zwar läßt sich theoretisch ein Gesetz verabschieden, das erst in drei oder zehn Jahren in Kraft tritt. Aber man kann es solange im voraus in der Regel noch nicht mit der Genauigkeit formulieren, die für rechtliche Regelungen nun einmal unerläßlich ist. Man könnte also zwar zum Beispiel ein Gesetz verabschieden, das vereinfacht so lautet: »§ 1 Die Benutzung von Verbrennungsmotoren ist verboten. § 2 Das Gesetz tritt am 1. Januar 1982 in Kraft.« Aber wer weiß heute schon mit Sicherheit, ob der 1. Januar 1982 wirklich der richtige Termin ist. Außerdem müssen wahrscheinlich Ausnahmen zugelassen und Übergangsregelungen getroffen werden, die heute noch gar nicht im einzelnen zu übersehen sind. Das bedeutet, daß in dieser Sache, so wie die Dinge heute liegen, gar nicht entschieden wird. Da das Detail der Zukunft nicht geregelt werden kann, bleibt auch die an sich entscheidungsreife Hauptsache offen.

Andererseits kann eine Politik, die auf langfristige gesellschaftliche Entwicklungen gestaltend Einfluß nehmen will, es sich nicht leisten, alle Grundentscheidungen erst dann zu treffen, wenn auch alle Nebenfragen übersehbar und regelbar geworden sind. Je stärker wir eine zukunftsorientierte Politik betreiben wollen, um so stärker wird das Bedürfnis, Grundsatzentscheidungen in einer allgemeinen Art langfristig im voraus zu treffen. Hieran besteht ebenso bei der Regierung wie auch bei allen betroffenen gesellschaftlichen Gruppen ein dringendes Interesse. Wenn beispielsweise der Erbauer eines Hauses heute weiß, daß Ölheizungen in zehn oder fünfzehn Jahren endgültig verboten werden sollen, so wird er schon jetzt eine andere Heizungsart in Erwägung ziehen. Und wenn es sich um einen Fabrikanten für Ölheizungen handelt, wird er sich schon jetzt, das heißt frühzeitig, um eine Erweiterung und Änderung seines Fabrikationsprogramms kümmern und nicht plötzlich von einer politischen Entscheidung überrascht werden, von der zwar vielleicht schon seit langem die Rede war, mit der er im Ernst aber nie gerechnet hatte.

Die Beispiele ließen sich beliebig vermehren. Für entwicklungssteuernde Zukunftsregelungen besteht ein Entscheidungsbedürfnis lange vor Eintritt der eigentlichen Gesetzgebungsreife. Für diese Fälle könnte man an die Einführung der Absichtserklärung als verfassungsrechtlich geordnetes Mittel der politischen Zukunftsentscheidung denken. Die Absichtserklärung wäre sehr viel allgemeiner zu formulieren als ein Gesetz, würde aber im gleichen Verfahren und von den für die spätere Gesetzgebung über die gleiche Sache zuständigen Verfassungsorganen zu beschließen sein.

Die Absichtserklärung hätte noch keine endgültig bindende Wirkung, sondern stünde unter der Voraussetzung, daß sich bis zum Gesetzgebungszeitpunkt nicht so wesentliche neue Gesichtspunkte ergeben, daß eine andere Entscheidung notwendig wird. Die Absichtserklärung wäre auch, wie jedes Gesetz, während ihrer Laufzeit jederzeit abänderbar oder aufhebbar.

Auch ohne eine bereits endgültige Wirkung hätte eine derartige Aussage doch eine wesentlich größere politische Verbindlichkeit als formlose Erklärungen von einzelnen Politikern, Parteien oder auch Regierungen. Der Orientierungswert für alle an den künftigen endgültigen Entscheidungen Interessierten wäre sehr viel größer. Es könnte sogar durchaus damit gerechnet werden, daß von einer solchen Absichtserklärung starke Steuerungswirkungen für ganze gesellschaftlich wichtige Entwicklungsbereiche ausgingen. Die verantwortlichen Staatsorgane könnten so ihr politisches Gestaltungsvermögen in die Zukunft hinein wesentlich erweitern. In einer Zeit, in der Politik zwangsläufig immer langfristiger zukunftsbezogen und immer stärker gesellschaftsformend wird, erscheint die Erweiterung des politischen Instrumentariums um eine solche Form vorausschauender vorbehaltlicher Grundsatzentscheidung dringend wünschenswert.

Förmliche Absichtserklärungen dieser Art könnten im übrigen durch nicht nur mittel-, sondern künftig auch langfristige Finanzplanungen ergänzt werden. Wenn für bestimmte in der Zukunft liegende Gestaltungsaufgaben Haushaltsmittel veranschlagt werden, so kann davon vielleicht eine noch stärkere Signalwirkung ausgehen als von Absichtserklärungen.

Eine Reihe weiterer Vorschläge für die Lösung von Stadtentwicklungsproblemen geht davon aus, daß eine internationale, jedenfalls europäische Regelung vor einzelstaatlichem Vorgehen den Vorzug verdient oder sogar unerläßlich ist. Daher wird in mehreren Fällen vorgeschlagen, daß die Bundesregierung mit allen europäischen Staaten über ein gemeinsames Vorgehen Verhandlungen aufnehmen soll. Damit kein Mißverständnis entsteht: gemeint sind in der Tat alle europäischen Staaten einschließlich derer des Ostblocks, von der DDR bis zur Sowjetunion. Gerade in den hier erörterten Fragen, in denen es keine nationalen oder blockgebundenen Interessengegensätze gibt, aber alle von einem gemeinsamen Gestalten der Zukunft nur profitieren können, erscheint der Versuch einer engeren Zusammenarbeit der Mühe wert.

Für einige Bereiche wurde im folgenden auf die thesenhafte Zusammenfassung der Vorschläge verzichtet, weil ihre Behandlung mehr zu einer Vielzahl kleinerer Hinweise oder Überlegungen geführt hat als zur Forderung nach großen Entscheidungen. Das gilt zum Beispiel für die meisten der in Abschnitt IV behandelten Themen.

20 Vorschläge für eine Politik für Städte

1. *Lärmschutzgesetz*

   Der Bundestag beschließt ein Lärmschutzgesetz, in dem unter anderem folgendes bestimmt wird:
   Die Schallisolierung aller Neubauwohnungen wird auf das von medizinischer Seite für notwendig gehaltene Maß gebracht; für Altbauwohnungen wird ein entsprechendes Förderungsprogramm der Bundesregierung eingerichtet.
   Lautsprecher aller Art und Musikinstrumente dürfen innerhalb bebauter Gebiete nicht im Freien oder bei geöffneten Fenstern betrieben und benutzt werden, wo es nicht ausdrücklich gestattet ist.
   Die Phonzahl aller neu zuzulassenden Antriebsmotoren wird in einem Mehrjahresprogramm stufenweise drastisch herabgesetzt.
   Die Überfliegung dicht bebauter Gebiete wird grundsätzlich untersagt, im Ausnahmefall von der Einhaltung wesentlich heraufgesetzter Mindesthöhen abhängig gemacht. Das Überfliegen des Bundesgebietes im Überschallflug ist Zivilflugzeugen nicht gestattet.

2. *Überwindung des Motorenlärms*

   Der Bundestag beschließt eine Absichtserklärung dahin, den Betrieb von Emissionen und Lärm verursachenden Motoren von einem Zeitpunkt an zu verbieten, in dem wirtschaftlich arbeitende andere Antriebsformen anwendungsreif zur Verfügung stehen und bis zu dem die vorhandenen Motoren abgeschrieben werden können. Die Bundesregierung unterstützt im Rahmen ihres Forschungsprogramms alle aussichtsreichen Entwicklungen für emissions- und geräuschlose Antriebe mit Dringlichkeit.

3. *Entwicklung eines Schnellbahnnetzes und Abschaffung des kontinentalen Flugverkehrs*

   Die Bundesregierung fördert die Entwicklung und den Bau des Schnelleisenbahnnetzes im Rahmen ihres Forschungsprogramms mit Dringlichkeit und stellt Investitionshilfen aus dem Verkehrshaushalt für den Fall in Aussicht, daß die Wirtschaftlichkeit des Betriebes sonst nicht gewährleistet werden kann.
   Der Bundestag beschließt eine Absichtserklärung dahin, daß mit dem Anschluß der Flughafenstädte an ein europäisches Schnelleisenbahnnetz nur noch Reiseflüge im interkontinentalen Verkehr über dem Bundesgebiet zulässig sind. Er beschließt ein Gesetz, wonach private Reiseflüge und Frachtflüge von einem in naher Zu-

kunft gelegenen Zeitpunkt an über dem Bundesgebiet grundsätzlich untersagt sind.

4. *Abschaffung der Öl- und Kohleheizungen*

Die Landtage ergänzen die Vorschriften über den Anschluß- und Benutzungszwang ausdrücklich dahin, daß die Gemeinden den Anschluß an Fernheizungsanlagen vorschreiben können. Die Gemeinden werden verpflichtet, entweder solche Anlagen einzurichten oder Heizgas oder Heizstrom zu Vorzugstarifen zu liefern.

Der Bundestag beschließt eine Absichtserklärung dahin, daß von einem kurzfristig festzusetzenden Zeitpunkt an keine Öl- und Kohleeinzelheizungen mehr neu zugelasesn werden dürfen und daß bis zu einem später liegenden Zeitpunkt die bestehenden derartigen Heizanlagen stillgelegt werden müssen. Sammelheizanlagen werden strengen Konstruktions- und Betriebskontrollvorschriften unterworfen.

5. *Städtische Fernheizungen*

Die Städte sehen die Errichtung leistungsfähiger Fernheiznetze als Pflichtaufgabe an, die sie mit Nachdruck vorantreiben. Sie nutzen alle ihnen gebotenen rechtlichen Möglichkeiten aus, um durch einen vollständigen Anschluß an das Fernheiznetz oder günstige Heizgas- und -stromangebote bestehende Einzelheizungen mit Öl oder Kohle stillzulegen und neue nicht zuzulassen.

6. *Penthausbau*

Die Landesbauordnungen werden dahin geändert und ergänzt, daß alle Gebäude mit einer Grundfläche von mehr als 100 qm tragende Flachdächer erhalten und konstruktiv so einzurichten sind, daß sie mit einem Einfamilienhaus mit Dachgarten bebaut werden können. Ausgenommen sind Einfamilienhäuser, Gebäude in Gebieten, die zu historischen Stadtteilen erklärt werden, sowie Gebäude in Dorfgebieten, Industriegebieten und bedingt auch in Gewerbegebieten.

Die Baunutzungsverordnung wird dahin geändert, daß Dachhäuser weder auf die Geschoßflächenzahl noch auf die Zahl der Vollgeschosse angerechnet werden.

7. *Wohnungspolitik der Städte*

Im Rahmen ihrer Wohnungsbaupolitik setzen die Städte sich für die Verwirklichung eines umfangreichen Penthaus-Bauprogramms und für die Errichtung von Großwohneinheiten mit vollem Dienstleistungsangebot ein. Sie fördern neue Wohnformen, mit denen eine Zusammenfassung von Einzelhauseinheiten zu komplexen Gebäudestrukturen angestrebt wird, auch soweit sie noch experimentellen Charakter tragen.

8. *Grünflächen-Strukturplan*
Im Rahmen der neuen Konzeption für den, sei es im ganzen, sei es nur für die äußeren Stadtteile vorgesehenen Umbau zur technischen Stadt wird die Strukturplanung für Grünflächen soweit wie möglich vorgezogen. Mit ihrer langfristigen stufenweisen Verwirklichung wird überall da begonnen, wo schon endgültig Klarheit über die künftige Nutzung besteht.

9. *Entwicklung neuer Vergnügungsviertel*
Die Städte übernehmen die Aufgabe, umfangreiche Unterhaltungs- und Vergnügungsbereiche zu planen und zu entwickeln.

10. *Regelung der Prostitution*
Die Bundesregierung beauftragt eine Sachverständigenkommission mit der Ausarbeitung eines Gutachtens über die Prostitution. Das Gutachten soll Vorschläge über die zweckmäßigste rechtliche und städtebauliche Organisation nichtstörender Prostitutionsbezirke und die wirksame Unterdrückung aller außerhalb dieser Bezirke in Erscheinung tretenden Prostitutionsformen enthalten. Der Bundestag beschließt die notwendigen gesetzlichen Änderungen.

11. *Stadtkunstplan*
Die Städte beschließen, 2 % ihres Bauinvestitionsaufwands zunächst auf die Dauer von vier Jahren zur Durchführung eines Stadtkunstplans aufzuwenden. Damit soll zunächst die Stadtmitte, später der ganze öffentliche Stadtraum so rasch wie möglich mit Kunstwerken in jeder nur denkbaren Form angefüllt werden. Öffentliche Zweckbauwerke und Vorrichtungen werden als Objekte angewandter Kunst gestaltet. Die Kunstwerke werden wieder entfernt, wenn die Mehrheit der Bürger das nach vier Jahren wünscht. Sonst wird der Stadtkunstplan ständig fortgesetzt und die Stadt auf die Dauer zum öffentlichen Ereignisraum für Kunst erweitert.

12. *Städtebauförderungsgesetz*
Der Bundestag nimmt folgende zusätzliche Regelungen in das Städtebauförderungsgesetz auf:

a) Die Städte erlassen einen Stadterneuerungsplan, in dem für alle Stadtteile der früheste Zeitpunkt für eine strukturelle Umgestaltung festgelegt wird.
b) Die Städte können einzelne Bereiche zu historischen Stadtteilen erklären; in historischen Stadtteilen ist die bisherige Maßstäblichkeit zu erhalten, die Flächen für den mechanischen Verkehr sind unterirdisch anzuordnen.
c) Das Grundeigentum wird grundsätzlich auf den oberhalb der Fußgängerebene gelegenen Bereich beschränkt; das schließt Grundeigentum an den Zugängen zu den tieferliegenden Ebenen und Nutzungen an für öffentliche Zwecke nicht benötigten Flächen unterhalb des Grundstücks nicht aus.
d) Der Bundesminister für Städtebau und Wohnungswesen veranstaltet einen in vierjähriger Folge zu wiederholenden internationalen Wettbewerb für technischen Städtebau.
e) Der Bund richtet ein Demonstrativbauprogramm für experimentellen technischen Stadtteilbau ein; gefördert werden Entwicklungsarbeiten, Baumaßnahmen in Höhe der Mehrkosten gegenüber konventionellen städtebaulichen Verfahren und Ersatzbaumaßnahmen bei negativem Ausgang des städtebaulichen Versuchs.

13. *Vereinfachung des Enteignungsverfahrens*
Da eine Neuordnung der Eigentumsverhältnisse an Grundstücken eine längere Vorbereitungszeit erfordert, beschließt der Bundestag ein Gesetz über die Vereinfachung und Beschleunigung des Enteignungsverfahrens. Das Gesetz enthält Richtlinien für die Entschädigung, die außer auf festgesetzte Schnittwerte auf die persönlichen Verhältnisse des Enteigneten Rücksicht nimmt.

14. *Neuregelung des Grundeigentums*
Der Bundestag setzt eine große Kommission ein mit der Aufgabe, Vorschläge für eine Neuordnung des öffentlichen und privaten Eigentums zu machen. Der Kommission wird hinsichtlich des Eigentums an Grundstücken aufgegeben, zwischen im Rahmen der Sozialbindung voll schutzwürdigem Privateigentum an eigengenutzten Grundstücken und bloßen Vermögenscharakter tragenden Eigentumsverhältnissen zu unterscheiden. Grundstücke, die zur zweiten Gruppe gehören, sind grundsätzlich auf die Gemeinden zu übertragen. Die Gemeinden werden außerdem ermächtigt, in Teilen ihres Gebiets Privateigentum an Grundstücken auszuschließen.

15. Gebietsreform und Regionalverfassung

Die Landtage führen die in einigen Bundesländern bereits eingeleitete Verwaltungs- und Gebietsreform zügig durch. Für die Lösung der Stadt-Umland-Probleme in Verdichtungsgebieten werden Eingemeindungen vorgesehen, soweit Randgemeinden so eng mit der Kernstadt zusammengewachsen sind oder in absehbarer Zeit zusammenwachsen werden, daß sie mit dieser gemeinsam einen einheitlichen städtischen Aufgabenraum bilden. Darüber hinaus erhalten die Agglomerationsräume Regionalverfassungen mit straffen planungs- und entwicklungsfähigen Durchführungszuständigkeiten. Das Modell des Verbandes Großraum Hannover wird in jeweils geeigneter Form abgewandelt und weiterentwickelt.

16. Stadterneuerungspläne

Die Städte entscheiden, ob und welche Bereiche sie als historische Stadtteile in der bisherigen Struktur und Maßstäblichkeit erhalten wollen. Sie planen und entwerfen für diese Stadtteile ein U-Straßennetz, das zunächst dem Autoverkehr, später dem automatischen Autokabinensystem mit dem Ziel einer Vollbedienung angepaßt ist.

Für die übrigen Stadtteile wird im Rahmen des Stadterneuerungsplanes entschieden,

a) bis zu welchem Zeitpunkt eine strukturelle Flächensanierung nicht in Betracht kommt,
b) ob und in welchem Umfang ein zwischenzeitliches kleines Sanierungsprogramm durchgeführt werden soll.

Soweit strukturelle Flächensanierungen notwendig sind, wird die Fußgängerebene oberhalb der überbauten Straßen eingerichtet, soweit nicht überhaupt schon experimenteller oder endgültiger technischer Stadtteilbau möglich ist.

17. Bau neuer Stadtteile

Beim Bau neuer Stadtteile werden von sofort an alle für den fahrenden und ruhenden Autoverkehr benötigten Flächen vollständig überbaut; die Fußgängerebene liegt über der Autoebene.

18. Forschungsprogramm Stadtentwicklung

Die Bundesregierung bereitet ein Großforschungsprogramm zur Stadtentwicklung vor, das insbesondere den Bau technischer Städte und die in ihnen möglichen Lebensbedingungen zum Inhalt hat. Bund und Länder errichten oder bestimmen und fördern gemeinsam ein Forschungsinstitut für Stadtentwicklung, dem die federführende Leitung des Forschungsprojekts und die wissenschaftliche Auswertung der städtebaulichen Großexperimente übertragen werden.

19. *Entwicklung des Autokabinensystems*
Der Bundestag beschließt eine Absichtserklärung dahin, daß zum frühest möglichen Zeitpunkt an Stelle des Autoverkehrs ein vollautomatisches privates Individualverkehrssystem eingeführt werden soll. Die Bundesregierung verhandelt mit den übrigen europäischen Regierungen über die Definition eines solchen Systems und über die zu seiner Entwicklung notwendige gemeinsame Förderung und Steuerung eines Großforschungsprogramms. Notfalls beginnt die Bundesrepublik allein mit der Systementwicklung.

20. *Finanzierung der eigenen Auto-Ebene*
Der Bundestag beschließt eine stufenweise Übertragung der Mineralölsteuereinnahmen auf die Gemeinden. Die Mittel sind zweckgebunden für den Bau von U-Straßen in historischen Stadtteilen und für die Deckung von Mehrkosten bestimmt, die durch Tiefgaragen und durch Straßenüberbauungen in neuen und flächenmäßig erneuerten Stadtteilen entstehen.

Zum Abschluß sei ein Übersichtsplan angefügt, in dem das zeitliche und ursächliche Zusammenwirken der einzelnen vorgeschlagenen Maßnahmen darzustellen versucht wird. Mit diesem Plan soll verdeutlicht werden

a) wie die in diesem Buch enthaltenen Vorschläge in ihrem Zusammenhang zu verstehen sind (Erläuterung),
b) daß die in Aussicht genommenen Zeiträume vorsichtig-langfristig bemessen und daher nicht von vornherein unrealistisch sind,
c) daß wir in der politischen Gestaltung zu sehr viel längerfristigen Planungen übergehen müssen, als wir es bisher gewohnt waren — jedenfalls wenn es um umweltgestaltende Maßnahmen grundlegender Art geht.

Zu den angenommenen Zeiträumen sei noch bemerkt, daß ihrer Bemessung zwei im Charakter verschiedene Faktoren zugrunde liegen. Einmal enthalten sie ein prognostisches Moment. Das ist insoweit der Fall, als angenommen werden muß, daß zu einem bestimmten Zeitpunkt alle Voraussetzungen für die Inangriffnahme einer Maßnahme, etwa die Installierung des Autokabinensystems, gegeben sind. Zum anderen enthalten sie ein starkes politisches Moment. Denn offensichtlich hängt die Frage, ob das Autokabinensystem anwendungsreif entwickelt ist, von vielen vorausgegangenen politischen Entscheidungen, beginnend vom ersten Auftrag zur Projektdefinition über zahllose einzelne Förderungsmaßnahmen ab. Als Kennedy 1961 die Landung des ersten Amerikaners auf dem Mond innerhalb des gerade begonnenen Jahrzehnts zum Programm erhob, lag dem sowohl die Prognose über die technische Lösbarkeit der damit verbundenen Probleme wie die politische Entscheidung über den Einsatz aller verfügbaren Hilfsmittel zugrunde. Nicht anders verhält es sich hier. Der »früheste« Termin jeder Einzelmaßnahme und seine Bedingungen müssen wissenschaftlich prognostisch ermittelt werden, der Rest ist Politik.